Aktuelle Beiträge zum öffentlichen Recht

herausgegeben von:

Rolf Gröschner
Martin Morlok
Helmuth Schulze-Fielitz

Band 2

Das Recht auf Umweltinformation

unter besonderer Berücksichtigung des Schutzes von Betriebs- und Geschäftsgeheimnissen und der Paragraphen 207-227 UGB-KomE

Max Koebke

Centaurus Verlag & Media UG 1999

Der Autor, geb. 1971, studierte Rechtswissenschaften. Er promovierte 1998 an der Universität Würzburg. Er ist derzeit als Rechtsreferendar tätig.

Die Deutsche Bibliothek – CIP-Einheitsaufnahme

Koebke, Max:
Das Recht auf Umweltinformation unter besonderer Berücksichtigung des Schutzes von Betriebs- und Geschäftsgeheimnissen und der Paragraphen 207-227 UGB-KomE / Max Koebke. – Pfaffenweiler : Centaurus-Verl.-Ges., 1999
(Aktuelle Beiträge zum öffentlichen Recht ; Bd. 2)
Zugl.: Würzburg, Univ., Diss., 1998
ISBN 978-3-8255-0264-5 ISBN 978-3-86226-323-3 (eBook)
DOI 10.1007/978-3-86226-323-3

ISSN 0941-4363

Satz: Vorlage des Autors

Inhaltsverzeichnis

Literaturverzeichnis

Anschütz, Gustav / Thoma, Richard (Hrsg.), Handbuch des deutschen Staatsrecht, Bd. 1, Tübingen 1930

Arzt, Clemens, Entwurf eines Umweltinformationsgesetzes vorgelegt, ZRP 1993, 18 ff.

Askelöf, Thomas / Fernemann Heugren, Ragna, Akteneinsicht in Schweden, in: Winter, Gerd (Hrsg.), Öffentlichkeit von Umweltinformationen, Baden-Baden 1990, S. 473 ff.

Auernhammer, Herbert, Bundesdatenschutzgesetz, 3. Auflage, Köln, München 1993

Bachmann, Ulrich, Zum Behördenbegriff des Umweltinformationsgesetzes, GewArch 1995, 241 ff.

Badura, Peter, Der Eigentumsschutz des eingerichteten und ausgeübten Gewerbebetriebs, AöR 98 (1973), 153 ff.

Bauer, Hartmut, Geschichtliche Grundlagen der Lehre vom subjektiv-öffentlichen Recht, Berlin 1986

-, Altes und Neues zur Schutznormtheorie, AöR 113 (1988), 582 ff.

Baumbach, Wolfgang / Hefermehl, Adolf, Wettbewerbsrecht, 19. Auflage, München 1996

Benkard, Georg, Patentgesetz, Gebrauchsmustergesetz, 9. Auflage, München 1993

Berg, Wilfried, Der Schutz von Betriebs- und Geschäftsgeheimnissen im öffentlichen Recht unter besonderer Berücksichtigung des Umweltinformationsgesetzes, GewArch 1996, 177 ff.

Bieber, Roland, Informationsrechte Dritter im Verwaltungsverfahren, Ansätze zur legislativen und dogmatischen Neubewertung, DÖV 1991, 857 ff.

Bleckmann, Albert, Zu den Auslegungsmethoden des Europäischen Gerichtshofs, NJW 1982, 1177 ff.

Blumenberg, Hildegard, Die Umwelt-Informations-Richtlinie der EG und ihre Umsetzung in das deutsche Recht, NuR 1992, 8 ff.

Boc, Jan / Jendroska, Jerzy / Nowacki, Konrad, Akteneinsicht in Polen, in: Winter, Gerd (Hrsg.), Öffentlichkeit von Umweltinformationen, Baden-Baden 1990, S. 419 ff.

Böckenförde, Ernst-Wolfgang, Die verfassungstheoretische Unterscheidung von Staat und Gesellschaft als Bedingung der individuellen Freiheit, Opladen 1973

-, Der Verfassungstyp der deutschen konstitutionellen Monarchie im 19. Jahrhundert, in Bökkenförde (Hrsg.), Moderne deutsche Verfassungsgeschichte, 1815 - 1914, 2. Auflage, Königstein/Ts. 1981

-, Grundrechte als Grundsatznormen. Zur gegenwärtigen Lage der Grundrechtsdogmatik, Der Staat 29 (1990), 1 ff.

Borgsmidt, Kirsten, Ein Verfahrensgesetz und Neugestaltungen im dänischen Verwaltungsrecht, DÖV 1988, 70 ff.

Breuer, Rüdiger, Schutz von Betriebs- und Geschäftsgeheimnissen im Umweltrecht, NVwZ 1986, 171 ff.

Breuer, Rüdiger, Umweltschutzrecht, in: Schmidt-Aßmann, Eberhard (Hrsg.), Besonderes Verwaltungsrecht, 10. Auflage, Berlin 1995

Bühler, Ottmar, Die subjektiven öffentlichen Rechte und ihr Schutz in der deutschen Verwaltungsrechtsprechung, Berlin, Stuttgart, Leipzig 1914

Bull, Hans-Peter, Datenschutz als Informationsrecht und Gefahrenabwehr, NJW 1979, 1178 ff.

Büllesbach, Alfred, Das neue Bundesdatenschutzgesetz, NJW 1991, 2593 ff.

Burkert, Herbert, Akteneinsicht und Datenschutz in Kanada, in: Winter, Gerd (Hrsg.), Öffentlichkeit von Umweltinformationen, Baden-Baden 1990, S. 283 ff.

-, Informationsrechte in Europa, in: Heymann, Thomas (Hrsg.), Informationsmarkt und Informationsschutz in Europa, Köln 1995, S. 86 ff.

Burmeister, Joachim H., Akteneinsicht in Großbritannien, in: Winter, Gerd (Hrsg.), Öffentlichkeit von Umweltinformationen, Baden-Baden 1990, S. 211 ff.

Conradi, Joachim, Das Öffentlichkeitsprinzip in der schwedischen Verwaltung, Berlin 1968

Cosack ,Tilman / Tomerius, Stephan, Betrieblicher Geheimnisschutz und Interessen des Bürgers an Umweltinformationen bei der Aktenvorlage im Verwaltungsprozeß, NVwZ 1993, 841 ff.

Di Fabio, Udo, Informationen als hoheitliches Gestaltungsmittel, JuS 1997, 1 ff.

Dreier, Horst (Hrsg.), Grundgesetz-Kommentar, Bd. 1, Tübingen 1996

Drews, Bill / Wacke, Gerhard / Vogel, Klaus / Martens, Wolfgang, Gefahrenabwehr, 9. Auflage, Köln, München 1986

Druey, Jean Nicolas, Informationen als Gegenstand des Rechts, Zürich 1995

Dubach, Alexander, Das Recht auf Akteneinsicht, Zürich 1990

Düwel, Peter, Das Amtsgeheimnis, Berlin 1965

Eifert, Martin, Umweltinformation als Regelungsinstrument, DÖV 1994, 544 ff.

Eilers, Stephan / Schröer, Thomas, Der Schutz der betrieblichen Informationssphäre im Umweltinformationsgesetz, BB 1993, 1025 ff.

Ellwein, Thomas / Hesse, Joachim Jens (Hrsg.), Regierungssystem der Bundesrepublik Deutschland, 6. Auflage, Opladen 1983

Engel, Albert, Die rechtliche Aufarbeitung der Stasi-Unterlagen auf der Grundlage des StUG, Berlin 1995

Engel, Andreas, (Hrsg.), Umweltinformationssysteme in der öffentlichen Verwaltung, Heidelberg 1994

Engel, Rüdiger, Akteneinsicht und Recht auf Informationen über umweltbezogene Daten, Pfaffenweiler 1993

Erbguth, Wilfried / Stollmann, Frank, Zum Entwurf eines Umweltinformationsgesetzes, UPR 1994, 81 ff.

Erichsen, Hans-Uwe, Das Recht auf freien Zugang, NVwZ 1992, 409 ff.

Erichsen, Hans-Uwe, Zur Umsetzung der Richtlinie des Rates über den freien Zugang an Informationen über die Umwelt: UBA-Bericht 1/92, Forschungsbericht 10106059, Berlin 1992

-, (Hrsg.), Allgemeines Verwaltungsrecht, 10. Auflage, Berlin, New York 1995

Everling, Ulrich, Durchführung und Umsetzung des Europäischen Gemeinschaftsrechts im Bereich des Umweltschutzes unter Berücksichtigung der Rechtsprechung des EuGH, NVwZ 1993, 209 ff.

Eyermann, Erich, Verwaltungsgerichtsordnung, 10. Auflage, München 1998

Faber, Angela, Die Bedeutung des Umweltinformationgesetzes in der Kommunalverwaltung, DVBl. 1995, 722 ff.

Feldhaus, Gerhard, Bundesimmissionsschutzrecht, Kommentar, 7 Bände, Lsbl., Heidelberg

Fluck, Jürgen, Der Schutz von Unternehmensdaten im Umweltinformationsgesetz, NVwZ 1994, 1048 ff.

- / *Theuer, Andreas,* Umweltinformationsrecht UIG, Lsbl., Heidelberg

- / *Lemp, Ralph / Meyer-Rutz, Eckart* (Hrsg.), Freier Zugang zu Umweltinformationen, Heidelberg 1992

Forsthoff, Ernst, Der Staat der Industriegesellschaft, 2. Auflage, München 1971

Fromm, Friedrich Karl / Nordemann, Wilhelm, Urheberrecht, 7. Auflage, Stuttgart, Berlin, Köln 1988

Gallwas, Hans-Ulrich, Der allgemeine Konflikt zwischen dem Recht auf informationelle Selbstbestimmung und der Informationsfreiheit, NJW 1992, 2785 ff.

Gamm, Otto-Friedrich Freiherr von, Urheberrecht, München 1968

Gaul, Dieter, Der erfolgreiche Schutz von Betriebs- und Geschäftsgeheimnissen, Neuwied 1994

Geiger, Rudolf, EG-Vertrag, Kommentar zu dem Vertrag zur Gründung der Europäischen Gemeinschaft, München 1993

Gornig, Gilbert-Hanno, Äußerungsfreiheit und Informationsfreiheit der Menschenrechte, Berlin 1988

Görres Gesellschaft zur Pflege der Wissenschaft im Katholischen Deutschland (Hrsg.), Staatslexikon, 7 Bände, Freiburg, Basel, Wien 1993

Graffe, Udo, Die Beteiligung des Bürgers an umweltschutzrechtlich relevanten Verfahren unter besonderer Berücksichtigung des VwVfG, Diss., Mainz 1980

Groeben, Hans von der / Thiesing, Jochen / Ehlermann, Claus-Dieter, Kommentar zum EU-/EG-Vertrag, 5. Auflage, Baden-Baden 1997

Grümmig, Klaus, Auskunftsansprüche des Bürgers - Auskunftspflichten in der freien Wirtschaft und der öffentlichen Verwaltung, VR 1991, 8 ff.

Gurlit, Elke Verwaltungsöffentlichkeit im Umweltrecht, Düsseldorf 1989

-, Akteneinsicht in den Vereinigten Staaten, in: Winter, Gerd (Hrsg.), Öffentlichkeit von Umweltinformationen, Baden-Baden 1990, S. 511 ff.

Häberle, Peter, Grundrechte im Leistungsstaat, VVDStRL 30 (1972), S. 43 ff.

-, Verfassungsprinzipien „im" Verwaltungsverfahrensgesetz, in: Schmitt Glaeser, Walter (Hrsg.), Verwaltungsverfahren, Festschrift für Boorberg Verlag (1977), Stuttgart 1977, S. 71 ff.

Hahn, Werner, Offenbarungspflichten im Umweltrecht, Köln, München 1984

Hammerl, Christian, Der gläserne Betrieb, ZIP 1994, 1230 ff.

Hauck, Ernst, Wirtschaftsgeheimnisse - Informationseigentum kraft richterlicher Rechtsfortbildung?, Berlin 1987

Haueisen, Fritz, Akteneinsicht im Verwaltungsverfahren, NJW 1967, 2291 ff.

Hegele, Dorothea / Röger, Ralf, Umweltschutz durch Umweltinformationen - Chancen und Grenzen des neuen Informationsanspruchs, Berlin 1993

Hendler, Reinhard, Anmerkungen (zum Urteil des BVerwG vom 6.12.1996), JZ 1998, 245 f.

Henle, Victor, Die Masse im Massenverfahren, BayVBl. 1981, 1 ff.

Hesse, Konrad, Bemerkungen zur heutigen Problematik und Tragweite der Unterscheidung von Staat und Gesellschaft, DÖV 1975, 437 ff.

-, Grundzüge des Verfassungsrechts der Bundesrepublik Deutschland, 18. Auflage, Heidelberg 1991

Hirschberger, Winfried, Zugang des Bürgers zu staatlichen Informationen, Diss., Speyer 1983

Hoffmann-Riem, Wolfgang / Schmidt-Aßmann, Eberhard (Hrsg.), Reform des Allgemeinen Verwaltungrechts, Baden-Baden 1993

Hoppe, Werner / Beckmann, Martin, Umweltrecht, München 1989

- / *Appold, Wolfgang*, Gesetz über die Umweltverträglichkeitsprüfung, Köln, München 1995

Isensee, Josef / Kirchhof, Paul (Hrsg.), Handbuch des Staatsrechts der Bundesrepublik Deutschland, 9 Bände, Heidelberg 1997

Jaeger, Melwig F., Trade Secrets Law Handbook, NewYork 1984

Jarass, Hans, BImSchG, 2. Auflage, München 1993

- / *Kloepfer, Michael / Kunig, Philip / Papier, Hans-Jürgen / Peine, Franz-Joseph / Rehbinder, Eckard / Salzwedel, Jürgen / Schmidt-Aßmann, Eberhard*, Umweltgesetzbuch - Besonderer Teil (UGB-BT), Berichte des Bundesumweltamtes 4/94, Berlin 1994

- / *Pieroth, Bodo*, Grundgesetz für die Bundesrepublik Deutschland, 4. Auflage, München 1997

Jestaedt, Matthias, Der „richtige" Beklagte?, NWVBl 1989, 45 ff.

Kahl, Wolfgang, Der europarechtlich determinierte Verfassungswandel im Kommunikations- und Informationsstaat Bundesrepublik Deutschland, in: Haratsch, Andreas / Kugelmann, Dieter / Repkewitz, Ulrich (Hrsg.), Herausforderungen an das Recht der Informationsgesellschaft, Stuttgart, München, Hannover 1996, S. 8 ff.

Kavekordes, Johannes, Zur Rechtsstellung des Beigeladenen im Kartellrecht, WuW 1987, 365 ff.

Kiminich, Otto / Lersner, Heinrich Frhr. v. / Storm, Peter-Christoph (Hrsg.), Handwörterbuch des Umweltrechts, 2. Auflage, Berlin 1994

Klein, Hans, Die Grundrechte im demokratischen Staat, Stuttgart 1974

Kloepfer, Michael, Umweltrecht, München 1989

-, Umweltinformationen durch Unternehmen, NuR 1993, 353 ff.

- / *Rehbinder, Eckhard / Schmidt-Aßmann, Eberhard / Kunig, Philip*, Umweltgesetzbuch - Allgemeiner Teil (UGB-AT), Berichte des Bundesumweltamtes 7/90, Berlin 1990

- / *Durner, Wolfgang*, Der Umweltgesetzbuch-Entwurf der Sachverständigenkommission (UGB-KomE), DVBl. 1997, 1081 ff.

Knack, Hans Joachim, Verwaltungsverfahrensgesetz, 5. Auflage, Köln, Berlin, Bonn 1996

Kneifel, Rainer, Freedom of information in den USA, CR 1990, 134 ff.

Knemeyer, Franz-Ludwig, Geheimhaltungsanspruch und Offenbarungsbefugnis in Verwaltungsverfahren, NJW 1984, 2241 ff.

-, Auskunftsanspruch und behördliche Auskunftsverweigerung, JZ 1992, 348 ff.

-, Die Wahrung von Betriebs- und Geschäftsgeheimnissen bei behördlichen Umweltinformationen. Zum Zielkonflikt von Geheimhaltungs- und Informationsinteresse im Umweltschutz, DB 1993, 721 ff.

-, Polizei- und Ordnungsrecht, 6. Auflage, München 1995

Knill, Christoph / Héritier, Adrienne, Neue Instrumente in der europäischen Umweltpolitik: Strategien für eine effektivere Implementation, in: Lübbe-Wolff, Gertrude (Hrsg.), Der Vollzug des europäischen Umweltrechts, Berlin 1996, S. 209 ff.

Knorr, Gerhard, Geheimhaltung und Gewerbeaufsicht, Berlin 1982

Koch, Hans-Joachim / Scheuing, Dieter (Hrsg.), Gemeinschaftskommentar zum Bundesimmissionsschutzgesetz (GK-BImSchG), Lsbl., Düsseldorf

Koenig, Christian, Möglichkeiten und Grenzen von Zertifikationsmärkten als Steuerungsmedien im Umweltrecht, DÖV 1996, 943 ff.

Kopp, Ferdinand, Der Beteiligtenbegriff des Verwaltungsverfahrensrechts in: Schmitt Glaeser, Walter (Hrsg.), Verwaltungsverfahren, Festschrift für Boorberg Verlag (1977), Stuttgart 1977, S. 180 ff.

-, Verwaltungsverfahrensgesetz, 6. Auflage, München 1996

- / *Schenke, Wolf-Rüdiger*, Verwaltungsgerichtsordnung, 11. Auflage, München 1998

Kragler, Peter, Schutz des geheimen Know-how, Landsberg/Lech 1987

Krämer, Ludwig, Defizite im Vollzug des EG-Umweltrechts und ihre Ursachen, in: Lübbe-Wolff, Gertrude (Hrsg.), Der Vollzug des europäischen Umweltrechts, Berlin 1996, S. 14 ff.

Kramer, Rainer, Umweltinformationsgesetz, Öko-Audit-Verordnung, Umweltzeichenverordnung, Stuttgart, Berlin, Köln 1994

Kunig, Philip, Das Recht des öffentlichen Dienstes, in: Schmidt-Aßmann, Eberhard (Hrsg.), Besonderes Verwaltungsrecht, 10. Auflage, Berlin, New York 1995

Ladeur, Karl-Heinz, Akteneinsicht in Italien, in: Winter,Gerd (Hrsg.), Öffentlichkeit von Umweltinformationen, Baden-Baden 1990, S. 249 ff.

LAI, Beschluß des Länderausschusses für Immissionsschutz über Auskunftsrechte und Auskufts-pflichten gegenüber Nachbarn bei Emissionen von Industrieanlagen, NVwZ 1986, 283 ff.

Landmann, Robert von /Rohmer, Gustav, Umweltrecht, 3 Bände, Lsbl., München

Larenz, Karl, Allgemeiner Teil des Deutschen Bürgerlichen Rechts, 7. Auflage, München 1989

-, Methodenlehre der Rechtswissenschaft, 6. Auflage, Berlin 1991

Laubinger, Hans-Werner, Grundrechtsschutz durch Gestaltung des Verwaltungsverfahrens, VerwArch 73 (1982), 60 ff.

Lodde, Stephan, Informationsrechte des Bürgers gegen den Staat, Köln, Berlin, Bonn 1996

Lübbe-Wolff, Gertrude, Das niederländische Gesetz über die Verwaltungsöffentlichkeit, Die Verwaltung 13 (1980), 339 ff.

-, Das Kooperationsprinzip im Umweltrecht - Rechtsgrundsatz oder Deckmantel des Vollzugsdefizits, NuR 1989, 295 ff.

-, Öko-Audit und Deregulierung, ZUR 1996, 173 ff.

-, (Hrsg.), Der Vollzug des europäischen Umweltrechts, Berlin 1996

Lutter, Marcus, Die Auslegung angeglichenen Rechts, JZ 1992, 593 ff.

Mahrer, Isabell, Die Öffentlichkeit amtlicher Stellen in Schweden, ZSR NF 88 (1969), I, 317 ff.

Martens, Wolfgang, Öffentlichkeit als Rechtsbegriff, Bad Homburg, Berlin, Zürich 1969

Maunz, Theodor / Dürig, Günter, Grundgesetz, 4 Bände, Lsbl., München

Maurer, Hartmut, Allgemeines Verwaltungsrecht, 10. Auflage, München 1995

Meininger, Frank, Die EG-Umweltinformationsrichtlinie in der Verwaltungspraxis, NVwZ 1994, 150 ff.

Mengel, Hans Joachim, Akteneinsicht in Verwaltungsverfahren, Die Verwaltung 23 (1990), 377 ff.

Meyer, Hans / Borgs-Maciejewski, Hermann, Verwaltungsverfahrensgesetz, 2. Auflage, Frankfurt/Main 1982

Münch, Ingo von / Kunig, Philip, Grundgesetz-Kommentar, 4. Auflage, München 1992

Noll, Peter, Gesetzgebungslehre, Reinbeck bei Hamburg 1973

Obermayer, Klaus, Kommentar zum Verwaltungsverfahrensgesetz, 2. Auflage, Neuwied 1990

Odersky, Walter, Harmonisierende Auslegung und europäische Rechtskultur, ZEuP 1994, 1 ff.

Oppermann, Thomas, Europarecht, München 1991

Ossenbühl, Fritz, Umweltschutz und Gemeinwohl in der Rechtsordnung, VR 1983, 300 ff. = Bitburger Gespräche Jb. 1983, S. 5 ff.

Ossenbühl, Fritz, Informelles Hoheitshandeln im Gesundheits- und Umweltschutz, in: Jahrbuch des Umwelt- und Technikrechts Bd. 3, Düsseldorf 1987, S. 27 ff.

Palandt, Otto, BGB, 57. Auflage, München 1998

Peters, Hans-Joachim, Das Recht der Umweltverträglichkeitsprüfung, UVPG, Bd. 2, Baden-Baden 1996

Pétren, Gustav, Die Aktenöffentlichkeit in Schweden, VerwArch 1958, 323 ff.

Pieroth, Bodo, Die planende Verwaltung zwischen Geheimhaltung und Öffentlichkeit, JuS 1981, 625 ff.

Pipkorn, Jörn, Auskunftsansprüche gegenüber Verwaltungsbehörden, DÖV 1970, 171 ff.

Pitschas, Rainer, Allgemeines Verwaltungsrecht als Teil der öffentlichen Informationsordnung, in: Hoffmann-Riem, Wolfgang / Schmidt-Aßmann, Eberhard (Hrsg.), Reform des Allgemeinen Verwaltungsrechts, Baden-Baden 1993, S. 219 ff.

Rebentisch, Manfred, Probleme des Geheimnisschutzes im Rahmen der Emissionserklärung, NJW 1980, 99 ff.

Rehbinder, Eckard / Kayser, Deltev / Klein, Helmuth, Chemikaliengesetz, Heidelberg 1985

Reinhardt, Michael, Umweltinformationen als subjektives Recht, Die Verwaltung 30 (1997), 161 ff.

Rhein, Cornelius, Das Gemeinschaftssystem für das Umweltmanagement und die Umweltbetriebsprüfung: Ein neues Instrument des Umweltschutzes im Gemeinschaftsrecht und deutschen Recht, Nomos, Baden-Baden 1996

Richler, Werner, Schutz von Betriebs- und Geschäftsgeheimnissen im Umweltrecht, Diss., Regensburg 1989

Röger, Ralf, Ein neuer Informationsanspruch auf europäischer Ebene: Der Verhaltenskodex vom 6.12.1993 für den Zugang der Öffentlichkeit zu Kommissions- und Ratsdokumenten, DVBl. 1994, 1182 ff.

-, Umweltinformationsgesetz, Köln, Berlin, Bonn 1995

-, Das Recht des Antragstellers auf Wahl des Informationszugangs im Rahmen der Ermessensentscheidung nach § 4 I S. 2 UIG, DVBl. 1997, 885 ff.

Rosenstiel, Anja v., Ökologie - ein attraktives Geschäftsfeld für Juristen, NJW-CoR 1997, 210 ff.

Rosler, Gerhard, Informationsfreiheit in den Vereinigten Staaten von Amerika, Heidelberg 1984

Salje, Peter, Umwelthaftungsgesetz, München 1993

Scherer, Joachim, Verwaltung und Öffentlichkeit, Baden-Baden 1978

-, Datenschutz und Datenzugang, JZ 1979, 389 ff.

Scherzberg, Arno, Der freie Zugang zu Informationen über die Umwelt - Rechtsfragen zur Richtlinie 90/313/EWG, UPR 1992, 48 ff.

-, Freedom of information - deutsch gewendet: Das neue Umweltinformationsgesetz, DVBl. 1994, 733 ff.

Scheuner, Ulrich, Das repräsentative Prinzip in der modernen Demokratie, in: Staatstheorie und Staatsrecht, Berlin 1978, S. 245 ff.

Schimanski, Werner, Aktenvorlage, Akteneinsicht und Datenschutz, Soziale Sicherheit 1987, 207 ff.

Schlachter, Jörg, Mehr Öffentlichkeit wagen, Heidelberg 1993

Schmid, Paul, Der gesetzliche Schutz der Fabrik- und Geschäftsgeheimnisse, Tübingen 1907

Schmidt, Dietmar / Dörr, Erwin, Stasi-Unterlagen-Gesetz, Köln 1993

Schmidt, Karsten, Drittschutz, Akteneinsicht und Geheimnisschutz im Kartellverfahren, Köln, München 1992

Schmidt-Aßmann, Eberhard, Verwaltungsverantwortung und Verwaltungsgerichtsbarkeit, VVDStRL 34 (1976), S. 221 ff.

-, (Hrsg.), Besonderes Verwaltungsrecht, 10. Auflage, Berlin, New York 1995

Schnur, Roman, Pressefreiheit, VVDStRL 22 (1965), S. 101 ff.

Schoch, Friedrich, Staatliche Informationspolitik und Berufsfreiheit, DVBl. 1991, 667 ff.

-, Öffentlich-rechtliche Rahmenbedingungen einer Informationsordnung, VVDStRL 57 (1998), S. 158 ff.

- / Schmidt-Aßmann, Eberhard /Pietzner, Rainer, Verwaltungsgerichtsordnung, Lsbl., München

Scholz, Rupert / Pitschas, Rainer, Informationelle Selbstbestimmung und staatliche Informationsordnung, Berlin 1984

Schomerus, Thomas, Anspruchsvoraussetzungen und Verwaltungsverfahren nach dem Umweltinformationsgesetz. Zum Umgang mit betriebsbezogenen Umweltdaten, ZUR 1994, 226 ff.

- / Schrader, Christian / Wegener, Bernhard, Umweltinformationsgesetz, Baden/Baden 1995

Schrader, Christian, Kostenerhebungen für den Zugang zu Umweltinformationen - Nationales Recht im Konflikt mit europarechtlichen Vorgaben, ZUR 1994, 221 ff.

-, Anmerkungen (zu dem Beschluß des OVG Schleswig-Holstein vom 10.7.1996), ZUR 1996, 98 ff.

Schröder, Meinhardt, Staatsrechtliche Aspekte einer Aktenöffentlichkeit im Verwaltungsverfahren, Die Verwaltung 4 (1971), 301 ff.

-, Geheimhaltungsschutz im Recht der Umweltchemikalien, Bericht des Umweltbundesamtes, 10/80, Berlin 1980

-, Der Schutz von Betriebs- und Geschäftsgeheimnissen, UPR 1985, 394 ff.

-, Auskunft und Zugang in bezug auf Umweltdaten als Rechtsproblem, NVwZ 1990, 905 ff.

Schuhmacher, Alex, Das Daten- und Informationssystem des MURL (DIM). Ein benutzerfreundlicher Zugang zu Umweltdaten, in: Engel, Andreas (Hrsg.), Umweltinformationssysteme in der öffentlichen Verwaltung, Heidelberg 1994, S. 49 ff.

Schulte, Martin, Schlichtes Verwaltungshandeln, Tübingen 1995

Schulze-Fielitz, Helmuth, Kooperatives Recht im Spannungsfeld von Rechtsstaatsprinzip und Verfahrensökonomie, DVBl. 1994, 657 ff.

Schwab, Siegfried, Das Recht auf Akteneinsicht, DÖD 1997, 145 ff.

Schwanenflügel, Matthias von, Das Öffentlichkeitsprinzip des EG-Umweltrechts. Zur Bedeutung der Richtlinie über den freien Zugang zu Umweltinformationen, DVBl. 1991, 93 ff.

-, Die Richtlinie über den freien Zugang zu Umweltinformationen als Chance für den Umweltschutz, DÖV 1993, 95 ff.

Sening, Christoph, Abschied von der Schutznormtheorie im Naturschutzrecht, NuR 1980, 102 ff.

Siedler, Frank / Zeitler, Herbert, Bayerisches Straßen- und Wegegesetz, 2. Auflage, München 1972

Simitis, Spiros, Kommentar zum Bundesdatenschutzgesetz, 4. Auflage, Lsbl., Baden-Baden

- / Dammann, Ulrich / Mallmann, Otto / Reh, Hans-Joachim, Dokumentation zum Bundesdatenschutzgesetz, Lsbl., Baden-Baden

Spanner, Hans, Ein Entwurf eines Verwaltungsverfahrensgesetz, DVBl. 1964, 845 ff.

Starck, Christian, Rechtsvergleichung im öffentlichen Recht, JZ 1997, 1021 ff.

Stelkens, Paul / Bonk, Heinz / Sachs, Michael, Verwaltungsverfahrensgesetz, 3. Auflage, München 1990

Stettner, Rupert, Information als Verfassungsgut, in: Merten, Detlef / Schmidt, Reiner / Stettner, Rupert (Hrsg.), Der Verwaltungsstaat im Wandel, Festschrift für Franz Knöpfle zum 70. Geburtstag, München 1996, S. 351 ff.

Stich, Rudolph / Porger, Karl-Wilhelm, Bundesimmissionsschutzgesetz, Lsbl., Stuttgart

Stober, Rolf, Zur Bedeutung des Einwendungsschlusses im atom- und immissionsschutzrechtlichen Verfahren, AöR 106 (1981), 41 ff.

Stoltenberg, Klaus, Stasiunterlagengesetz, Baden-Baden 1992

-, Die historische Entscheidung für die Öffnung der Stasi-Akten – Anmerkungen zum StUG, DtZ 1992, 65 ff.

-, Zu den Änderungen des Stasi-Unterlagen-Gesetzes, DtZ 1994, 386 ff.

Stürner, Rolf, Die gewerbliche Geheimsphäre im Zivilprozeß, JZ 1985, 453 ff.

Taeger, Jürgen, Die Offenbarung von Betriebs- und Geschäftsgeheimnissen, Baden-Baden 1988

Theuer, Andreas, Der Zugang zu Umweltinformationen aufgrund des Umweltinformationsgesetzes (UIG), NVwZ 1996, 326 ff.

Trute, Hans-Heinrich, Die Regelung des Umgangs mit den Stasi-Unterlagen im Spannungsfeld von allgemeinem Persönlichkeitsrecht und legitimen Verwendungszwecken, JZ 1992, 1043 ff.

Turiaux, André, Das neue Umweltinformationsgesetz, NJW 1994, 2319 ff.

-, Umweltinformationsgesetz, München 1995

Ule, Carl, Verwaltungsprozeßrecht, 9. Auflage, München 1987

Ule, Carl / Becker, Franz, Verwaltungsverfahren im Rechtsstaat, Köln, Berlin 1964

- / Laubinger, Hans-Werner, Verwaltungsverfahrensrecht, 3. Auflage, Köln, Berlin, Bonn 1986

Vahldiek, Carola, Neue Entwicklungen in der Rechtsprechung zum Umweltinformationsrecht, ZUR 1997, 144 ff.

-, Anmerkungen zur Entscheidung des EuGH vom 17.6.1998, ZUR 98, 200 ff.

Wadle, Elmar, Geistiges Eigentum - Bausteine zur Rechtsgeschichte, Weinheim, New York, Basel 1996

Wagner, Hellmut, Effizienz des Ordnungsrechts für den Umweltschutz?, NVwZ 1995, 1046 ff.

Wassermann, Rudolf (Hrsg.), Alternativkommentar zum Grundgesetz (AK-GG), 2. Auflage, Neuwied, Darmstadt 1989

Weber, Max, Wirtschaft und Gesellschaft, Studienausgabe, 5. Auflage, Tübingen 1980

Wegener, Bernhard, Umsetzung der EG Richtlinie über den freien Zugang zu Umweltinformationen - Zum Referentenentwurf des BMU, IUR 1992, 211 ff.

-, Die unmittelbare Geltung der EG-Richtlinie über den freien Zugang zu Umweltinformationen, ZUR 1993, 17 ff.

Wickrath, Susan, Bürgerbeteiligung im Recht der Raumordnung und Landesplanung, Münster 1992

Wieckmann, Hans-Joachim, Akteneinsicht und Wahrung von Geschäftsgeheimnissen im Kartellverwaltungsverfahren, WuW 1983, 13 ff.

Winter, Gerd, Akteneinsicht in Frankreich, UPR 1989, 85 ff.

-, Was sind Umweltinformationen, was Vorverfahren im Sinne der Umweltinformationsrichtlinie?, NuR 1997, 335 ff.

-, (Hrsg.), Öffentlichkeit von Umweltinformationen, Baden-Baden 1990

Zenkert, Georg, Die Macht der öffentlichen Meinung, Der Staat 31 (1992) S. 321 ff.

Anmerkungen zu Quellen im Internet:

In folgender Untersuchung werden Verweise auf virtuelle Seiten im Internet vorgenommen. Damit wird der Aktualität des Themenbereichs „Informationszugang" Rechnung getragen. Der Verweis auf Internet-Adressen findet nur statt, wenn Tatsachen aufgrund ihrer Aktualität nicht auf herkömmlichen Weise zur Verfügung stehen.

Es werden nur Adressen von Servern verwendet, die von öffentlichen Stellen von Staaten oder von den Europäischen Institutionen betrieben und betreut werden.

Im Anschluß an die Adresse findet sich ein Verweis auf den letzten erfolgreichen Zugriff.

Die Adressen dieser Seiten, die sog. URLs, werden in die Adressleiste des Internetzugangsprogrammes, dem sog. Browser, eingegeben.

Einleitung

Informationen als Gegenstand des Rechts avancieren in einer Zeit der gewaltigen Expansion von Informations- und Kommunikationstechniken und -märkten zu einer der großen Herausforderungen moderner Rechtsordnungen. In gleichem Maße wird die Notwendigkeit eines nachhaltigen und effektiven Umweltschutzes immer deutlicher. Im Schnittpunkt dieser beiden modernen Rechtsentwicklungen befindet sich das Umweltinformationsgesetz[1], welches auf der Umweltinformationsrichtlinie[2] beruht. Zur Klärung des Rechts auf Umweltinformation will diese Untersuchung einen Beitrag leisten.

Zu Beginn wird dargestellt, wo das Umweltinformationsgesetz im Gefüge von Rechtsnormen und -grundsätzen seinen Platz einnimmt. Die Situationsunabhängigkeit des Anspruchs, d. h. die Loslösung eines Informationsanspruchs von Verfahren und Betroffenheit, ist essentialium des Gesetzes. Die Darstellung herkömmlicher deutscher Informationsrechte, die Frage nach der demokratischen Verankerung eines solchen Normkonzeptes und ein ausführlicher Vergleich der deutschen Situation mit den allgemeinen Informationsrechten in anderen europäischen Mitgliedstaaten und den Vereinigten Staaten machen dies überdeutlich.

An diese allgemeinen Überlegungen zur Bedeutung von Informationsrechten in der Rechtsordnung schließt sich eine Betrachtung des Sinn und Zweckes des Umweltinformationsgesetzes und der zugrundeliegenden Richtlinie an. Mit dem primären Ziel der Verbesserung des Umweltschutzes stellt sich der Informationsanspruch des Bürgers als eine weiterer Schritt in der Modernisierung des verwaltungsrechtlichen Instrumentariums dar.

Umweltdaten der Behörde sind zumeist „Umweltverschmutzungsdaten“, d. h. Informationen über aus industrieller Tätigkeit entstehende Beeinträchtigungen der natürlichen Umwelt. In beträchtlichem Rahmen enthalten diese Informationen Betriebs- und Geschäftsgeheimnisse des Unternehmens. Dieser Interessenkonflikt von informationssuchendem Bürger und an der Geheimhaltung interessiertem Unternehmer stellt deshalb den Kern eines Umweltinformationsgesetzes dar. An die Darstellung der öffentlich-rechtlichen und sonstigen privatrechtlichen Ausschlußgründe schließt sich die umfangreiche Erörterung dieses Konfliktes an.

Im Frühjahr 1998 wurde der Entwurf der Unabhängigen Sachverständigenkommission zum Umweltgesetzbuch beim Bundesministerium für Umwelt, Naturschutz

1 UIG vom 8.7.1994, BGBl. I S. 1490.

2 Richtlinie des Europäischen Rates 90/313/EWG.

und Reaktorsicherheit veröffentlicht. Das Entstehen einer umfassenden Kodifikation des deutschen Umweltrechts in einem Gesetzbuch ist von so grundlegender Bedeutung, daß es unabdingbar erscheint, auf dieses trotz seines Status als lex ferenda einzugehen. Im Allgemeinen Teil behandelt der UGB-KomE den Umgang mit Umweltinformationen als eigenständiges siebtes Kapitel. Unterschiede und bedeutsame Gemeinsamkeiten zwischen UIG und UGB-KomE werden jeweils am Ende der Kapitel als eigenständige Unterpunkte herausgearbeitet.

1. Kapitel Rechtssystematische Grundlagen eines Informationsanspruchs

I. Ausgestaltung von Informationsansprüchen

Das Umweltinformationsgesetz gewährt jedem Interessierten ein subjektiv-öffentliches Recht, sich Daten über den Zustand seiner Umwelt bei der zuständigen Behörde einzuholen. Das Gesetz regelt nicht, was mit diesen Informationen geschehen soll, bevorzugt keine besondere Gruppe von Interessierten und will weder gegenüber der Verwaltung noch gegenüber dem Bürger eine weitere Anordnung, sei es ein Gebot oder ein Verbot, treffen. Einziger Regelungsgegenstand ist die Gewähr von Informationen durch die Behörde an einen Bürger.

Zahlreiche andere Gesetze eröffnen ebenfalls Informationsansprüche. Es gibt Informationsansprüche des Bürgers gegen den Staat, umgekehrt des Staates gegen den Bürger und auch des Bürgers gegen den Bürger. Hier soll dabei die Information im Vordergrund stehen, die der Staat dem Bürger gibt. Mit der Informierung werden die unterschiedlichsten Zwecke und Aufgaben verfolgt. So gewähren Normen den Verfahrensbeteiligten die Möglichkeit, gleiche Sachverhaltskenntnisse zu erlangen, gegebenenfalls wie die Gegenseite (z. B. im Gerichtsverfahren). Teilweise ist die Kenntnis über ihre Existenz und Reichweite als Essential der persönlichen Freiheit erkannt worden.[3] Andere Informationsansprüche des Bürgers gegen den Staat wiederum sind direkter Ausfluß von Rechtsstaat und Demokratie.

Bei genauer Betrachtung stellt sich heraus, daß bislang alle Informationsansprüche des Bürgers gegen den Staat erst in ganz bestimmten Situationen und unter ganz bestimmten Voraussetzungen gewährt wurden. Absicht dieses Kapitels ist eine genaue Darstellung, daß erstmals das Umweltinformationsgesetz in der deutschen Rechtstradition dem Bürger ein Recht auf Informationen einräumt, ohne daß eine besondere Beziehung zwischen ihm und dem Staat, also eine „besondere Situation", bestehen muß.

Führt man sich somit vor Augen, daß es zum einen Informationsansprüche ohne Voraussetzungen inhaltlicher Art gibt, so das UIG, und ferner zahlreiche andere, die zwar einen Anspruch gewähren, jedoch nur in besonderen Situationen, so wird deutlich, daß es als dritte gesetzgeberische Ausgestaltung noch jenen Rechtszu-

---

3 So im Volkszählungsurteil BVerfGE 65, 1, 43 ff.

stand zu betrachten gilt, in dem keine Möglichkeit des Bürgers auf Informationserlangung gegen den Staat besteht.

In rechtsgeschichtlicher Hinsicht zeigt sich, daß die Rechtsentwicklung entlang dieser Phasen verlief. Dem fehlenden Zugangsrecht zu Informationen in vielen Bereichen folgte die situationsabhängige Gewährung, und diese ist zumindest für den Bereich der Umweltinformationen von einem freien Zugangsrecht abgelöst worden.

Hinter diesen Ausgestaltungen verbirgt sich auch ein unterschiedliches Verhältnisses des Staates zu seinen Bürgern im Sinne von unterschiedlichen Verwaltungsrechtsauffassungen und -traditionen.

Bevor diese Systematik anhand der einzelnen Kategorien typisierend veranschaulicht werden kann, sind jedoch noch einige Begriffsbestimmungen notwendig.

Im Bereich des Informationsrechts gibt es eine Vielzahl unterschiedlicher Begriffe, denen jeweils eine unterschiedlich Bedeutung zukommt, die jedoch teilweise synonym verwendet werden. „Auskunftsrecht, Recht auf Information, Einsichtsrecht, Akteneinsichtsrecht, Informationsfreiheit, Verwaltungs- oder Aktenöffentlichkeit" sind auseinanderzuhalten.[4] Ihr Bedeutungsgehalt wird im Laufe dieser Arbeit dargestellt. Vorauszuschicken sind indes drei Abgrenzungen, die eine grundsätzliche Weichenstellung darstellen:

- Thema dieser Arbeit ist nicht der Bereich der „Informationsumgangsregeln“[5], sondern der Bereich der „Informationszugangsregeln“. Der Unterschied erklärt sich mit *Burkert*[6] in der Art, daß die Abstimmung von Informationszugangsregeln mit den konträren Datenschutzgesetzen zu dem Regelungskomplex „Informationsumgangsregeln“ führt. Der Bereich des Datenschutzes bleibt jedoch - soweit nicht unumgänglich für das Verständnis des Sinnzusammenhangs - außen vor.
- Zu unterscheiden ist zudem der Informationsanspruch des einzelnen gegen den Staat, wie er im Folgenden allein untersucht wird, von der Öffentlichkeitsarbeit der Verwaltung durch Informierung der Bürger.[7] Die sehr umstrittenen Proble-

4 *Burkert*, Informationsrechte in Europa, in: Heymann (Hrsg.), Informationsmarkt und Informationsschutz in Europa, S. 86, 88 f.

5 *Burkert*, Informationsrechte in Europa, in: Heymann (Hrsg.), Informationsmarkt und Informationsschutz in Europa, S. 86, 94.

6 Informationsrechte in Europa, in: Heymann (Hrsg.), Informationsmarkt und Informationsschutz in Europa, S. 86, 94 f.

7 Hierzu *Graffe*, Die Beteiligung des Bürgers an umweltschutzrechtlich relevanten Verfahren unter besonderer Berücksichtigung des VwVfG, S. 10; *Gornig*, Äußerungsfreiheit, S. 153.

me der Steuerung durch informatorisches Verwaltungshandeln haben hier keine Relevanz.[8]

- Ferner ist klar zu trennen zwischen den Begriffen „subjektiv-öffentlicher Anspruch des Bürgers" und „Anspruch der Öffentlichkeit". Rechte der Öffentlichkeit sind nicht mit den Rechten des einzelnen Bürgers gleichzusetzen. Der Bürger ist zwar Teil derselben, jedoch ist bei der Frage nach der Subjektqualität der Verweis auf diesen Oberbegriff nicht möglich. Dies wird deutlich an der Darstellung des Unterschiedes zwischen aktiven und passiven Informationsrechten des einzelnen Bürgers. Die Öffentlichkeit kann repräsentiert werden, z. B. durch die Presse. Hat die Presse ein aktives Informationsrecht, so stellt sich dieses für den einzelnen nur noch als ein passives Recht dar, indem die Presse als „Organ der Öffentlichkeit" ihm Informationen zukommen läßt, jedoch eben nicht jene, welche er, der hier nur noch Objekt ist, verlangt. Als Subjekt gegenüber dem Staat kann der einzelne nur gelten, wenn er als Anspruchsinhaber auch den Inhalt des Anspruchs bestimmen kann.[9] Gegenstand dieser Untersuchung ist daher auch nicht die Wirkung von Öffentlichkeit im allgemeinen[10], sondern die Bedeutung von Akteneinsichtrechten in bislang nicht allgemein zugängliche Quellen im Sinne des Art. 5 Abs. 1 S. 1 GG im speziellen.

1. Kein Zugangsrecht

Die erste Phase ist jene, in der kein Anspruch des Bürgers auf Information gegen den Staat besteht. Sie endet mit der Einführung der Straßenplanungsverfahren, welche die ersten bedeutenden Informationsansprüche enthielten. So sah das seit 1968 wirksame Bayerische Straßen- und Wegegesetz in Art. 39 Abs. 3 S. 1 die öffentliche Auslegung der Planungsunterlagen vor.[11] Dieses wurde abgelöst durch die allgemeinen Vorschriften für das Planfeststellungsverfahren in den §§ 72 ff. VwVfG. 1976 entstand mit den §§ 29, 30 VwVfG[12] ein verfahrensabhängiges Aktenzugangsrecht. In diesem Zusammenhang wurde in der Wissenschaft in erhöhtem Maße die Rolle der Informationsrechte diskutiert, so daß im Folgenden

8 Siehe zu diesen *Di Fabio*, Informationen als hoheitliches Gestaltungsmittel, JuS 1997, 1 ff.; *Ossenbühl*, Informelles Hoheitshandeln im Gesundheits- und Umweltschutz, in: UTR 3, S. 27, 31, „Toilettensteinfall"; *Hoppe/Beckmann*, Umweltrecht, § 1 Rn. 1.

9 Ausführlich *Gornig*, Äußerungsfreiheit, S. 159 ff.

10 Vergleiche hierzu jüngst *Schoch*, Öffentliche-rechtliche Rahmenbedingungen einer Informationsordnung, VVDStRL 57 (1998), S. 158 ff.

11 Siehe *Zeitler*, in: *Siedler/Zeiter*, Bayerisches Straßen- und Wegegesetz, Art. 39 Rn. 16 ff.

12 Im Folgenden wird stets vom Verwaltungsverfahrensgesetz des Bundes vom 25.5.1976, BGBl. III 201-6 ausgegangen.

aufgrund dessen und aufgrund der hervorgehobenen Bedeutung des Verwaltungsverfahrensgesetzes diese Normen zum Ausgangspunkt der Auseinandersetzung mit dem Zustand des fehlenden Zugangsrecht genommen werden können. Der lediglich exemplarische Charakter der §§ 29, 30 VwVfG wird dabei betont.

Das Verwaltungsverfahren war grundsätzlich nicht öffentlich und die Entscheidung über das Einsichtnahmerecht fiel in den Bereich des pflichtgemäßen Ermessens der Verwaltung.[13] Hierzu meint *Spanner*, dem liege „ehrwürdiges polizeistaatliches Denken“[14] und die Befürchtung zugrunde, ein Anspruch der Beteiligten auf Akteneinsicht könne Interessen der Allgemeinheit und einzelner beeinträchtigen.[15]

Die ironische Bemerkung *Spanners* eröffnet den Blick auf das Staatsverständnis, welches in der Vergangenheit die verwaltungs- und verfassungsrechtliche Diskussion prägte. Wenn die Verwaltung selbst im Verfahren sich zum Bürger derart distanziert verhält, daß sie ihm sein Recht auf Gehör, welches auch - wenngleich mittelbar - in der Verwaltungsöffentlichkeit seinen Ausfluß findet,[16] verweigert, so begründet sich dies mit einer wesentlich weitergehenderen Trennung zwischen Staat und Gesellschaft als in heutigen Tagen.

Ansatzpunkt ist hier das Staatsverständnis des konstitutionell-liberalen Staates des 19. Jahrhunderts. Dabei sind zwei Komponenten ausschlaggebend: Zum einen zeichnete sich dieses Staatsmodell mehr durch seine liberalen Elemente als durch eine demokratische Legitimation aus. Der Liberalismus führte zu einer Betonung der Unterscheidung zwischen Bürger und Staat, indem staatsunabhängige Freiheitsrechte anerkannt wurden. Bei diesen handelte es sich noch allein um Abwehrrechte[17], der Gedanke der Leistungsrechte war noch fremd.[18]

In den Vereinigten Staaten, Großbritannien und Frankreich seinen Ausgang nehmend, bedeutete der Konstitutionalismus aber auch eine Trennung der Staatsgewalten im Sinne der Gewaltenteilungslehre von Montesquieu. Besonderes Gewicht lag auf der Trennung von Exekutive von Legislative. In vielen deutschen Staaten, insbesondere in Preußen, traten Mischformen auf, in denen der Monarch gleichberechtigt an der Gesetzgebung teilnahm und diese Gewalt somit zwischen ihm und

---

13 *Clausen*, in: *Knack*, VwVfG, § 29 Rn. 2.1; *Kopp*, VwVfG, § 29 Rn. 1; *Erichsen*, in: Erichsen (Hrsg.), AllVerwR, § 37 Rn. 14; *Mengel*, Akteneinsicht in Verwaltungsverfahren, Die Verwaltung 23 (1990), 377, 380.

14 So kommentierend: *Spanner*, Ein Entwurf eines Verwaltungsverfahrensgesetz, DVBl. 1964, 845.

15 *Ule/Becker*, Verwaltungsverfahren im Rechtsstaat, S. 42.

16 *Clausen*, in: *Knack*, VwVfG, § 29 Rn. 3; siehe unten Seite 13.

17 Jedoch ohne die Möglichkeit des einzelnen diese als subjektive Verletzung geltend machen zu können.

18 *Boldt*, in: Staatslexikon, Konstitutionalismus, Bd. 3, Sp. 641.

dem Parlament geteilt wurde. Als Folge blieb auch umgekehrt in allen deutschen Staaten im Frühkonstitutionalismus das Parlament auf partielle Teilnahme an der monarchischen Gewalt beschränkt. Eine Stärkung erfuhr das demokratische Element in der deutschen Revolutionen von 1848/49. Nach deren Scheitern entstand ein spezieller deutscher Konstitutionalismus, der auch als hauptursächlich für das deutsche Verwaltungsverständnis angesehen werden muß. Geprägt von der Lehre *Paul Labands* wurde der Binnenbereich des Staates für die Öffentlichkeit unzugänglich gemacht und eigenen Regeln unterworfen.[19] Im Unterschied zu anderen europäischen Staaten wurde so in Deutschland mit einem modifizierten Verständnis der monarchischen Regierung, welche unabhängig von Parlament und Parteien arbeiten konnte,[20] das demokratische Moment von dem bestehenden Freiheitsgedanken des Konstitutionalismus abgetrennt. *Hans Boldt* formuliert, daß nur in Deutschland der Konstitutionalismus zum Gegenstück des Parlamentarismus wurde.[21] Für die Verwaltung in der deutschen konstitutionellen Monarchie bedeutete dies, daß die Regierung institutionell und personell von der Volksvertretung unabhängig war.[22]

Indem nun einerseits der Bürger sich aufgrund des Liberalismus in seine vom Staat nicht zu verletzenden Freiheitssphäre zurückziehen konnte - und umgekehrt auch der Staat für diesen Bereich nicht verantwortlich war -, andererseits es jedoch an einer demokratischen Beteiligung des einzelnen völlig fehlte, fehlte es auch an Verbindungen zwischen Staat und Bürger. Eine Partizipation der Gesellschaft am Staat, also des Bürgers an der Verwaltung existierte nicht. Die Verwaltung „kapselte“ sich vom Bürger ab. Eine Pflicht zur Rechtenschaftsablegung bestand nicht. Mit Bezug auf *Gustav Radbruch*[23] formulierte dies Thomas *Ellwein* in „Regierungssystem der Bundesrepublik Deutschland“[24] so:

> „Die Verwaltung blieb ein eigener Bereich, in dem man den Dienst am Staat, nicht den an der Gesellschaft betonte und der sich gegenüber der Gesellschaft isolierte. Diese Isolierung macht das eigentliche Ingredienz der obrigkeitlichen Tradition aus; sie allein erlaubt das aufdringli-

---

19 In: Ellwein/Hesse (Hrsg.), Regierungssystem der Bundesrepublik Deutschland, S. 354.

20 *Boldt*, Konstitutionalismus, in: Staatslexikon, Bd. 3, Sp. 643; *Böckenförde*, Der Verfassungstyp, in: Böckenförde (Hrsg.), Moderne deutsche Verfassungsgeschichte, S. 146, 148.

21 *Boldt*, Konstitutionalismus, in: Staatslexikon, Bd. 3, Sp. 641.

22 *Böckenförde*, Der Verfassungstyp, in: Böckenförde (Hrsg.), Moderne deutsche Verfassungsgeschichte, S. 146, 152.

23 *Radbruch*, in: Anschütz/Thoma (Hrsg.), Handbuch des deutschen Staatsrecht, S. 289.

24 *Ellwein*, in: Ellwein/Hesse (Hrsg.), Regierungssystem der Bundesrepublik Deutschland, S. 354.

che Bekenntnis zur Neutralität der Regierung und damit der Verwaltung, eine ‚Lebenslüge des Obrigkeitsstaates'[25]."

Wieder zurückkehrend zum Staatsverständnis, wie es *Spanner* herausstellte in seiner Bemerkung über das „ehrwürdige polizeistaatliche Denken", kann somit festgestellt werden, daß das fehlende Zugangsrecht zu Informationen im Verwaltungsverfahren sich als ein Überbleibsel aus einer Zeit darstellt, der es an einer demokratischen Legitimation der Verwaltung fehlte.

Als Folge davon drängt sich die Frage auf, ob der hier festgestellte Zusammenhang zwischen demokratischer Teilhabe am Staat und der informatorischen Offenheit des Staates in bestimmten Bereichen auch zu einer Neubetrachtung der Wertigkeit von Informationen in der Demokratie allgemein führen muß. Insbesondere sei hierbei auf die Überlegungen in Absatz 2 dieses Kapitels[26] hingewiesen.

Festzuhalten bleibt: Das liberal-konstitutionelle Staatswesen vor, insbesondere aber nach der deutschen Revolution von 1848/49 erzeugte aufgrund der völligen Selbständigkeit der Exekutive von parlamentarischer Einflußnahme einerseits und andererseits aufgrund des dennoch bestehenden Grundgedankens des Liberalismus eine starke Kluft zwischen dem Bürger und der Verwaltung, deren duale Züge ein wesentliches Merkmal dieses Staatswesens bildeten.

Bedenken werden gegen den Dualismus von Staat und Gesellschaft in dem Moment laut, in dem, wie in einem demokratischen Staatswesen, eine Identität der Gesellschaft mit dem Legitimationsgeber für den Staat besteht.[27] In gewandelter Form wirkt sich die damit entstehende Frage, in welchem Verhältnis Staat und Gesellschaft zueinander stehen, auch heute noch fort. Es herrscht(e) eine umfangreiche Diskussion zu der Frage, ob das Verhältnis zwischen Staat und Gesellschaft auch weiterhin unter diesen Voraussetzungen als ein Dualismus bezeichnet werden kann. Die Befürworter der Beibehaltung des Modells[28] führen die fehlende Selbstregulierungskraft der Gesellschaft an, die das Bestehen eines funktional abgrenzbaren Staates erfordert. Nur dieser könne Garant des Konkret-Allgemeinen und der individuellen Freiheit sein.[29] Eben „Grundbedingung der individuellen Freiheit" sei die Trennung von Staat und Gesellschaft.[30] Dieser Ansicht wird zum einen entgeg-

---

25 *Radbruch*, in: Anschütz/Thoma (Hrsg.), Handbuch des deutschen Staatsrecht, S. 289.

26 Siehe Seite 37 ff.

27 *Böckenförde*, Staat und Gesellschaft, in: Staatslexikon, Sp. 229.

28 *Forsthoff*, Der Staat der Industriegesellschaft, S. 11 ff.; *Böckenförde*, Die verfassungstheoretische Unterscheidung von Staat und Gesellschaft; *ders.*, Staat und Gesellschaft, in: Staatslexikon, Sp. 229; *Klein*, Die Grundrechte im demokratischen Staat, 34 f.

29 *Forsthoff*, Der Staat der Industriegesellschaft, S. 25, 29, 109, 158.

30 *Böckenförde*, Die verfassungstheoretische Unterscheidung von Staat und Gesellschaft; *ders.*, Grundrechte als Grundsatznormen, Der Staat 29 (1990), 1 ff.

net, sie würde Gefahr laufen, durch die Stilisierung der Frage nach dem Dualismus zur „Gretchenfrage“[31] die Frage nach der Reichweite der Freiheitsrechte voreilig zu verknappen und damit die Grundrechte um ihre wahre Wirksamkeit zu bringen.[32] Inhaltlich sei der Aufteilung zwischen Staat und Gesellschaft nicht wirklich ein Nutzwert zu entnehmen, da sie auf den Hinweis hinauslaufe, daß bei einer völligen Einheit von Staat und Gesellschaft die Gefahr eines totalitären Staates oder umgekehrt einer totalitären Gesellschaft bestehe. Allein die zudem gezogene Konsequenz, daß die staatlichen Funktionen zu reduzieren seinen, habe Aussagekraft. Die Probleme hingegen wären hiermit nicht lösbar; die Unterscheidung stelle kein geeignetes Werkzeug dar, um den Problemen des modernen, auch dem Sozialprinzip verpflichteten Staates gerecht zu werden.[33]

Festzuhalten ist, daß diese Diskussion ihren Ausgangspunkt in dem Dualismus des 19. Jahrhunderts findet, jedoch heute sich beide Ansichten einig sind in der Bedeutung der Freiheitsrechte des Grundgesetzes als elementare Wesensmerkmale unseres Staatswesens. Das Fehlen eines Zugangsanspruchs zu den Akten im Verfahren konnte als ein Überbleibsel aus dieser Zeit betrachtet werden. So heißt es denn auch in der Regierungsbegründung zur Einführung des VwVfG:

Dieser Rechtszustand „entspricht nicht der Vorstellung, die im modernen Rechtsstaat das Bild vom mündigen Bürger zu prägen hat, der nicht zum bloßen Objekt staatlichen Verfahrens gemacht werden darf“[34].

Mag insofern das Heranziehen des Dualismus Gesellschaft – Staat zunächst als eine Übertreibung erscheinen, so soll darüber nicht vergessen werden, daß gerade die Informationsverweigerung während des Verfahrens mit der Begründung geschah,[35] die Akteneinsicht könnte die Interessen der Allgemeinheit beeinträchtigen.[36] Dies konnte auch der störungs- und reibungsfreie Verlauf des Verfahrens sein. Die Objektsqualität des Menschen wird überdeutlich.

---

31 *Hesse*, Bemerkungen zur heutigen Problematik, DÖV 1975, 437, 438.

32 *Hesse*, Bemerkungen zur heutigen Problematik, DÖV 1975, 437, 438 in Fußnote 21 und 441.

33 *Hesse*, Bemerkungen zur heutigen Problematik, DÖV 1975, 437, 442 f.

34 Begründung des Regierungsentwurfs zum VwVfG BT-Drs. 7/910 S. 52.

35 Im übrigen bestand auch keine Begründungspflicht der Verwaltung. Dieser Umstand stand in der gleichen Tradition! Unterstützend sei auf den Rechtszustand in Großbritannien hingewiesen, wo erst neuerdings im Zusammenhang mit der Schaffung eines „Freedom of Information Act“ auch der Begründungszwang bei Verwaltungsentscheidungen eingeführt werden soll. Zu den Überlegungen siehe Seite 68 ff.

36 *Ule/Becker*, Verwaltungsverfahren im Rechtsstaat, S. 42.

2. *Situationsabhängiger Zugang*

Die zweite Ausgestaltungsmöglichkeit von Informationszugangsrechten umfaßt jene Informationsansprüche, die aufgrund besonderer rechtlicher Lagen gewährt werden. Im wesentlichen - mit den darauffolgenden Ausnahmen - beschreibt dies die momentane Rechtslage. Dem Bürger wird ein Anspruch auf Informationen dann gegeben, wenn er in einem besonderen Rechtsverhältnis zum Staat steht. Dieses Sonderrechtsverhältnis ist damit das prägende Element der bestehenden Informationsansprüche.

Der Begriff des Sonderrechtsverhältnisses ist zu erläutern. Nicht gemeint ist die aus der Grundrechtslehre stammende Bezeichnung[37] für die besondere Beziehung zwischen Staat und Bürger, soweit es darum ging, die Grundrechte des Bürgers zu verkürzen.[38] Vielmehr soll ausgedrückt werden, daß der Staat und der einzelne Bürger in einem rechtlich relevanten engen Kontakt miteinander stehen. Der Inhalt dieser Verbindung ist regelmäßig dadurch gekennzeichnet, daß nach dem bestehenden Recht ein Sonderrechtsverhältnis entweder über ein *Verfahren* besteht, oder über die *Betroffenheit* durch staatliches Handeln. Das Übliche im Verwaltungsrecht ist die Verfahrensbeteiligung aufgrund Betroffenheit. Jedoch existieren die beiden Bereiche „Verfahren" und „Betroffenheit" auch unabhängig voneinander. So muß der Bürger nicht betroffen sein, um an einem Genehmigungsverfahren für emittierende Anlagen teilhaben zu können. Andererseits erhält nach dem Bundesdatenschutzgesetz jeder, dessen Daten gespeichert werden, der also durch staatliches Handeln ohne Verfahren betroffen ist, ebenfalls ein Akteneinsichtsrecht.

Oberbegriff für diese Zugangsmöglichkeiten sei der „situationsabhängige" oder „situationsgebundene" Zugang.

Für die Darstellung sind verschiedene Gruppen zu unterscheiden. Hervorzuheben ist das Prinzip der beschränkten Verwaltungsöffentlichkeit nach § 29 VwVfG. Hin-

---

37 Andere Benennungen: besonderes Gewaltverhältnis, Sonderstatusverhältnis, besonderes Pflichtenverhältnis; siehe *H. Dreier*, in: H. Dreier (Hrsg.), Grundgesetz-Kommentar, Vorb. Rn. 84, Art. 1 Abs. 3 Rn. 47; *Hoffmann-Riem*, in: AK-GG, Art. 5 Abs. 1, 2 Rn. 63.

38 Wie das fehlende Akteneinsichtsrecht vor der Einführung des VwVfG (s.o.) ist auch das besondere Gewaltverhältnis als ein Relikt aus der Zeit der dualistischen Trennung von Staat und Gesellschaft zu verstehen. Wer als Individuum in engen Kontakt mit dem Staat steht (Beamter, Gefangener, Schüler) gilt in bestimmten Bereichen nicht mehr als freier Bürger in der Gesellschaft (verstanden im liberalen Sinne), sondern als ein Teil des Staates. Heute bezeichnet nach h. M. und Rspr. der Begriff nur noch eine besondere Beziehung zum Staat und weniger die damit verbundene Grundrechtsverkürzung; siehe *Hoffmann-Riem*, in: AK-GG, Art. 5 Abs. 1, 2 Rn. 63 ff.; *H. Dreier*, in: H. Dreier (Hrsg.), Grundgesetz-Kommentar, Art. 1 Abs. 3 Rn. 47; *Herzog*, in: *Maunz/Dürig*, GG, Art. 5 Abs. 1, 2 Rn. 104 ff.; *Jarass*, in: *Jarass/Piroth*, GG, Vorb. Vor Art. 1 Rn. 32.

zu kommt die öffentliche Auslegung, welche im Bereich des Umweltrechts aufgrund der besonderen Bedeutung häufig verlangt wird. Ergänzt wird dies durch das Einsichtsrecht in die Akten eines Gerichtsverfahrens am Beispiel einer verwaltungsgerichtlichen Streitigkeit. Einen weiteren Schwerpunkt bildet das Einsichtsrecht in die eigenen Daten nach dem Bundesdatenschutzgesetz und dem Stasiunterlagengesetz.[39] Die Gegenüberstellung soll dabei Gegenstand, Reichweite und eventuelle Probleme aufzeigen, welche Relevanz für den Anspruch auf freien Zugang zu Umweltinformationen haben könnten. Insbesondere muß bereits an dieser Stelle dem Schutz von Betriebs- und Geschäftsgeheimnissen ein besonderes Augenmerk gelten.

a) Die Aktenöffentlichkeit im Verwaltungsverfahren nach §§ 29, 30 VwVfG

Nach § 29 VwVfG hat jeder in einem Verfahren Beteiligte in bestimmten Grenzen einen Anspruch auf Akteneinsicht bezüglich des betreffenden Verfahrens. Der Anspruch findet seine Grenzen in §§ 29 Abs. 2 und 30. Jeder am Verfahren Beteiligte kann Kenntnis darüber erlangen, welche Ereignisse, Motive und Stellungnahmen der Behörde oder anderer Stellen dem Verfahren zugrunde liegen.[40]

Vor der Verabschiedung des VwVfG lag die Gewährung des Einsichtsrechts in die Akten im Ermessen der Verwaltung. Die Kritik hieran hatte sich im Laufe der Jahre zunehmend verstärkt,[41] jedoch waren Versuche, die Ermessens- in eine gebundene Entscheidung umzuinterpretieren, von der Rechtsprechung[42] nicht aufgenommen worden. Es gehörte zu einer der umstrittensten Fragen, unter welchen Voraussetzungen und in welchem Umfang die Verfahrensbeteiligten Einsicht in die Akten der Behörde erhalten sollten.[43]

Mit der Verabschiedung des § 29 setzte der Gesetzgeber der Diskussion ein Ende und folgte der Literatur in der Ansicht, daß es dem modernen Staatsverständnis nicht mehr entsprechen könne, das Verwaltungsverfahren auf Distanz zur Gesell-

39 Es sind noch weitere Situationen denkbar, mit Hilfe derer der Stand der deutschen Akteneinsichtsrechte aufgezeigt werden könnte, wie z. B. das Recht des Beamten auf Einsichtnahme in seine Personalakten nach § 90c Abs. 1 BBG.

40 *Clausen*, in: *Knack*, VwVfG, § 29 Rn. 3.

41 *Haueisen*, Akteneinsicht im Verwaltungsverfahren, NJW 1967, 2291 ff.; *Schröder*, Staatsrechtliche Aspekte, Die Verwaltung 4 (1971), 301 ff.

42 Siehe *Clausen*, in: *Knack*, VwVfG, § 29 Rn. 3.

43 So *Badura*, in: Erichsen (Hrsg.), AllgVerwR, § 37 Rn. 14; *Clausen*, in: *Knack*, VwVfG, § 29 Rn. 2.

schaft zu halten. Mit *Häberle* ist dies als ein „wesentlicher Einbruch in die herkömmlichen Arkana der „öffentlichen“ (Ermessens-)Verwaltung“[44] zu werten.

In der Begründung des Regierungsentwurfs zum neuen VwVfG heißt es deshalb auch für § 29 (vormals § 25), daß dies „die grundsätzliche Abkehr vom geltenden Prinzip des Aktengeheimnisses im deutschen Verwaltungsverfahren“ bedeute und nunmehr das Prinzip der beschränkten Aktenöffentlichkeit herrsche.[45]

Das neue VwVfG beinhaltete nun das Prinzip der beschränkten Aktenöffentlichkeit. Voraussetzung des Anspruchs auf Akteneinsicht ist jedoch, daß der Beteiligte sich in einem Verfahren befindet.[46] Nach § 9 VwVfG ist dies die nach außen wirkende Tätigkeit der Behörden, die auf die Prüfung der Voraussetzungen, die Vorbereitung und den Erlaß eines Verwaltungsakts oder eines öffentlich-rechtlichen Vertrages gerichtet ist. Damit stellt die Norm sicher, daß die Aktenöffentlichkeit nicht in Verfahren zum Erlaß von Verordnungen und Satzungen oder im Rahmen rein verwaltungsinterner, insbesondere lediglich vorbereitender Tätigkeiten ohne unmittelbare Wirkung gegenüber dem Bürger, sowie bei privatrechtlichem Handeln der Verwaltung besteht.[47]

Ob in den besonderen Verfahrensformen der Planfeststellung, der Produktzulassung und der Fachplanung hierdurch eine Einschränkung vollzogen wird, ist zu prüfen. Indes ergibt sich das Problem, daß ein Akteneinsichtsrecht auch beim schlichten Verwaltungshandeln[48] unmöglich zu sein scheint, da in diesem schon der Struktur nach der Erlaß eines Verwaltungsakts gerade vermieden werden soll. Dem schlichten Verwaltungshandeln kommt im modernen Staat eine wachsende Funktion zu. Die Abwendung vom „Command-and-Control“- Prinzip[49], wie sie z. B. das Umweltauditgesetz für den Bereich der unternehmensinternen Kontrolle durch Aufbau eines integrierten Umweltmanagements verwirklicht, hin zu einer beeinflussenden Verwaltungstätigkeit, setzt kein Verfahren im Sinne des § 9 mehr voraus, da es diesen neuen Methoden gerade am Regelungscharakter mit Außenwirkung fehlen soll.[50] Es stellt sich dann das Problem, wie potentiell Drittbetroffe-

---

44 *Häberle*, Verfassungsprinzipien „im“ Verwaltungsverfahrensgesetz, in: Schmitt Glaeser (Hrsg.), Verwaltungsverfahren, S. 71.

45 Begr. des Regierungsentwurfs zum VwVfG, BT-Drs. 7/910 S. 52 f.

46 Zum „Beteiligten“ vergleiche *Schwab*, Das Recht auf Akteneinsicht, DÖD 1997, 145, 148.

47 *Kopp*, VwVfG, § 29 Rn. 1; *Ule/Laubinger*, VwVfR, § 19 S. 156; *Gurlit*, Die Verwaltungsöffentlichkeit im Umweltrecht, S. 132.

48 Zum Thema siehe *Schulte*, Schlichtes Verwaltungshandeln, S. 1 ff.

49 Das Neue zeigt sich bereits am teilweise in der neueren Literatur verwendeten amerikanischen Vokabular: *v. Rosenstiel*, Ökologie - ein attraktives Geschäftsfeld für Juristen, NJW-CoR 1997, 210, 211.

50 *Gurlit*, Die Verwaltungsöffentlichkeit im Umweltrecht, S. 15 f.

ne Akteneinsicht erlangen können, welche insbesondere hier als Voraussetzung zum rechtlichen Gehör und Rechtsschutz von besonderer Bedeutung ist.

In der Gesetzesbegründung heißt es angesichts des Herausfallens bestimmter Bereiche, „daß durch das Eigengewicht, welches eine ganze Reihe von Vorschriften dieses Entwurfes besitzt, (z. B. rechtliches Gehör, Akteneinsicht...) diese über den eigentlichen Anwendungsbereich hinaus allgemeine Bedeutung für alle vom Entwurf nicht erfaßten Verfahrensarten haben werde“[51]. Dies kann zur analogen Anwendung in bestimmten Fällen führen, wie z. B. jene Verfahren, die wegen § 2 VwVfG nicht in den Anwendungsbereich des Gesetzes fallen.[52] Insofern hat die Norm Ausstrahlungswirkung auf alle Verfahren. Ihr wird der Status des verfassungsrechtlich gesicherten Verfahrensrechts des Bürgers zugerechnet.[53] Jedoch kann anhand dieser Ausstrahlungswirkung nicht die generelle Geltung eines Rechtsgrundsatzes „Akteneinsicht in alle Verfahrensformen“ gefolgert werden.[54]

(1) Bedeutung der Aktenöffentlichkeit im Verfahren

Insbesondere unter dem Gesichtspunkt der Funktion des inhaltlich weitergehenden Anspruchs auf freien Zugang zu Umweltinformationen ist die Beachtung der Verfassungsgrundsätze, die von § 29 mit verwirklicht werden, hervorzuheben:

Das Recht auf Akteneinsicht im Verfahren dient der Verwirklichung des Grundrechts auf rechtliches Gehör. Wenn man auch das Recht auf Gehör im Verwaltungsverfahren nicht in Art. 103 Abs. 1 GG verortet sehen möchte,[55] so ist es doch im Rechtsstaatsprinzip und der Menschenwürde verankert.[56] Man könnte den Anspruch auf rechtliches Gehör im Verwaltungsverfahren als Teil eines funktional mit dem verwaltungsgerichtlichen Rechtsschutz zusammenhängenden Komplexes ver-

---

51 Gesetzesentwurf der Bundesregierung, Entwurf eines VwVfG, BT-Drs. 7/910 S. 42.

52 So *Kopp*, VwVfG, § 29 Rn. 3a.

53 *Clausen*, in: *Knack*, VwVfG, § 29 Rn. 3; *Laubinger*, Grundrechtsschutz, VerwArch 73 (1982), 60, 75.

54 Anders *Kopp*, VwVfG, § 72 Rn. 6, der aus der Nichtbeachtung der Rechtsgedankenseigenschaft des § 29 einen Ermessensfehler folgern möchte, der zur Rechtswidrigkeit führt; für den Bereich des Fachplanungsrechts.

55 So *Schmidt-Aßmann*, in: *Maunz/Dürig*, GG, Art. 103 Abs. 1 Rn. 62; a. A. *Wassermann*, in: AK-GG, Art. 103 Rn. 23, der die zentrale Bedeutung der Maxime des rechtlichen Gehörs in Art. 103 Abs. 1 GG für jedes Verfahren gelten lassen will.

56 *Schmidt-Aßmann*, in: *Maunz/Dürig*, GG, Art. 103 Abs. 2 Rn. 62.

stehen,[57] jedoch kann auch das verwaltungsverfahrensrechtliche Interesse als ausreichende Basis betrachtet werden.[58]

Ferner ist die „Waffengleichheit", die Chancengleichheit und das „fair-trial"- Prinzip der Beteiligten im Verfahren gewährleistet, indem der Verfahrensbeteiligte in die Lage versetzt wird, sich gegen die Verwaltung zu behaupten.[59]

Zudem dient es der effektiven Wahrheitsfindung der Behörde im Sinne des Mitwirkungsgebots nach § 26 Abs. 2 VwVfG. Auch dieses ist Ausfluß des Rechtsstaatsprinzips.[60]

Nach dem VGH München[61] ist das Recht auf Akteneinsicht Voraussetzung für die eigene Interessenwahrung und damit Ausdruck des Grundrechtes der freien Entfaltung der Persönlichkeit gemäß Art. 2 Abs. 1, 1 Abs. 1 GG, der allgemeinen Handlungsfreiheit.[62] In der Tradition des Mühlheim-Kärlich-Urteils des BVerfG[63] steht es auch, das Akteneinsichtsrecht aufgrund seiner Verfahrensrelevanz als Ausfluß der objektiv-rechtlichen Seite der Grundrechte anzusehen.[64] Weiterhin bestärkt das Akteneinsichtsrecht in hohem Maße das Vertrauensverhältnis zwischen Bürger und Behörde. Zusammenfassend ist jedoch festzuhalten, daß das Recht auf Akteneinsicht primär dem Rechtsschutzgedanken verpflichtet ist.[65]

(2) Anspruchsinhalt

Es bedarf der Darstellung, welchen Inhalt der Anspruch auf Akteneinsichtsrecht nach § 29 VwVfG hat. Gegenstand des Anspruchs ist ein Einsichtsrecht in Akten. Er ist zu trennen von einem möglichen Anspruch gegen die Verwaltung auf Auskunftserteilung oder auf Abgabe von Erläuterungen. Auskunftspflichten, in diesem Sinne verstanden, ergeben sich nicht aus § 29, sondern unter Umständen aus ande-

---

57 *Schmidt-Aßmann*, Verwaltungsverantwortung, VVDStRL 34 (1976), S. 221, 266 f.; *Häberle*, Grundrechte im Leistungsstaat, VVDStRL 30 (1972), S. 43, 121 ff.

58 *Häberle*, Verfassungsprinzipien „im" Verwaltungsverfahrensgesetz, in: Schmitt Glaeser (Hrsg.), Verwaltungsverfahren, S. 72 f.

59 *Kopp*, VwVfG, § 29 Rn. 2; *Clausen*, in: *Knack*, VwVfG, § 29 Rn. 3

60 *Kopp*, VwVfG, § 26 Rn. 1.

61 NVwZ 1990, 775, 777.

62 *Clausen*, in: *Knack*, VwVfG, § 29 Rn. 3; VGH München NVwZ 1990, 775.

63 BVerfGE 53, 30.

64 *Schwab*, Das Recht auf Akteneinsicht, DÖD 1997, 145, 146.

65 *Pitschas*, Allgemeines Verwaltungsrecht als Teil der öffentlichen Informationsordnung, in: Hoffmann-Riem/Schmidt-Aßmann (Hrsg.), Reform des Allgemeinen Verwaltungsrechts, S. 219, 296; *Eifert*, Umweltinformation als Regelungsinstrument, DÖV 1994, 544.

ren Rechtsquellen. Diese sind jedoch dünn gesät und es zeigt sich, daß vor allem die richterliche Rechtsprechung rechtssetzend tätig war.[66]

Der Begriff „Akten", umfassend verstanden,[67] umfaßt zunächst alle verkörperten Unterlagen zum Verfahren, wie Papier, Folien, Filme und Tonbänder, unabhängig von ihrer Aufbewahrungsmethode in der Behörde. Das gleiche muß für unkörperliche Informationen, wie Microfiche oder (zeitgemäßer) computergespeicherte Daten gelten. Dabei kann es ebenfalls keine Rolle spielen, ob es sich um Texte, Videos, Grafiken, Töne, Tabellen oder um zur Auswertung von Einzelinformationen gebündelte Dateien handelt.[68] Der Begriff der „Akte" ist insofern "zukunftsoffen" auszulegen, was angesichts der schnellen Entwicklung der Kommunikations- und Informationstechnik notwendig ist. Charakteristisch ist allein, daß Informationen festgehalten werden, die Relevanz im Verfahren haben können.

Ferner sind auch von dem Anspruch jene Akten erfaßt, die von anderen Behörden, im Wege der Amtshilfe oder zu Beweiszwecken oder von Gerichten herbeigezogen worden sind.[69]

Seine Grenzen findet das Akteneinsichtsrecht des § 29 VwVfG in seinem Absatz 2, der die ordnungsgemäße Verwaltungstätigkeit, das Wohl von Bund und Ländern und das berechtigte Geheimhaltungsinteresse der Beteiligten und dritter Personen umfaßt. Zudem wird mit § 30 ausdrücklich der private und wirtschaftliche Geheimbereich geschützt.

Unter ordnungsgemäßer Verwaltungstätigkeit ist nicht der ungestörte, reibungslose Verlauf an sich zu verstehen,[70] sondern nach den Vorstellungen des Gesetzgebers zum einen eine Verhinderung einer unzumutbaren Belastung der Behörden.[71] Zum anderen soll Absatz 2 die Vereitelung des Verfahrenszieles verhindern, welches durch die Einsichtnahme zu befürchten ist.[72]

---

66 *Pipkorn*, Auskunftsansprüche gegenüber Verwaltungsbehörden, DÖV 1970, 171 f.

67 *Clausen*, in: *Knack*, VwVfG, § 29 Rn. 4.2; *Kopp*, VwVfG, § 29 Rn. 5.

68 So auch *Kopp*, VwVfG, § 29 Rn. 5, a. A. *Bonk*, in: *Stelkens/Bonk/Sachs*, VwVfG, § 29 Rn. 5.

69 *Clausen*, in: *Knack*, VwVfG, § 29 Rn. 4.2; *Ule/Laubinger*, VwVfR, § 25 Rn. 1; *Kopp*, VwVfG, § 29 Rn. 5; *Bonk*, in: *Stelkens/Bonk/Sachs*, VwVfG, § 29 Rn. 26; a. A. Musterentwurf eines VwVfG, S. 127, der die Zustimmung der betreffenden Behörde voraussetzt.

70 In der Praxis wird es schwierig sein, daß Maß der Übermäßigkeit der Belastung zu fixieren. Die Kommentare geben insofern auch keine Unterstützung. In jedem Fall wird allgemein von einer restriktiven Auslegung der Ausnahmevorschriften ausgegangen; *Kopp*, VwVfG, § 29 Rn. 20; *Clausen*, in: *Knack*, VwVfG, § 29 Rn. 5.1 und *Bonk*, in: *Stelkens/Bonk/Sachs*, VwVfG, § 29 Rn. 47.

71 Gesetzesentwurf der Bundesregierung, Entwurf eines VwVfG, BT-Drs. 7/910 S. 53.

72 Gesetzesentwurf der Bundesregierung, Entwurf eines VwVfG, BT-Drs. 7/910 S. 53; kritisch hierzu *Gurlit*, Die Verwaltungsöffentlichkeit im Umweltrecht, S. 225.

Interessant ist für die erste Kategorie der Fall der möglichen Identitätsoffenbarung von Informanten. Eine Beeinträchtigung liegt dann bereits vor, wenn ernsthaft zu befürchten ist, daß solche notwendige und wichtige Informationsquellen der Behörden versiegen könnten.[73] Das Wohl des Staates umfaßt äußere und innere Sicherheit, das freundschaftliche Verhältnis zu anderen Staaten oder supranationaler Organisationen. Diese Norm erfährt eine weniger restriktive Auslegung.[74]

Als dritter Ausschlußgrund nennt das Gesetz in § 29 Abs. 2 a. E. und § 30 VwVfG ein berechtigtes Geheimhaltungsinteresse, welches aufgrund Gesetzes oder seinem Wesen nach besteht. Dabei sind die Normen zusammen zu lesen.[75] Während § 29 Abs. 2 a. E. die Pflicht der Behörde zur Akteneinsichtsgewährung des Absatzes 1 beseitigt, verstärkt § 30 dies durch die Gewährung eines subjektiven Anspruchs auf Geheimhaltung der Informationen. Hinzu kommen durch § 29 Abs. 2 a. E. noch andere Gesetze, die den Geheimnisschutz anordnen. § 30 ist insofern, wie das gesamte VwVfG,[76] im Lichte der Subsidiarität zu sehen[77]: Inhaltsgleiche oder entgegenstehende Rechtsvorschriften des Bundes bzw. der Länder gehen § 30 vor. Beispiele, die noch näher erörtert werden, sind: § 10 Abs. 2 und Abs. 3 BImSchG, § 7 Abs. 4 AtomG, § 10 UVPG, § 43 StUG. Wichtigste gesetzliche Geheimhaltungspflichten sind wie gezeigt die Datenschutzgesetze. Nach diesen sind die personenbezogenen Informationen grundsätzlich geheim.[78]

§ 30 ist im Rahmen einer Untersuchung, die den Konflikt zwischen einem Informationsanspruch und dem Betriebs- und Geschäftsgeheimnis darstellen möchte, von hervorgehobener Bedeutung. Deshalb bedarf es einer gründlichen Auseinandersetzung mit den einzelnen Ausschlußgründen, den in ihnen enthaltenen Konflikten und den in diesem älteren Gesetz gefundenen Lösungsmöglichkeit derselben. Dennoch soll an dieser Stelle keine umfassende Darstellung erfolgen. Es ist geeigneter, bei der Behandlung der Problematik des § 8 Abs. 1 S. 2 UIG auf § 30 VwVfG zu verweisen.

---

73 Beispiel OVG München NVwZ 1990, 778 bei *Kopp*, VwVfG, § 29 Rn. 20.

74 *Bonk*, in: *Stelkens/Bonk/Sachs*, VwVfG, § 29 Rn. 28 f.; *Kopp*, VwVfG, § 29 Rn. 23 f.

75 In der Kombination der beiden Normen, § 29 und § 30, führt § 30 dazu, daß der vermeintliche Ermessensspielraum des § 29 Abs. 2 nicht besteht. Jede „freiwillige“ Gewährung wäre ein Verstoß gegen die Pflicht der Behörde zur Verschwiegenheit, welche mit dem Anspruch des Bürgers auf dieselbe korrespondiert, und somit ein Ermessensfehler; *Kopp*, VwVfG, § 29 Rn. 14; *Laubinger*, Grundrechtsschutz, VerwArch 73 (1982), 60, 75, 81; *Obermayer*, Verwaltungsverfahrensgesetz, § 29 Rn. 47; a. A. wohl *Knemeyer*, Auskunftsanspruch, JZ 1992, 348, 351; *Bonk*, in: *Stelkens/Bonk/Sachs*, VwVfG, § 29 Rn. 36.

76 Vergleichend hierzu *Bonk*, in: *Stelkens/Bonk/Sachs*, VwVfG, § 1 Rn. 111 ff.

77 *Bonk*, in: *Stelkens/Bonk/Sachs*, VwVfG, § 30 Rn. 3.

78 Vergleiche zum Begriff: *Auernhammer*, BDSG, § 1 Rn. 30 f.

Geheimnisse im Sinne des § 30 sind alle Tatsachen, Umstände, Vorgänge u. s. w., die nur einem begrenzten Personenkreis bekannt sind, an deren Wahrung der Geheimnisträger ein schutzwürdiges Interesse hat und die aufgrund bestehender Rechtsvorschriften oder nach allgemeiner Anschauung, insbesondere auch unter den im Verfassungsrecht vorgegebenen Wertungen „Dritte nichts angehen“[79]. Nach einem objektiven Maßstab muß auch eine Geheimhaltungswürdigkeit der Geheimnisse vorliegen.[80]

Das Gesetz unterscheidet Geheimnisse, die zum persönlichen Lebensbereich gehören und Betriebs- und Geschäftsgeheimnisse. Der persönliche Lebensbereich sind die gesundheitlichen, familiären oder wirtschaftlichen Verhältnisse des einzelnen.[81] In ihm spielen die Datenschutzgesetze von Bund und Ländern eine besondere Rolle.

Als Auffangtatbestand für den Fall, daß eine spezialgesetzliche Regelung nicht existiert, sind manche Akten „ihrem Wesen nach“ geheimhaltungsbedürftig. Durch richterliche Konkretisierung haben sich verschiedene Bereiche entwickelt, wie z. B. bei Prüfungsakten[82], Personalakten[83] und bei geheimdienstlichen Tatbeständen[84], die jedoch durch die Tätigkeiten des Gesetzgebers oder aufgrund verfassungsrechtlicher Bedenken[85] keine Anwendung mehr finden.

§ 30 schließt nur die unbefugte Offenbarung von Geheimnissen aus. Die Frage der Befugnis der Behörde zur Offenbarung löst die Verwaltung für § 30 VwVfG so, daß in folgenden Fällen der Veröffentlichung nichts entgegensteht:

- Eine Rechtsvorschrift ermächtigt dazu.
- Der Geheimnisträger stimmt zu.

---

79 Zitat aus: *Kopp*, VwVfG, § 30 Rn. 5; identisch bei *Bonk*, in: *Stelkens/Bonk/Sachs*, VwVfG, § 30 Rn. 8.

80 *Obermayer*, Verwaltungsverfahrensgesetz, § 30 Rn. 23, *Clausen*, in: *Knack*, VwVfG, § 30 Rn. 3.2.

81 *Ule/Laubinger*, VwVfR, § 25 Rn. 7.

82 BVerwGE 14, 31 ff.; E 19, 128, 129; vergleiche zur heute anderen Rechtslage: BVerfGE 84, 34 und 59 ff.; *Ule*, VwPrR, § 52 Abs. 2 Rn. 285 f.

83 BVerwGE 19, 179 ff.; E 35, 225 ff.; E 49, 89 ff., jetzt eigengesetzliche Regelung in den Beamtengesetzen siehe *Ule/Laubinger*, VwVfR, § 25 Rn. 7.

84 BayVGH BayVBl. 1975, 675 f.; HessVGH NJW 1977, 1844 ff., heute durch Verfassungsschutzgesetze, BND-Gesetz und MAD-Gesetz geregelt.

85 Siehe zur Kritik die betreffenden Fußnoten.

- Eine Güterabwägung ergibt, daß das Geheimhaltungsinteresse hinter wichtigen Interessen der Allgemeinheit zurücktreten muß[86] (Wahrung höherrangiger Rechtsgüter).

b) Öffentliche Auslegung im (vorgezogenen) Verwaltungsverfahren

Es gibt zahlreiche andere Vorschriften im allgemeinen und besonderen Verwaltungsrecht, die einen Anspruch auf den Zugang zu Informationen bei der Behörde gewähren. Zu unterscheiden ist, wie dies geschieht und mit welcher Zielsetzung dabei gearbeitet wird. In einem kurzen Überblick werden im Folgenden die Typen von Informationsgewährleistungsansprüchen dargestellt.

Eine Differenzierung ist bezüglich der unterschiedlichen Methoden der Öffentlichkeitsbeteiligung erforderlich. Das Akteneinsichtsrecht, die öffentliche Auslegung von Unterlagen im vorgezogenen Verfahren, die mündliche Anhörung (evtl. als Massenverfahren wie im Atomrecht) und die öffentliche Bekanntmachung unmittelbar durch die Unternehmen sind nur ein Ausschnitt aus der Palette der Öffentlichkeitsbeteiligung. In ihrer Summe sind diese jedoch nicht der Untersuchungsgegenstand. Vielmehr bedarf es der konkreten Darstellung der gesetzlichen Regelung für folgende Fragestellung: wie erhält der Bürger aktiv von der Behörde Informationen? Unter *aktiv* ist unter Berücksichtigung der bereits oben angestellten Differenzierung das Gegenstück zur passiven Informierung durch die Behörde zu verstehen. Dabei soll im Folgenden die Einsichtnahme in die öffentlich ausgelegten Unterlagen als ein Teil des aktiven Informationsrechts des Bürgers angesehen werden. Berücksichtigt man den Zweck der Akteneinsicht und der öffentlichen Auslegung, nämlich die Beteiligung aller (möglicherweise) betroffenen Kreise am Verfahren, so reicht die öffentliche Auslegung weiter als die Akteneinsicht. Der Bürger muß sich nicht weiter um die Auswahl der Akten etc. bemühen, sie werden bereits von der Behörde für die individuelle Inanspruchnahme bereitgelegt.

(1) Die Verwaltungsöffentlichkeit des Bundesimmissionsschutzgesetzes

Das BImSchG regelt die Errichtung und den Betrieb von genehmigungs- (§§ 4 ff.) und nicht genehmigungsbedürftigen (§§ 22 ff.) Anlagen. Über ihren Gegenstand, die Regulierung schädlicher Umwelteinwirkungen, hinaus kommt der Genehmigung aufgrund des § 13 BImSchG eine Konzentrationswirkung für die meisten

86 *Bonk*, in *Stelkens/Bonk/Sachs*, VwVfG, § 30 Rn. 17; *Clausen*, in: *Knack*, VwVfG, § 30 Rn. 3.4.3; *Borgs*, in: *Meyer/Borgs*, VwVfG, § 30 Rn. 24.

öffentlichen Genehmigungen zu. Deshalb ist die in § 10 BImSchG vorgesehene Beteiligung Dritter von besonderer Bedeutung.

Das BImSchG findet Anwendung im Rahmen eines Verfahrens, da für Anlagen, die „in besonderem Maße geeignet sind, schädliche Umwelteinwirkungen hervorzurufen oder in anderer Weise die Allgemeinheit oder die Nachbarschaft zu gefährden,..." eine Genehmigung nach § 4 Abs. 1 erforderlich ist.[87] Das Immissionsschutzrecht wird damit gesteuert durch präventive Verbote mit Erlaubnisvorbehalten. Nicht hingegen bedarf es eines Verfahrens bei nicht genehmigungsbedürftigen Anlagen.

§ 10 BImSchG begründet ein förmliches Verfahren im Sinne des § 63 ff. VwVfG.[88] Es zeichnet sich durch eine strenge Abfolge von einzelnen Verfahrensschritten ab, deren Nichtbeachtung grundsätzlich zur Rechtswidrigkeit der Genehmigung führt.[89]

Wie *Jarass* zeigt, ist das Kernstück des förmlichen Genehmigungsverfahrens die Anhörung Dritter.[90] Von besonderem Interesse ist an dieser Stelle die Auslegung und die mit ihr verbundenen Rechte auf Einsichtnahme und eine u. U. darüber hinaus noch mögliche Akteneinsicht.

Für die Einwendungsbefugnis ist eine Betroffenheit nicht notwendig.[91] Jedermann[92] einschließlich Verbände und juristische Personen des öffentlichen Rechts[93] kann unabhängig von seinen eventuell zusätzlich gegebenen Rechten aus Verletzung subjektiver Rechte[94] Einsicht nehmen in die ausgelegten Akten.

Fragt man, warum auf die Betroffenheit im Sinne des § 29 VwVfG verzichtet wurde, so ist dies mit den besonderen Aspekten dieser Verfahrensarten zu begründen. Sie dienen vielfachen Zwecken.[95] Zum einen kann sich dadurch die Behörde in den hochkomplexen Verfahren zusätzliche Informationsquellen verschaffen. Zum ande-

---

87 Ferner findet § 10 auch für den Vorbescheid Anwendung (Abs. 9).

88 Die §§ 63-71 VwVfG finden jedoch keine Anwendung, da es an einer besonderen Anordnung fehlt, § 63 Abs. 1 VwVfG; *Kutscheidt*, in: *Landmann/Rohmer*, Umweltrecht, BImSchG, § 10 Rn. 15; *Roßnagel*, in: Koch/Scheuing (Hrsg.), GK-BImSchG, § 10 Rn. 16.

89 Im Einzelnen siehe *Jarass*, BImSchG, § 10 Rn. 107.

90 *Jarass*, BImSchG, § 10 Rn. 42.

91 *Jarass*, BImSchG, § 10 Rn. 54; *Vallendar*, in: *Feldhaus*, BImSchR, 9.BImSchV, § 10 Anm. 14; *Stich/Porger*, BImSchG, § 10 Rn. 22.

92 *Czaika*, in: *Feldhaus*, BImSchR, BImSchG, § 10 Anm. 14.

93 *Jarass*, BImSchG, § 10 Rn. 54; *Kutscheidt*, in: *Landmann/Rohmer*, Umweltrecht, BImSchG, § 10 Rn. 106.

94 So *Jarass*, BImSchG, § 10 Rn. 54; anders *Kutscheidt*, in: *Landmann/Rohmer*, Umweltrecht, BImSchG, § 10 Rn. 194.

95 Ausführlich dazu *Roßnagel*, in: Koch/Scheuing (Hrsg.), GK-BImSchG, § 10 Rn. 4-9.

ren aber richtet sie sich gegen alle potentiell Betroffenen. Jedermann soll zunächst in der Lage sein, nachprüfen zu können, ob eine Beeinträchtigung der eigenen Sphäre durch die Anlage in Frage kommt.[96] Von besonderer Bedeutung, insbesondere für die Untersuchung des Umweltinformationsgesetzes, ist die vom Bundesimmissionsschutzgesetz intendierte „Publizität des Verwaltungshandelns und der bürgerschaftlichen Verfahrensteilhabe im demokratischen Rechtsstaat“[97]. Bereits hier sind die ein allgemeines Informationsrecht wesentliches prägenden Zile der Teilhabe und Verwaltungskontrolle tragend.

Daneben dient die Öffentlichkeitsbeteiligung auch einer größtmöglichen Richtigkeitsgewähr, einer Befriedigung der unterschiedlichen wirtschaftlichen und gesellschaftlichen Interessensgegensätze, sowie der Legitimation sowohl des Verwaltungshandelns als auch des gefundenen Ergebnisses [98]

Eine Einschränkung erfährt der Anspruch durch den Umfang der einsehbaren Unterlagen. § 10 Abs. 1 S. 1 der 9.BImSchV i. V. m. § 10 Abs. 3 S. 2, Abs. 10 BImSchG betrifft nur die Akten, die den Antrag, sowie diejenigen Unterlagen umfassen, welche die Auswirkungen der Anlage betreffen. Ergänzt wird dies bei UVP-pflichtigen Anlagen durch Satz 2 auf die dafür zusätzlich beigelegten Unterlagen.

Ergänzt wird das Einsichtsrecht in die ausgelegten Unterlagen durch ein beschränktes Akteneinsichtsrecht in § 10a der 9.BImSchV. Seine Beschränkung erfährt dieses Akteneinsichtsrecht dadurch, daß es in das Ermessen der Behörde gestellt ist. § 10a ist deshalb unvereinbar mit dem Umweltinformationsgesetz, soweit dieses einen voraussetzungslosen Anspruch gewährt.[99] Anders als § 10a der 9.BImSchV stellt § 4 UIG den Anspruch eben nicht in das Ermessen der Behörde, so daß die 9.BImSchV insoweit als untergesetzliche Norm gegen höherrangiges Recht verstößt. Der Verordnungsgeber wird § 10a ändern müssen.[100]

Gegenstand des Akteneinsichtsrechts sind jene Informationen, die das Verfahren betreffen, jedoch nicht nach § 10 Abs. 5 der 9.BImSchV ausgelegt werden müssen.

Das Einsichtsrecht in die Auslagen und in die Akten erfährt seine Grenzen durch § 10 Abs. 3 der 9.BImSchV und § 10a Hs. 2 i. V. m. § 29 Abs. 1 S. 3 und Abs. 2 VwVfG.

---

96 *Kutscheidt*, in: *Landmann/Rohmer*, Umweltrecht, BImSchG, § 10 Rn. 105.

97 *Roßnagel*, in: Koch/Scheuing (Hrsg.), GK-BImSchG, § 10 Rn. 6.

98 *Roßnagel*, in Koch/Scheuing (Hrsg.), GK-BImSchG, § 10 Rn. 9; *Wickrath*, Bürgerbeteiligung, S. 12 ff.

99 *Jarass*, BImSchG, § 10 Rn. 51.

100 Vergleiche dazu die andersartige Lösung der AtVfV in § 6 Abs. 4 S. 2; siehe unten Seite 22.

Von besonderem Interesse ist dabei § 10 Abs. 3 der 9.BImSchG, da hier für den Fall des Vorliegens von Betriebs- und Geschäftsgeheimnissen eine Inhaltsdarstellung an deren Stelle tritt. Auf diese Möglichkeit der Behandlung des Konflikts zwischen Informationsanspruch und Geheimnisschutz wird noch genauer einzugehen sein.[101]

Eine Besonderheit des BImSchG stellt die Emissionserklärung von emittierenden Anlagen dar.[102] Nach § 27 Abs. 1, 4 BImSchG i. V. m. §§ 1, 4 der 11.BImSchV muß der Betreiber einer genehmigungsbedürftigen Anlage eine Emissionserklärung zu Luftverunreinigungen abgeben, die inhaltlich dem Anhang 1 der 11.BImSchV entspricht. Die Erklärung betrifft zunächst lediglich das Verhältnis Behörde – Unternehmer,[103] jedoch wird mit einem Umkehrschluß aus § 27 Abs. 3 gefolgert, daß die Behörde, wenn sie nicht berechtigt ist, Betriebs- und Geschäftsgeheimnisse zu veröffentlichen, ein Recht darauf hat, den Rest bekanntzugeben.[104]

Somit hat ein Dritter allein aus § 27 Abs. 3 zwar noch keine Anspruch auf Information,[105] jedoch auf eine fehlerfreie Ermessensentscheidung über die Bekanntgabe der Emissionsdaten.[106] Es steht damit die Informationsmöglichkeit aus der Emissionserklärung ähnlich da, wie das Akteneinsichtsrecht nach § 10 Abs. 10 BImSchG i. V. m. § 10a der 9.BImSchV.

Bis zu ihrer Änderung enthielt die 2. Anlage zu § 4 Abs. 2 S. 1 der 11.BImSchV i. V. m. § 27 Abs. 1 und Abs. 4 BImSchG eine verwaltungsrechtliche Besonderheit[107]: Nach ihrem Punkt 6 Satz 3 mußten in die Emissionserklärung des Unternehmens solche Arbeitsstoffe, bei deren Nennung auf die Zusammensetzung schutzwürdiger Rezepturen oder Produkte geschlossen werden konnte, nicht aufgenommen werden.[108] Somit erfuhr das Betriebs- und Geschäftsgeheimnis eine Auf-

---

101 Siehe unten Seite 172 f.

102 Vergleiche zur Bedeutung und Entstehungsgeschichte *Lechelt*, in: Koch/Scheuing (Hrsg.), GK-BImSchG, § 27 Rn. 1 ff.

103 Zu den unterschiedlichen Beziehungen von Informationssuchenden, Behörden und Betroffenen siehe unten Seite 110 ff.

104 *Jarass*, BImSchG, § 27 Rn. 11; *Feldhaus*, BImSchR, § 27 Anm. 14; *Lechelt*, in: Koch/Scheuing (Hrsg.), GK-BImSchG, § 27 Rn. 48.

105 *Feldhaus*, BImSchR, §§ 26-31, Anm. 13; *Jarass*, BImSchG, § 5 Rn. 98 und § 27 Rn. 14; BVerwGE 65, 313, 320 und BVerwG DVBl. 1982, 958 = DÖV 1982, 860, da die Normen, welche die im Vorsorgebereich stattfindenden Emissionsmessungen anordnen, keine drittschützende Wirkung haben können.

106 So auch *Feldhaus*, BImSchR, § 27 Anm. 14.

107 Neben dem für das Abgabenrecht gerechtfertigten § 27 Abs. 1 S. 2 i. V. m. § 52 Abs. 5 BImSchG.

108 Siehe Darstellung bei *Rebentisch*, Probleme des Geheimnisschutzes, NJW 1980, 99, 101.

wertung zum absoluten Geheimnis[109] in diesem Zusammenhang, da nicht einmal die Behörde Kenntnis vom Gegenstand des Geheimnisses erlangen konnte. Dies war bereits aufgrund der fehlenden Ermächtigungsnorm nichtig.[110]

In der Neufassung der 11.BImSchV einschließlich den Anhängen im Dezember 1991[111] ist diese Besonderheit nicht mehr enthalten.

(2) Informationsrechte im Atomrecht

Zur Gruppe der verfahrensorientierten Informationsrechte gehören die Bestimmungen zahlreicher weiterer Verwaltungsgebiete. Wie zu zeigen ist, orientieren diese sich größtenteils an den Bestimmungen der §§ 29, 30 VwVfG und des BImSchG.

Als Beispiel sei auf das Atomgesetz[112] mit seiner atomrechtlichen Verfahrensverordnung[113] eingegangen. Zu unterscheiden sind grundsätzlich die Genehmigung von Kernkraftwerksanlagen, bei denen ein förmliches Verwaltungsverfahren durchgeführt wird im Sinne des §§ 62 ff. VwVfG, und die Genehmigung von Brennstoffendlagerungsanlagen nach §§ 9a, b AtomG. Hier ist ein umfangreiches Planfeststellungsverfahren im Sinne des §§ 72 ff. VwVfG durchzuführen.

Die Öffentlichkeitsbeteiligung ist für beide Verfahrenstypen wiederum einheitlich geregelt, da § 9b Abs. 5 Nr. 1 S. 1 AtomG auf § 7 Abs. 4 S. 3 AtomG, also auf die Verfahrensmethodik des förmlichen Verwaltungsverfahrens, verweist.[114] Diese

109 Zur Abgrenzung absolutes/relatives Geheimnis siehe unten Seite 149 und *Breuer*, Schutz von Betriebs- und Geschäftsgeheimnissen, NVwZ 1986, 171, 173.

110 Dies ist der eigentliche Gegenstand des vielzitierten Aufsatzes von *Rebentisch*, Probleme des Geheimnisschutzes, NJW 1980, 99, 101; ihm folgend: alle: *Breuer*, Schutz von Betriebs- und Geschäftsgeheimnissen, NVwZ 1986, 171, 173; *Hahn*, Offenbarungspflichten im Umweltschutzrecht, S. 63 ff.; konträr wird zudem beurteilt, ob die Verordnung gegen die grundrechtliche Schutzpflicht des Staates aus Art. 2 Abs. 2 GG verstößt.

111 12.12.1991 (BGBl. I S. 2213), jetzt in der Fassung mit Änderung vom 26.10.1993 (BGBl. I S. 1782); vgl. zur Entstehung *Feldhaus*, BImSchR, § 27 Anm. 13.

112 Gesetz über die friedliche Verwendung der Kernenergie und den Schutz gegen ihre Gefahren (Atomgesetz) vom 15.7.1985 (BGBl. I S. 1565) zuletzt geändert durch Gesetz vom 12.9.1996 (BGBl. I S. 1354).

113 Verordnung über das Verfahren bei Genehmigung von Anlagen nach § 7 Atomgesetz in der Fassung der Bekanntmachung vom 3.2.1995 (BGBl. I S. 180).

114 Allgemein zur Ähnlichkeit der beiden Verfahren siehe *Kloepfer*, Umweltrecht, § 4 Rn. 47, 58 f.

wiederum wird durch die Atomverfahrensverordnung geregelt, ergänzt durch die Vorschriften im AtomG selbst.[115]

Von Bedeutung für den Untersuchungsgegenstand sind die in § 6 Abs. 1, 3 und 4 AtVfV geregelten Einsichtsrechte jedes einzelnen in die ausgelegten Unterlagen und das Akteneinsichtsrecht in Abs. 4 S. 1. Hier findet sich bezüglich des Akteneinsichtsrechts eine identische Regelung wie im Immissionsschutzrecht für die genehmigungsbedürftigen Anlagen. Es ist in das Ermessen der Behörde gestellt. Die Grenzen des Anspruchs werden wiederum durch die § 29 Abs. 1 S. 3, Abs. 2 und Abs. 3 VwVfG gesteckt. Hier nimmt der Verordnungsgeber jedoch in § 6 Abs. 4 S. 2 AtVfV ausdrücklich Stellung zu dem Konflikt mit den Akteneinsichtsrechten anderer Rechtsvorschriften. Diese gelten daneben. In der Erstbekanntmachung des AtVfV von 1978 war diese Konfliktregelung noch nicht enthalten. Sie wurde erst nachträglich durch die Neufassung eingefügt. Hiermit wird der Wille des Gesetzgebers deutlich, wie der Konflikt verschiedener Akteneinsichtsrechte in derartigen Verfahren zu lösen ist.

Die Übereinstimmung zwischen der 9.BImSchV und dem AtVfV ist auch deshalb in der Auslegung zu berücksichtigen, da in § 7 Abs. 4 S. 3 AtomG bestimmt ist, daß die Rechtsverordnung für das Atomverfahren nach den Grundsätzen des Verfahrens des Bundesimmissionsschutzgesetzes zu entwickeln sei.

Wie auch schon dem immissionsschutzrechtlichen Antrag,[116] so muß auch dem atomrechtlichen Antrag eine Kurzbeschreibung beiliegen, die allgemein verständlich und für die Auslegung geeignet ist und inhaltlich die Anlage und die voraussichtlichen Auswirkungen auf die Allgemeinheit und die Nachbarschaft beschreibt (§ 3 Abs. 4 S. 1 AtVfV). Jedermann hat einen Anspruch auf Überlassung einer Kopie dieser Zusammenfassung.

(3) Informationsrechte nach den Grundsätzen der Umweltverträglichkeitsprüfung

> „Die Umweltverträglichkeitsprüfung ist ein unselbständiger Teil verwaltungsbehördlicher Verfahren, die der Entscheidung über die Zulässigkeit von Vorhaben dienen. Die Umweltverträglichkeit umfaßt die Ermittlung, Beschreibung und Bewertung der Auswirkungen eines Vorhabens auf

---

115 Siehe § 1 AtVfV; §§ 7 Abs. 4 S. 1, 2; 7a,b; 8 Abs. 2 S. 2 AtomG; von besonderer Bedeutung 7b AtomG: die materielle Präklusion der Einwendungen Dritter bei Teilgenehmigungen und Vorbescheid.

116 Nach § 4 Abs. 3 S. 1 der 9.BImSchV.

1. Menschen, Tiere und Pflanzen, Boden, Wasser, Luft, Klima und Landschaft, einschließlich der jeweiligen Wechselwirkungen
2. Kultur und sonstige Sachgüter.“ (§ 2 Abs. 1 S. 1 und 2 UVPG)

Die Umweltverträglichkeitsprüfung ist damit kein eigenes Verwaltungsverfahren, sondern stellt eine Ergänzung des bereits notwendigen Genehmigungsverfahrens dar.[117] Ihr „unverzichtbarer Bestandteil“ ist die Öffentlichkeitsbeteiligung nach § 9.[118] Dabei paßt sich das System der Öffentlichkeitsbeteiligung nach § 9 UVPG jeweils durch eine große Zahl an Sonderregelungen in den anderen Rechtsgebieten an, wie dies § 9 Abs. 3 UVPG zum Ausdruck bringt.[119]

Das UVPG eröffnet keine darüber hinausgehenden Informationsrechte.

Zudem regelt das Gesetz dort, wo es eigenständig zur Anwendung kommt, also nicht bei in Spezialgesetzen geregelten UVP-Verfahren, mit § 9 Abs. 3 S. 1 für vorgelagerte Verfahren weder etwas über Form noch Inhalt noch Ort der Auslegung zur Einsichtnahme durch die Bürger. Auch gewährt es nicht wie z. B. das BImSchG und das AtomG ein „Jedermann“- Recht zur Beteiligung. Indem § 9 UVPG streng dem Anhörungsverfahren nach § 73 VwVfG folgt, gewährt es zwar „jedermann“[120] ein Recht auf Einsichtnahme, jedoch setzt es anders als das Immissionsschutz- und das Atomverfahren eine Einwendungsbefugnis für die konkrete Einwendungserhebung voraus. Abgeschwächt wird dies indes wiederum durch die ob ihrer Unbestimmtheit sehr großen Reichweite.[121] Nach § 73 Abs. 4 S. 1 VwVfG ist neben dem Betroffenen[122] einwendungsbefugt, wessen Belange durch den Plan und seine Auswirkungen berührt wird. Dies betrifft neben den subjektiven Rechten privatrechtlicher und öffentlich-rechtlicher Art auch alle rechtlich nicht geschützten wirtschaftlichen, ideellen, sozialen und sonstigen Interessen.[123]

Ein Akteneinsichtsrecht begründet das UVPG nicht. Festzuhalten ist für das UVPG somit, daß, wie beim Planfeststellungsverfahren nach den § 72 ff. VwVfG und wie

---

117 *Hoppe/Appold*, UVPG, § 2 Rn. 8 m. w. N.; Begr. Regierungsentwurf BT-Drs. 11/3919 S. 15.

118 *Wagner*, in: *Hoppe/Appold*, UVPG, § 9 Rn. 1.

119 Zur Frage der Vereinbarkeit mit der UVP-RL siehe *Wagner*, in: *Hoppe/Appold*, UVPG, § 9 Rn. 11, 52 ff. unter dem Gesichtspunkt der „Frühzeitigkeit“ der UVP-RL.

120 Abgesehen von den Ausnahmen: Der Kreis der Betroffenen ist bereits bekannt, § 73 Abs. 3 S. 2 VwVfG; *Ule/Laubinger*, VwVfR, § 40 Rn. 23.

121 *Henle*, Die Masse im Massenverfahren, BayVBl. 1981, 1, 4; *Busch*, in: *Knack*, VwVfG, § 73 Rn. 7.1.1.

122 Zum Unterschied der Begriffe *Kopp*, VwVfG, § 73 Rn. 34; allgemein und zum dahinterstehenden Konflikt *Kloepfer*, Umweltrecht, § 4 Rn. 64.

123 *Ule/Laubinger*, VwVfR, § 40 Rn. 30; *Bonk*, in: *Stelkens/Bonk/Sachs*, VwVfG, § 73 Rn. 37, 38; enger wohl *Kopp*, VwVfG, § 73 Rn. 34, der nur Rechte oder rechtliche Interessen gelten läßt.

nach den förmlichen Verfahren des BImSch- und Atomrechts, die Informationsrechte für jedermann gewährt werden. Notwendigkeit ist auch hier ein Verfahren.

Seine Grenzen findet dieser Anspruch in § 10 UVPG. Dieser läßt Rechtsvorschriften über Geheimhaltung und Datenschutz unberührt. Damit erstrecken sich die Geheimhaltungsvorschriften des Hauptverfahrens auf die UVP Elemente.[124] Für das Atomverfahren und das Immissionsschutzverfahren bestehen in § 10 Abs. 2 BImSchG und § 10 Abs. 3 der 9.BImSchV, sowie § 7 Abs. 4 S. 7 AtG und § 3 Abs. 3 AtVfV ehedem eigenständige Regelungen.

Ansonsten führt § 10 UVPG wiederum zur generellen Anwendungen des § 30 VwVfG, da dieser bislang für UVP-Verfahren über § 72 Abs. 1 S. 1 VwVfG Anwendung findet. In den Verfahren, in denen weder eine Spezialregelung besteht[125] noch § 72 Abs. 1 S. 1 VwVfG mangels ausdrücklicher Anordnung Anwendung findet, wird § 30 VwVfG angewendet als Ausdruck eines allgemeinen Rechtsgrundsatzes bei jeder öffentlich-rechtlichen Verwaltungstätigkeit.[126]

(4) Informationsrechte im Gentechnikrecht

Zur Kategorie der Informationsansprüche aus Verfahren gehören auch die Informationsrechte im Gentechnikrecht.

Das Gentechnikgesetz[127] ist doppelfunktional. Zum einen bezweckt es den Schutz aller Umweltmedien vor Gefahren, die von der Gentechnik ausgehen, unterstützend hat es vorbeugenden Charakter. Zum anderen gewährleistet es den rechtlichen Rahmen für den wissenschaftlichen, technischen und wirtschaftlichen Umgang mit der Gentechnik (§ 1 GenTG).

Genehmigt werden müssen die gentechnischen Anlagen im Sinne des § 3 Nr. 4 GenTG (dies genügt, da nach § 8 Abs. 1 S. 1 GenTG gentechnische Verfahren nur in gentechnischen Anlagen durchgeführt werden dürfen) und das Freisetzen und Inverkehrbringen gentechnisch relevanten Materials nach § 14 Abs. 1 GenTG.

---

124 *Peters*, Das Recht der Umweltverträglichkeitsprüfung, UVPG, Bd. 2, § 10 Rn. 1 und *Wagner*, in: *Hoppe/Appold*, UVPG, § 10 Rn. 3, der insofern § 10 größtenteils deklaratorische Bedeutung zuspricht.

125 Atom- und Immissionsschutzverfahren.

126 Allgemeine Ansicht, siehe Nachweise bei *Wagner*, in: *Hoppe/Appold*, UVPG, § 10 Rn. 11; solche Verfahren sind das vorgelagerte Raumordnungs -, Linienbestimmungs- und Bauleitplanungsverfahren u.a.

127 „Gesetz zur Regelung der Gentechnik" vom 16.12.1993 (BGBl. I S. 2066) geändert durch Gesetz vom 24.6.1994 (BGBl. I S. 1416).

Anders als andere anlagenbezogene Gesetze separiert der Gesetzgeber das Anhörungsverfahren mit der GenTAnhV[128] von dem übrigen Genehmigungsverfahren. Große Teile der Verfahrensvorschriften regelt das GenTG mit den §§ 11, 13, 16, 17, 17a, 19 selbst. Ergänzt werden diese über § 30 Abs. 2 Nr. 15 GenTG für die Einzelheiten durch die GenTVfV.[129] Von Interesse für die Informationsansprüche des Bürgers ist das äußerlich durch § 18 GenTG i. V. m. der GenTAnhV abgetrennte Anhörungsverfahren. Nach deren § 4 besteht ein Anspruch auf Einsichtnahme in Antrag und Unterlagen bezüglich der Auswirkungen und u. U. bezüglich der vorgesehenen Vorkehrungen. Zudem ist eine Kopie der ebenfalls anzulegenden Kurzbeschreibung der Anlage anzufertigen. Indem § 18 Abs. 3 S. 1 GenTG auf § 10 Abs. 3 BImSchG verweist, darf jedermann Einsicht in die ausgelegten Akten nehmen.

Als Teil der „Gemeinsamen Vorschriften" regelt § 17a GenTG umfassend den Schutz von Betriebs- und Geschäftsgeheimnissen und personenbezogenen Daten in den Angaben des Betreibers. Ergänzt wird dies durch § 4 Abs. 3 GenTAnhV.

Eine Besonderheit stellt dabei der Negativkatalog des § 17a Abs. 2 und das in § 4 Abs. 3 Hs.1 GenTAnhV angeordnete Schwärzen der Angaben. Ersatzweise genügt auch eine Inhaltsdarstellung der geheimzuhaltenden Daten. Insofern folgt das GenTG wieder dem Immissionsschutzrecht, da dieses ebenfalls eine Inhaltsdarstellung verlangt.

c) Das Akteneinsichtsrecht im (verwaltungs-) gerichtlichen Verfahren

Für die Urteilsfindung bedarf die Judikative eines eigenständigen Verfahrens. Im Folgenden soll anhand der Verwaltungsgerichtsbarkeit das Akteneinsichtsrecht des Bürgers dargestellt werden. Für die Bereiche der Zivil-, Straf-, Sozial-, Finanz- und der freiwilligen Gerichtsbarkeit finden sich vergleichbare Regelungen.[130] In den §§ 99, 100 VwGO regelt der Gesetzgeber das verwaltungsgerichtliche Akteneinsichtsrecht. Es betrifft alle Akten des Verfahrens, ohne eine Einschränkung für entgegenstehende Rechte vorzusehen. Scheinbar werden entgegenstehende Rechte auf Geheimhaltung nicht gewahrt. Hier setzt das Gesetz jedoch bereits eine Stufe früher an. Die Behörde, welche grundsätzlich aufgrund des § 99 Abs. 1 S. 1 VwGO dem Gericht alle Akten, die das Verfahren betreffen, zur Verfügung stellen muß, ist

---

128 „Verordnung über Anhörungsverfahren nach dem Gentechnikgesetz", in der Fassung der Bekanntmachung vom 4.11.1996 (BGBl. I S. 1649).

129 „Verordnung über Antrags- und Anmeldeunterlagen und über Genehmigungs- und Anmeldeverfahren nach dem Gentechnikgesetz" in der Fassung der Bekanntmachung vom 4.11.1996 (BGBl. I S. 1657).

130 §§ 147, 406e StPO, § 299 ZPO, § 34 FGG.

ermächtigt durch Satz 2 hiervon im Falle von überwiegendem Gemeinwohl oder bei Geheimhaltungsbedürftigkeit aufgrund Gesetzes oder Wesensart eine Ausnahme zu machen. Dem Wortlaut des § 99 Abs. 1 S. 2 VwGO nach ist diese Pflicht zur Beibringung der Akten durch die Behörde in deren Ermessen gestellt. Nach § 99 Abs. 2 VwGO ist dieses auf Antrag eines Beteiligten gerichtlich durch Beschluß und Beschwerden über § 147 VwGO nachprüfbar.[131]

d) Zwischenergebnis für verfahrensbezogene Informationsansprüche

Die §§ 29, 30 VwVfG regeln den Aktenzugang der Verfahrensbeteiligten, die im einfachen Verwaltungsverfahren zudem noch Betroffene sind. Das Bundesimmissionsschutzgesetz und das Atomgesetz haben in ihren jeweiligen Verfahrensverordnungen Regelungsmechanismen für die Beteiligung der Öffentlichkeit im vorgelagerten Verfahren eingebaut. Dabei liegt der Öffentlichkeitsbeteiligung verwaltungstechnisch das Prinzip einer „trichterförmigen Verengung des Öffentlichkeitsbezugs“ vom Auslegungsverfahren bis hin zum Betroffenheit voraussetzenden eigentlichen Beteiligungsverfahren zugrunde.[132] Das Einsichtsrecht in die ausgelegten Unterlagen, eventuell ergänzt durch ein in das Ermessen der Behörde gestelltes Akteneinsichtsrecht, entspricht dabei der Querschnittsfläche des Trichters mit der größten Breitenwirkung. Im Immissionsschutzrecht und Atomverfahren ist dort „jedermann“ befugt in die ausgelegten Akten einzusehen. Zudem hat jedermann einen Anspruch auf eine fehlerfreie Ermessensentscheidung darüber, ob er zudem Einsicht in die Akten nehmen darf. Festzuhalten bleibt: Eine subjektiv materielle Betroffenheit muß nicht geltend gemacht werden und ist auch nicht erforderlich. Das normale Verwaltungsverfahren hat seinen Standort eher am Ausgußende des Trichters. Mit der Betroffenheit als maximales persönliches Bezugserfordernis kommt dort nur der kleinste Kreis von Menschen in den Wirkungsbereich eines Akteneinsichtsrechts.

Wie im normalen Verwaltungsverfahren ist auch im Gerichtsverfahren Betroffenheit in der Form der Stellung als Kläger oder Beklagter[133] notwendig, um Akteneinsicht zu erhalten.

Diese Informationsansprüche bleiben, dem Gegenstand dieser Untersuchung entsprechend, situationsgebunden. Auch wenn sie nicht notwendig Betroffenheit erfordern, so setzen sie doch ein Genehmigungsverfahren einer Anlage (emittierend,

---

131 Dazu *Kopp*, VwGO, § 99 Rn. 15 ff., 18.

132 Zitat aus *Kloepfer*, Umweltrecht, § 4 Rn. 66.

133 Oder sonstiger Beteiligter, vergleiche hierzu *Kopp*, VwGO, § 100 Rn. 1.

nuklear, gentechnischer oder in anderer Form von Umweltrelevanz), ein Gerichtsverfahren oder andere Verfahrensarten voraus.

Deutlich wird der innere Zusammenhang zwischen den die Öffentlichkeit gewährenden Normen und der Notwendigkeit eines laufenden Verfahrens an der Präklusionswirkung des § 10 Abs. 3 S. 3 BImSchG. Danach werden alle Einwendungen ausgeschlossen, die nicht innerhalb der Einwendungsfrist in gehöriger Form vorgebracht worden sind.[134] Auf diese Weise können in großer Anzahl die nachträglichen Geltendmachungen von Einwendungen, unabhängig ob von Betroffenen oder Nichtbetroffenen, ausgeschlossen werden. Es bedarf der diffizilen Nachprüfung der subjektiv-materiellen Betroffenheit insofern nicht. Nach wohl überwiegender Ansicht[135] und Rechtsprechung[136] ist dann auch eine verwaltungsgerichtliche Geltendmachung der Verletzung subjektiv-öffentlicher Rechte nicht mehr möglich. Die Öffentlichkeit legitimiert hier das Verfahren.

e) Das Einsichtsrecht aufgrund persönlichen Bezugs der Informationen

Bereits erwähnt wurde eine andersartige Möglichkeit der Informationsgewährung. Informationseinsicht muß auch dann gewährt werden, wenn bereits die Präsenz der Daten bei der Behörde Betroffenheit auslöst. Dies ist immer dann der Fall, wenn es sich um Angaben gleich welcher Art bezüglich der eigenen Person handelt.

Von der Aktenöffentlichkeit des Verfahrens, sei es nach §§ 29, 30 VwVfG oder nach den förmlichen oder Planfeststellungsverfahren, unterscheidet sich dieser Anspruch elementar. Er setzt kein Verfahren voraus, sondern begründet es. Hingegen handelt es sich auch nicht um ein Jedermann-Recht wie der Anspruch auf Einsicht in die Unterlagen nach dem BImSchG. Die Situationsgebundenheit bleibt somit bestehen.

Im Folgenden wird dies anhand der beiden wesentlichen Bereiche, die durch Gesetz geregelt sind, aufgezeigt. Wiederum wird auf den Anwendungsbereich, die Voraussetzungen und die Grenzen des Anspruchs eingegangen werden. Ziel ist die bessere Handhabung der Problematik des UIG.

---

134 Ausnahme: privatrechtliche Titel, § 10 Abs. 3 S. 3 a. E. BImSchG.

135 Zur materielle Präklusion siehe *Jarass*, BImSchG, § 10 Rn. 52; *Feldhaus*, BImSchR, § 10 Anm. 15; *Kutscheidt*, in: *Landmann/Rohmer*, Umweltrecht, BImSchG, § 10 Rn. 152; *Stober*, Zur Bedeutung des Einwendungsausschlusses, AöR 106 (1981), 41, 56 ff.

136 So zum Atomrecht: BVerwGE 60, 297 ff. und bestätigend: BVerfGE 61, 82.

(1) Der Auskunftsanspruch nach dem Bundesdatenschutzgesetz

Zweck des Bundesdatenschutzgesetzes ist es, den einzelnen davor zu schützen, daß er durch den Umgang mit seinen personenbezogenen Daten in seinem Persönlichkeitsrecht beeinträchtigt wird (§ 1 Abs. 1 BDSG). Das Gesetz entfaltet seine Wirkung (wenngleich unterschiedlich) sowohl im öffentlich-rechtlichen (§§ 12 ff. BDSG) als auch im privatrechtlichen Bereich (§§ 27 ff. BDSG). Von Interesse ist insbesondere § 19 BDSG. Er gibt den Betroffenen einen Auskunftsanspruch über seine personenbezogenen Daten und über den Zweck der Speicherung der Daten gegenüber einer öffentlichen Behörde des Bundes.[137] Die Anspruchsgewährung ist nicht in das Ermessen der Behörde gestellt („ist zu erteilen").[138]

§ 19 BDSG wurde durch das Artikelgesetz zur Fortentwicklung der Datenverarbeitung und des Datenschutzes 1990 erweitert. Auch im Bereich des Auskunftsanspruchs war die Erweiterung durch das Volkszählungsurteil des BVerfG[139] notwendig geworden. In dem Urteil stellt das BVerfG das Recht jedes Bürgers auf informationelle Selbstbestimmung aus Art. 2 Abs. 1 i. V. m. Art. 1 Abs. 1 GG fest. Dieses gewährleistet für jedermann die Befugnis, grundsätzlich autonom über die Preisgabe und Verwendung seiner Daten zu bestimmen.[140] Essentiell für die Verwirklichung dieses Rechts ist die Kenntnis der bei der Behörde vorliegenden Daten. Dies bewirkt einen besonderen Stellenrang des Auskunftsanspruchs. Der Auskunftsanspruch ist „ein fundamentales Datenschutzrecht"[141]. Insbesondere das Ersatzrecht für den Bürger, demgegenüber eine Auskunftserteilung abgelehnt wurde, zeigt dies.[142] Gleiches gilt für die besonders hervorzuhebende Gebührenfreiheit des Anspruchs gemäß § 19 Abs. 7 BDSG. Zwar mußte nach altem Recht in bestimmten Situationen der Auskunftssuchende ebenfalls keine Gebühr bezahlen. Die

---

137 Und eines Landes, soweit der Datenschutz nicht durch Landesgesetz extra geregelt ist und soweit diese Bundesgesetze ausführen (Art. 84, 85 GG) und justizförmig tätig sind (§ 1 Abs. 2 Nr. 2a und 2b). Das Bundesdatenschutzgesetz bleibt „Auffanggesetz"; daneben haben die Länder eigenen DSGe infolge des Volkszählungsurteils entwickelt, die ebenfalls vergleichbare Auskunftsrechte gewähren; *Büllesbach*, Das neue Bundesdatenschutzgesetz, NJW 1991, 2593.

138 BVerwG JZ 1992, 360; *Knemeyer*, Auskunftsanspruch, JZ 1992, 348, 350.

139 BVerfGE 65, 1 ff.

140 *Büllesbach*, Das neue Bundesdatenschutzgesetz, NJW 1991, 2593, 2595; zum Recht auf informationelle Selbstbestimmung siehe *H. Dreier*, in: H. Dreier (Hrsg.), Grundgesetz-Kommentar, Art. 2 Abs. 1 Rn. 52.

141 *Dammann*, in: *Simitis*, Bundesdatenschutzgesetz, § 13 Rn. 1; die alte Rechtslage entspricht insofern der neuen; *Scherer*, Datenschutz und Datenzugang, JZ 1979, 389, 390; *Schimanski*, Aktenvorlage, Akteneinsicht und Datenschutz, Soziale Sicherheit 1987, 207, 211.

142 Begr. des Regierungsentwurfes BT-Drs. 11/4306 S. 46.

Anwendung des Verwaltungskostengesetz fand ansonsten jedoch wegen § 13 Abs. 4 BDSG 1977 statt.

Für den öffentlichen Bereich, also auch für § 19 BDSG, erfaßt das Bundesdatenschutzgesetz neben Dateien auch Akten. Ausführlich zeigt es in § 3 Abs. 2 und Abs. 3 BDSG auf, was jeweils darunter zu verstehen ist.

§ 19 BDSG begründet jedoch kein Einsichtsrecht in Unterlagen oder in Akten. Vielmehr wird dem Informationssuchenden das Gefragte als Auskunft erteilt. Für die Geltendmachung des Anspruchs werden an die Person des Informationssuchenden sehr geringe Anforderungen gestellt. Es ist nicht erforderlich, daß er ein schutzwürdiges Auskunftsinteresse schlüssig darlegt, wie etwa der Betroffene im Verwaltungsverfahren für die Akteneinsicht gemäß § 29 VwVfG.[143] Allerdings trifft den Informationsbegehrenden eine Angabenpflicht. Er hat die Mitwirkungslast durch konkrete Informationen das Auffinden der betreffenden Akten zu unterstützen.

In § 19 Abs. 4 BDSG sind verschiedene Ausschlußgründe für den Informationsanspruch geregelt. Nach dessen Nr. 3 besteht eine Geheimhaltungspflicht bei einem überwiegenden berechtigten Interesse eines Dritten. Wie in den verfahrensbezogenen Informationsrechten ist darunter jedes rechtliche, wirtschaftliche oder sonstige Interesse zu verstehen. Insbesondere fällt hierunter das Betriebs- und Geschäftsgeheimnis des Betroffenen. Wie der Informationsanspruch selbst ist auch die Verweigerungspflicht der Behörde nicht in ihr Ermessen gestellt.[144] § 19 Abs. 4 BDSG macht eine Güterabwägung notwendig zwischen den in Nr. 1 bis 3 genannten Geheimhaltungsinteressen und den Auskunftsinteressen des Betroffenen.[145] Diese ist gerichtlich voll nachprüfbar.

Festzuhalten bleibt, daß das BDSG und die entsprechenden Ländergesetze demjenigen einen Auskunftsanspruch geben, der durch die staatliche Handlung der Informationsspeicherung betroffen ist. Sie setzen kein Verfahren voraus. Dennoch beziehen sie sich mit dem notwendigen Vorliegen von Informationen bei der Behörde auf einen konkreten Sachverhalt. Situationsgebunden bleibt der Informationsanspruch aufgrund der konkrete Verletzung des allgemeinen Persönlichkeitsrechts.

143 *Knemeyer*, Auskunftsanspruch, JZ 1992, 348, 350.

144 *Knemeyer*, Auskunftsanspruch, JZ 1992, 348, 349; BVerwG JZ 1992, 360.

145 2. Leitsatz des Urteils des BVerwG JZ 1992, 360.

(2) Das Unterlageneinsichtsrecht nach dem Stasiunterlagengesetz

Als eines der markantesten Beispiele für die Kollision von Grundrechten wird das StasiunterlagenG[146] angesehen.

Die zu berücksichtigenden Grundrechtspositionen werden deutlich, wenn man die Aufzählung der vom Gesetz verfolgten Ziele in § 1 StUG betrachtet. Das Gesetz regelt den Umgang mit - fiktiv in Reihe gestellten - 202 km Akten, welche Informationen über sechs Millionen Deutsche in Ost und West enthalten. Das Material wurde zusammengetragen von 90.000 hauptamtlichen und 150.000 inoffiziellen Mitarbeitern des Staatssicherheitsdienstes.[147] Erfaßt werden sämtliche Informationsträger unabhängig von ihrer Speicherungsform. Dies ist der denkbar weitestgehende Rahmen für Informationsansprüche.

Die Entstehungsgeschichte des StUG ist gekennzeichnet durch die umfangreichen Abwägungen der Interessen und Abwehransprüche der Menschen. Der Opferschutz, der Rehabilitierungszweck, die in einer freiheitlichen Gesellschaft erforderliche öffentliche Diskussion über Unrechtspraktiken, die Verantwortlichkeit und auch die Menschenwürde der Täter erforderten außergewöhnlich intensive parlamentarische Beratungen und brachten eine umfangreiche öffentliche Teilnahme.[148]

Ein wesentliches Kapitel betrifft die Einsichtsrechte in diese Unterlagen. In diesem Punkt folgt das Gesetz Vorstellungen in der Bürgerbewegung in den neuen Bundesländern.[149] Unterschieden wird zwischen Einsichtsrechten von „Betroffenen“, „Dritten“, „Mitarbeitern der Staatssicherheit“ und „Begünstigten“. Mit einer gewissen Unschärfe[150] sind „Betroffene“ die Opfer des Systems und „Mitarbeiter“ die Täter. Nach § 6 Abs. 6 StUG sind „Begünstigte“ jene Personen, die ohne Mitarbeiter gewesen zu sein, Vorteile verschiedener Art von der Staatssicherheit erlangten, wie z. B. Haftverschonungen. Grundsätzlich sind sie eher dem Lager der Täter

---

146 Gesetz über die Unterlagen des Staatssicherheitsdienstes der ehemaligen Deutschen Demokratischen Republik (Stasi-Unterlagen-Gesetz - StUG) vom 20.12.1991, BGBl. I S. 2272 mit drei Änderungsgesetzen.

147 Angaben bei *Stoltenberg*, Die historische Entscheidung, DtZ 1992, 65 mit Verweis auf Äußerungen des Bundesbeauftragten *Gauck* und dem ehemaligen Innenminister der DDR *Diestel*.

148 *D. Schmidt/Dörr*, Stasiunterlagengesetz, S. 5; *Stoltenberg*, Die historische Entscheidung, DtZ 1992, 65, 66; *ders.*, Zu den Änderungen des Stasi-Unterlagen-Gesetzes, DtZ 1994, 386; zur Entstehungsgeschichte vergl. *ders.*, Stasiunterlagengesetz, Einleitung IV 1. (S. 66); zu Hintergründen *Trute*, Die Regelung des Umgangs, JZ 1992, 1043, 1046, 1051.

149 *D. Schmidt/Dörr*, Stasiunterlagengesetz, Einleitung S. 16.

150 Vergleiche zu der Problematik *Alb. Engel*, Die rechtliche Aufarbeitung der Stasi-Unterlagen, S. 192 ff.

zuzuordnen.[151] Hingegen sind die „Dritten" nach § 6 Abs. 7 StUG der Opferseite zuzurechnen. Auch über sie muß der Staatssicherheitsdienst Informationen gesammelt haben. Deutlich gemacht werden muß, daß somit mit keiner der Gruppen ein Jedermann-Recht auf Einsichtnahme in Akten der Staatssicherheit begründet wird. Im informationsrechtlichen Sinne, wie er Gegenstand dieser Untersuchung ist, besteht nur für einen „Betroffenen" das Informationsrecht.

§§ 13, 15, 16 und 17 StUG geben für diese Gruppen jeweils zunächst ein Auskunftsrecht, welchem dann der eigentliche Anspruch auf Akteneinsicht folgt. Geregelt wird im Anschluß unter Beachtung der erforderlichen Differenzierungen das Verfahren der Einsichtsrechte und die konkrete Reichweite der Ansprüche, wie z. B. die Frage, ob Duplikate von Unterlagen herauszugeben sind oder ob Daten in den Akten anonymisiert werden müssen.

Die Grenzen des Einsichtsrechts sind in der allgemeinen Vorschrift § 12 StUG gezogen.[152] Die schutzwürdigen Interessen anderer Betroffener oder Dritter werden in dem Fall, daß ein Aussortieren dieser Informationen nicht möglich ist, solange nicht berücksichtigt, wie sie nicht das Informationsinteresse des Betroffenen überwiegen. Selbstverständlich sind damit die personenbezogenen Informationen der Mitarbeiter, die in den Unterlagen enthalten sind, nicht geschützt. In der Aufklärung des damaligen Überwachungssystems, bei der „Roß und Reiter" benannt werden, liegt der vernehmliche Zweck dieses Teils des StUG.[153]

Von Interesse ist die Umkehrung des Regel-Ausnahme-Verhältnisses in § 12 Abs. 4 StUG. Wie bei allen anderen Gesetze gezeigt, ist es bei einem Konflikt zwischen Informationsinteresse und berechtigtem Geheimhaltungsinteresse der Regelfall, daß ein Anspruch nicht besteht. Meist gewährt ein Abwägungsvorbehalt für den Fall des Überwiegens eine Ausnahme. Anders ist dies hingegen im StUG. Hier wird grundsätzlich die Information gewährt und erst bei Überwiegen der entgegenstehenden Positionen versagt.[154]

Gezeigt ist damit folgendes: Wie das Bundesdatenschutzgesetz gewährt auch das StUG keinen verfahrensbezogenen Informationsanspruch. Einen Anspruch gewährt das Gesetz hingegen, wenn Unterlagen über den Bürger von den Staatssicherheits-

151 *Alb. Engel*, Die rechtliche Aufarbeitung der Stasi-Unterlagen, S. 255, insbesondere dort Fußnote 151: BT-Drs. 12/1540 S. 59 „Begünstigten des Staatssicherheitsdienstes werden dieselben Rechte eingeräumt wie dessen Mitarbeitern".

152 Zum Schutz des Persönlichkeitsrechts, *Trute*, Die Regelung des Umgangs, JZ 1992, 1042, 1044 f.

153 Siehe nur *Stoltenberg*, Die historische Entscheidung, DtZ 1992, 65, 66.

154 A. A. wohl *Stoltenberg*, Stasiunterlagengesetz, § 12 Rn. 7, der den Ausnahmecharakter der Einsichtsgewährung bei entgegenstehenden Interesse betont.

organen der Deutschen Demokratischen Republik geführt worden sein. In diesem informationsrechtlichen Sinne muß er wiederum „Betroffener" sein.[155]

(3) Zwischenergebnis für Einsichtsrechte aufgrund persönlichen Bezugs der Informationen

Zieht man wie bei den verfahrensbezogenen auch für die „betroffenheitsbezogenen" Informationsansprüche ein Resümee, so ist festzuhalten, daß es Gesetze gibt, in denen dem Bürger konkrete Informationsrechte gewährt werden, ohne daß ein Verfahren bereits bestanden hat. Der Gedanke des Rechtsschutzes ist dann irrelevant. Vielmehr tritt ein anderes Grundrecht an diese Stelle, das Recht auf informationelle Selbstbestimmung aus Art. 2 Abs. 1, Art. 1 Abs. 1 GG. Der freie Umgang mit den eigenen Daten, der als ein Wesensmerkmal der Freiheit des Menschen erkannt wurde,[156] begründet das Recht diese Informationen zu erlangen. Sind Unterlagen vorhanden, so ist der einzelne dadurch in seinem Recht „betroffen". Die Situation, aus welcher der Informationsanspruch entsteht, ist nicht das Verfahren, sondern die Betroffenheit.

3. Freier Zugang (am Beispiel der Umweltinformationen)

Nach den Kategorien des fehlenden Zugangsrechts und des situationsabhängigen, aber beschränkten Zugangsrechts eröffnet sich mit dem UIG erstmals für die bundesdeutsche Rechtstradition der freie Zugang zu Informationen.[157] Die soweit noch existierende Beschränkung auf Umweltrelevanz bedeutet keine rechtssystematische, sondern lediglich eine real inhaltliche Eingrenzung, welche die theoretische Bedeutung des UIG nicht verkürzt.

Freier Zugang bedeutet, daß all jene Voraussetzungen und Zwecksetzungen, die das bisherige deutsche Verwaltungsrecht vornimmt, bevor es dem Bürger die bei der Verwaltungsbehörde liegenden Informationen aushändigt, bzw. den Interessierten in diese einsehen läßt, nicht mehr gegeben sind. Das heißt, wer nach dem UIG seinen Anspruch geltend macht, muß weder in einem Verfahren involviert

---

155 Der Begriff des Betroffenen unterscheidet sich damit von demjenigen des StUG, dort entspricht er dem Opferbegriff, siehe oben Seite 31 f.

156 Im Volkszählungsurteil des BVerfGE 65, 1, 43; siehe *H. Dreier*, in: H. Dreier (Hrsg.), Grundgesetz-Kommentar, Art. 2 Abs. 1 Rn. 52.

157 Auf Landesebene gibt es Einsichtsrechte in die Wasserbücher, sowie teilweise in Archive, die ebenfalls situationsunabhängig gewährt werden, vergleiche Antwort der Bundesregierung auf Große Anfrage der SPD - BT-Drs. 12/752 - in BT-Drs. 12/1273 S. 8.

sein, noch muß er in irgendeiner Form seine besondere Betroffenheit nachweisen, wie dies z. B. die Datenschutzgesetze verlangen.

Allgemein wurde in der begleitenden Literatur anerkannt, daß hierin eine völlig neue Qualität im Umgang mit Informationen durch den Staat besteht.[158] Seine besondere Bedeutung erlangt das UIG über die eigentliche Voraussetzungslosigkeit der Gewährung hinaus denn auch in dem dahinterstehenden, vom bisherigen differierenden Verwaltungsverständnis. Dieses kann aufgezeigt werden, wenn man einen Vergleich des Wechsels der verschiedenen Geheimhaltungszustände in der Verwaltung anstellt.

Wie oben gezeigt, wurde die Einführung der §§ 29, 30 VwVfG im Hinblick auf den demokratischen und rechtsstaatlichen Wandel begrüßt und für dringend erforderlich gehalten. Die oben angestellten Überlegungen zum Verhältnis von Demokratie und Verwaltungsöffentlichkeit kamen zu dem Ergebnis, daß das völlige Fehlen eines Zugangsrechts nur noch als ein Relikt des liberal-konstitutionellen Staates, also des deutschen Staates des 19. Jahrhunderts, angesehen werden kann. Gezeigt wurde ferner, daß dessen Verwaltungsverständnis weitgehend einem eher polizeistaatlichen System entstammte. Durch die Unabhängigkeit der Verwaltung von parlamentarischer Kontrolle entstand die Vorstellung einer notwendigen Trennung von Staat und Gesellschaft: Der Staat steht neutral über den gesellschaftlichen Interessen und bewahrt sich seine Distanz unter anderem auch durch Geheimhaltung seiner Akten.[159]

Bei der Begründung des Regierungsentwurfs zum neuen VwVfG wurde, um den Gegensatz hierzu herauszustellen, das Akteneinsichtsrecht als „beschränkte Aktenöffentlichkeit" bezeichnet. Den beschränkenden Aspekt sah die Regierung in dem Anspruch der Behörde auf unbefangene und inhaltlich vollständige Aktenführung sowie in den legitimen Belangen Dritter oder des Staates auf Geheimhaltung. Zudem sollte mit der Vorschrift „keine außerhalb eines begonnenen Verwaltungsverfahrens etwa bestehende Akteneinsicht gewährt werden"[160]. Damit waren aber auch nach Inkrafttreten des neuen VwVfG Akten nicht der Öffentlichkeit zugänglich; die im Gesetzgebungsverfahren verwendete Formulierung der „Herbeiführung von Aktenöffentlichkeit" war somit nicht korrekt. Die Situationsgebundenheit bestand auch weiterhin fort. In diesem Sinne ist es präziser, an die Stelle des Schlagwortes von der „eingeschränkten Aktenöffentlichkeit" jenes des „gelockerten Verwaltungsgeheimnisses" treten zu lassen.

---

158 Z. B. *Schomerus/Schrader/Wegener*, UIG, Vorwort S. 1.

159 Winter (Hrsg.), Öffentlichkeit von Umweltinformationen, Zusammenfassender Bericht, S. 7.

160 Begründung des Regierungsentwurfs zum VwVfG BT-Drs. 7/910 S. 52.

Es muß nun, insbesondere unter Berücksichtigung eines Vergleiches der Informationsrechte in anderen Staaten,[161] festgehalten werden, daß auch die situationsabhängige Zugangsgewährung noch stark in dem dualistischen, konstitutionellen Konzept verwurzelt ist. Zurückzuführen ist dies darauf, daß der deutsche Verwaltungsaufbau mit seiner strengen Hierarchie und seinen strikten Kompetenzverteilungen sowie einem umfassenden System von Regulativen der grundsätzlichen Struktur nach über die unterschiedlichsten Staatsformen hinweg beibehalten wurde. Aus Praxisgesichtspunkten bestand hierzu auch keine Notwendigkeit, da dieses System als stabil mit der Möglichkeit zu Flexibilität gilt. Auch nach dem zweiten Weltkrieg wurde eine Verwaltungsreform deshalb nicht angestrebt.[162]

Die moderne Verwaltung wird über ihre repräsentierenden Organe und insbesondere über die Wirkungskraft der Grundrechte nach Art. 1 Abs. 3 GG kontrolliert, und soweit es diese Legitimationsbegründungen erfordern, wird auch Akteneinsicht gewährt. Dies betrifft die situationsabhängigen Bereiche, wie sie an den Beispielen des Verfahrens und der Betroffenheit aufgezeigt wurden, mit denen allein rechtsstaatliche und grundrechtliche Forderungen realisiert wurden.[163] Jedoch - und hier liegt der offensichtlich geschichtsbeständige Ansatzpunkt des konstitutionellen Verwaltungsverständnisses - wird ansonsten in diesem System „das öffentliche Interesse durch Nichtöffentlichkeit verwirklicht, während man es anderswo, z. B. in den USA dadurch gefährdet sieht."[164] Ein Beispiel hierfür ist die von der Bundesregierung getragene Befürchtung, daß von organisierten Gruppen, die über ein Informationsrecht von Vorfällen Kenntnis erlangen, welche ihren Wünschen widersprechen, Druck auf die beteiligten Behördenbediensteten ausgeübt werden könnte. Demnach sei es für eine sachgemäße Entscheidung besser, wenn allein die Verwaltung Kenntnis der Tatsachen hat.[165]

Erst mit dem Wechsel von einem gelockerten Verwaltungsgeheimnis zur Aktenöffentlichkeit, fällt die Legitimation eines Amtsgeheimnisses weg, wie es *Max Weber* in seinen soziologischen Untersuchungen zur Funktionsweise der Bürokratie beschrieben hat.

---

161 Siehe zum Verhältnis Demokratie - Informationsrecht in anderen Staaten Seite 82 ff.

162 Vergleiche zum ganzen *Ellwein*, in: Ellwein/Hesse (Hrsg.), Regierungssystem der Bundesrepublik Deutschland, S. 354 und 359.

163 Antwort der Bundesregierung auf Große Anfrage der SPD - BT-Drs. 12/752 - in BT-Drs. 12/1273 S. 4.

164 *Winter*, Öffentlichkeit von Umweltinformationen, Zusammenfassender Bericht, S. 7; *Gurlit*, Die Verwaltungsöffentlichkeit im Umweltrecht, S. 220 f.

165 Antwort der Bundesregierung auf Große Anfrage der SPD - BT-Drs. 12/752 - in BT-Drs. 12/1273 S. 4 f.

Weber bestimmt drei Funktionen des Amtsgeheimnisses[166]:

- Durch das Amtsgeheimnis soll die behördliche Fachlichkeit gegenüber parlamentarischer und öffentlicher Kontrolle gewahrt bleiben.
- Das Amtsgeheimnis ermöglicht die Teilnahme am politischen Prozeß mit strategischem Kalkül, wie z. B. den Überwachungseffekt in der politischen Diskussion.
- Ferner - und dies ist der Ausgangspunkt für den Konflikt von Informationsansprüchen und entgegenstehenden Geheimhaltungsinteressen Dritter wie z. B. dem Betriebs- und Geschäftsgeheimnis - benötigt der Staat in der Funktion des neutralen Organisators Sonderwissen, welches gerade nicht veröffentlicht werden darf.

Allein im dritten Grund ist deutlich ein legitimes Interesse an der Geheimhaltung von Informationen zu erkennen. Insofern muß dies auch im Rahmen eines ansonsten freien Zugangs zu Informationen Berücksichtigung finden.

Es drängt sich der Gedanke auf, daß eine demokratische Entwicklung auch in Deutschland zu einer weitergehenderen Informationsöffentlichkeit führen muß, daß mithin ein wesentlicher Aspekt des UIG in seiner Funktion als „demokratischer Vorreiter" liegt. Dies gilt umsomehr, als der Grundsatz, daß Öffentlichkeit Machtkontrolle und Machtkritik bewirkt, im modernen deutschen Verfassungsstaat seit langem anerkannt ist.[167] Wie *Kahl* ausführt, leistet das Öffentlichkeitsprinzip „in einer Verwaltungswirklichkeit, die maßgeblich durch eine, mit weiten Entscheidungsspielräumen und bürokratischer Eigenmacht ausgestattete, leistende und planende Verwaltung geprägt ist, einen Beitrag zu sauberem und richtigem Handeln nach Maßgabe von Gesetz und Recht."[168] Jedoch hat dies bislang noch nicht dazu geführt, diese Aspekte auch für den Bereich der nicht allgemein zugänglichen Behördenakten anzuerkennen.

---

166 *Max Weber*, Wirtschaft und Gesellschaft, S. 572 ff.

167 Siehe nur *Kloepfer*, § 35 Öffentliche Meinung, Massenmedien, in: Isensee/Kirchhof (Hrsg.), HdbdStR, Bd. II, S. 171, 182 ff. Rn. 18 f.

168 Zitat bei *Kahl*, Der europarechtlich determinierte Verfassungswandel, in: Haratsch/Kugelmann/Repkewitz (Hrsg.), Herausforderungen an das Recht der Informationsgesellschaft, S. 8, 14.

II. Amtsgeheimnis und Informationsfreiheit im System der Staatsprinzipien und Freiheitsrechte

Unter dem Einfluß der „Freedom of Information Act"- Gesetzgebung in den Vereinigten Staaten und der parallelen Einführung von allgemeinen Informationsrechten in europäischen Nachbarstaaten[169] wurde seit Anfang der 70er Jahre in der deutschen Literatur nach den grundrechtlichen Aussagen in der Verfassung zu dem Themenbereich Öffentlichkeit, Verwaltungsgeheimnis und Aktenzugangsrechte gesucht.[170] Unter dem Einfluß der europäischen Gesetzgebungstätigkeit[171] und dem Bekenntnis fast aller noch verbleibenden Mitgliedstaaten der Europäischen Gemeinschaft/Union zu allgemeinen Informationsrechten[172] ist diese Diskussion in den letzten Jahren wieder entfacht worden.

Aufgrund seiner Beschränkung auf Umweltdaten gewährt das UIG nur eine beschränkten Informationszugang. Dennoch handelt es sich um ein allgemeines Informationszugangsrecht. Dies macht eine Darstellung seiner grundgesetzlichen Verankerung sinnvoll. Für den Bereich der Umweltdaten ist dies die Umkehrung der Diskussion über die grundgesetzliche Gebotenheit der Einführung eines allgemeinen Informationsrechts, wie sie vehement seit bald drei Jahrzehnten in der deutschen Literatur geführt wird. Große Beachtung verdient deshalb der Zusammenhang zwischen Demokratie und allgemeinen Informationsrecht. Einer genaueren Untersuchung bedarf zudem die bereits in Art. 5 Abs. 1 S. 1 Hs. 2 GG gewährte Informationsfreiheit zu allgemein zugänglichen Informationsquellen.

1. Informationsfreiheit des Art. 5 Abs. 1 S. 1 Hs. 2 GG

Nach Art. 5 Abs. 1 S. 1 Hs. 2 GG verbürgt das Grundgesetz das Recht eines jeden sich aus allgemein zugänglichen Quellen ungehindert zu unterrichten. Damit räumt die Norm offensichtlich kein allgemeines Informationszugangsrecht ein, denn die-

169 1971 in Dänemark; 1978 in den Niederlanden; 1987 in Frankreich; schon vorher 1766 in Schweden; 1919 in Finnland; vergleiche hierzu den Rechtsvergleich Seite 48 ff.

170 Siehe Nachweise bei *Schröder*, Staatsrechtliche Aspekte, Die Verwaltung 4 (1971), 301 ff.; *Martens*, Öffentlichkeit als Rechtsbegriff, S. 61.

171 1990 Verabschiedung der Umweltinformationsrichtlinie des Rates (90/313/EWG); 1993 Verhaltenskodex für Rat und Kommission.

172 1986 in Griechenland; 1990 in Italien; 1993 in Portugal; 1996 in Irland; noch im Gesetzgebungsverfahren in Großbritannien.

ses soll gerade auch den Zugang zu nicht zugänglichen Quellen und Informationen[173] gewährleisten.

Von Interesse ist es insofern vielmehr aufzuzeigen, wie die grundrechtliche Verankerung des Informationsrechts des Art. 5 Abs. 1 GG begründet wird.

Zum einen wird das Informationsrecht zu den sogenannten demokratischen Grundrechten gezählt, d. h. die Freiheit des Zugangs zu allgemein zugänglichen Informationen wird als „schlechterdings konstituierend für die Freiheit der öffentlichen Meinung und damit wieder grundlegend für das Existieren und Funktionieren eines demokratischen Staates" angesehen.[174] Die demokratische Teilhabe am Staat durch Wahlen u. a. setzt grundlegend den informierten Bürger, entsprechend die informierte Gesellschaft voraus. Gleichberechtigt neben dieser kollektiven Komponente steht die individualrechtliche. Das Informationsrecht ist ein aus Art. 1 GG herleitbares subjektives Freiheitsrecht, welches im liberalen Sinne den einzelnen Bürger vor dem Staat schützen soll.[175] Nach *Herzog* besteht ein fundamentales Recht jedes einzelnen, seinem „aus dem Spieltrieb entstammenden Wissensdurst" nachzukommen.[176] Es stellt einen Selbstwert dar, wenn jeder einzelne Zugang zu Informationen hat, um sich „seine richtige" Meinung bilden zu können.[177]

Noch im Schutzbereich erfährt Art. 5 Abs. 1 S. 1 Hs. 2 GG seine Grenze durch das Erfordernis der Allgemeinzugänglichkeit. Nach herrschender Meinung und dem

---

173 Zur Reichweite des Begriffes „allgemein zugängliche Quelle" siehe *Herzog*, in: *Maunz/Dürig*, GG, Art. 5 Abs. 1, 2 Rn. 87 ff.; *Schulze-Fielitz*, in: H. Dreier (Hrsg.), Grundgesetz-Kommentar, Art. 5 Abs. 1, 2 Rn. 57 ff.; a. A. insoweit *Kahl*, Der europarechtlich determinierte Verfassungswandel, in: Haratsch/Kugelmann/Repkewitz (Hrsg.), Herausforderungen an das Recht der Informationsgesellschaft, S. 8, 26 ff., der im Wege einer europarechtsorientierten Auslegung die Begriffe „allgemeine Zugänglichkeit" von ihrer faktischen Bedeutung zu einem funktionell-rechtlichen Sinn hin verändert. M. E. sind insofern jedoch die Grenzen der grammatischen und historischen Auslegbarkeit überschritten.174

Zitat aus *Herzog*, in: *Maunz/Dürig*, GG, Art. 5 Abs. 1, 2 Rn. 84 und 82 nach der Lüth-Entscheidung des BVerfG E 7, 198, 208; siehe auch *Schulze-Fielitz*, in: H. Dreier (Hrsg.), Grundgesetz-Kommentar, Art. 5 Abs. 1, 2 Rn. 62 und 31 ff.

175 *Herzog*, in: *Maunz/Dürig*, GG, Art. 5 Abs. 1, 2 Rn. 84 f.; *Schulze-Fielitz*, in: H. Dreier(Hrsg.), Grundgesetz-Kommentar, Art. 5 Abs. 1, 2 Rn. 33, 92; in Auseinandersetzung mit obiger Formulierung aus der Lüth-Entscheidung: *Schmidt-Jortzig*, § 141 Meinungs- und Informationsfreiheit, in: Isensee/Kirchhof (Hrsg.), HdbdStR, Bd. VI, S. 635, 651 Rn. 29;

176 *Herzog*, in: *Maunz/Dürig*, GG, Art. 5 Abs. 1, 2 Rn. 85 f.

177 Damit verwehrt sich *Herzog* gegen die Indienststellung der Grundrechte für den Staat, Rn. 85 und Fn. 1; sowie *Schnur*, Pressefreiheit, VVDStRL 22 (1960), S. 101, 107 Fn. 13.

BVerfG ist diese Voraussetzung erfüllt, wenn „die Informationsquelle technisch geeignet und bestimmt ist, der Allgemeinheit, d. h. einem individuell nicht bestimmbaren Personenkreis, Informationen zu beschaffen."[178]

Zur Begründung für die Notwendigkeit einer solchen Begrenzung wird hauptsächlich auf die Offensichtlichkeit der zu großen Weite eines allgemeinen Informationszugangsrechtes Bezug genommen.[179] Seinen wirklichen Hintergrund findet meines Erachtens das fast begründungslose Beharren auf der Notwendigkeit einer solchen Einschränkung in einem anderen Punkt. Zu beachten ist der geschichtliche Hintergrund der für die deutsche Verfassungsgeschichte vor 1949 neuen Norm. Geprägt von dem Verbot des Empfangs ausländischer Rundfunkübertragungen und anderen staatlichen Meinungslenkungsmethoden des nationalsozialistischen Systems, sollte verbürgt werden, daß der Zugang zu den klassischen in- und ausländischen Informationsquellen nicht beschränkbar sei. Mit dem von einem allgemeinen Informationsrecht auch intendierten Gedanken der Kontrolle des alltäglichen Verwaltungshandelns hat dieser politische Schutzgedanke keine Gemeinsamkeiten. Der geschichtlich begründete Zweck der grundgesetzlichen Informationsfreiheit wird derart eng mit dem Wortlaut der Norm verbunden, daß ein Eingehen auf die Notwendigkeit der Begrenzung nicht für erforderlich gehalten wird.

2. *Objektiv-rechtliche Dimension des Art. 5 Abs. 1 GG*

Neben den subjektiv-rechtlichen Freiheitsrechten kommt den Grundrechten, wie die Lüth-Entscheidung deutlich machte,[180] auch eine objektiv-rechtliche Bedeutung zu. Nach dieser ist in einem Grundrecht auch der Auftrag an die staatlichen Gewalten, insbesondere an den Gesetzgeber, enthalten, eine möglichst weitgehende Wirkung der Grundrechte in der Gesellschaft herbeizuführen. Hierbei wirken die Freiheitsrechte mit den Verfassungsprinzipien wie Demokratie- und Rechtsstaatsgebot, sowie dem Verhältnismäßigkeitsgrundsatz zusammen.[181]

---

178 BVerfGE 27, 71, 83 und 108; *Schulze-Fielitz*, in: H. Dreier (Hrsg.), Grundgesetz-Kommentar, Art. 5 Abs. 1, 2 Rn. 58.

179 So *Herzog*, in: *Maunz/Dürig*, GG, Art. 5 Abs. 1, 2 Rn. 88; ausweichend *Schmidt-Jortzig*, § 141 Meinungs- und Informationsfreiheit, in: Isensee/Kirchhof (Hrsg.), HdbdStR, Bd. VI, S. 635, 651, Rn. 31, der als Begründung die Ablehnung eines allgemeinen Informationsbeschaffungsanspruchs heranzieht.

180 BVerfGE 7, 198, 204.

181 *Hoffmann-Riem*, in: AK-GG, Art. 5 Abs. 1, 2 Rn. 98 ff.; grundsätzlich zur objektiv-rechtlichen Dimension der Grundrechte *H. Dreier*, in: H. Dreier (Hrsg.), Grundgesetz-Kommentar, Vorb. Rn. 55 ff.

Nachdem festgestellt ist, daß sich aus dem Informationsrecht zu allgemein zugänglichen Quellen ein allgemeines Informationszugangsrecht nicht begründen läßt, stellt sich die Frage, ob über eine Nutzbarmachung des Leistungs- und Teilhabecharakters des Grundrechtes auf Meinungsfreiheit und Informationsfreiheit im Sinne des Art. 5 Abs. 1 GG die verfassungsrechtliche Grundlage auch für ein allgemeines Zugangsrecht geschaffen werden kann.

Dies ist in der Literatur unter verschiedenen Gesichtspunkten versucht worden. *Scherer*[182] stellt eine Diskrepanz zwischen dem grundrechtlichen Inhalt der Pressefreiheit und der Informationsfreiheit in Art. 5 Abs. 1 GG fest. Während dem Grundrecht der Pressefreiheit über seine objektiv-rechtliche Seite ein Leistungsanspruch zugewiesen werde, bleibe dies dem Informationsrecht verwehrt. Ursache hierfür seien weniger grundrechtliche Bedenken, als vielmehr Ressentiments, die auf bislang nur unpräzise formulierten Folgeerwägungen beruhen würden. Die große Bedeutung des allgemeinen Informationsrechts überwiege solche Bedenken. Eine einheitliche Behandlung, mithin eine am Demokratiegebot orientierte Grundrechtstheorie sei geboten.

Einen ähnlichen Weg geht ein 1971 im Auftrag des Bundesministeriums des Inneren erarbeitetes Gutachten von *Wilhelm Steinmüller.*[183] Dieses stellt fest:

> „Die Freiheit der Meinungsbildung und Meinungsäußerung gewinnt im Zusammenhang mit Art. 21, 42 GG und im Lichte dieser den Wertgehalt der Verfassung bestimmenden Verfassungsansätze zentrale Bedeutung für das Verfassungsleben überhaupt (als eine Grundnorm demokratischen Staatslebens). Wenn Art. 5 Abs. 1 mit Hilfe dieser „elementaren Verfassungsansätze" interpretiert wird, dann ist Artikel 5 GG auch den Erfordernissen eines demokratischen Staates der Gegenwart sowie dem der heutigen Zeit entsprechenden Menschenwürdegehalt des Art. 1 Abs. 1 GG anzupassen: Artikel 5 darf nicht länger restriktiv vom Wortlaut her interpretiert werden. Aus dem Demokratie- und Sozialstaatsprinzip sowie aus Art. 1 Abs. 1 läßt sich eine Verpflichtung des Staates zu positiven Informationsleistungen vertreten. Man spricht in der Literatur von einem Bedeutungswandel zu einer zentralen Norm der Verfassung. Im Ergebnis bleibt festzuhalten: Artikel 5 GG gewährt dem Bürger (und bestimmten Gruppen) einen An-

---

182 Verwaltung und Öffentlichkeit, S. 31 ff.

183 BT-Drs. 6/3826 Anlage 1 Exkurs 1 ,6. Artikel 5 Abs. 1 als mögliche verfassungsrechtliche Grundlage eines Grundrechts auf Information' und ,7. Versuch einer Neuinterpretation des Artikel 5 GG'.

spruch auf unmittelbare, positive Informationsleistungen, damit also ein Grundrecht auf Informationen."[184]

Essenz beider Ansichten ist die Feststellung eines Struktur- und Wertewandels in der Öffentlichkeitsbeziehung von Staat und Gesellschaft. In immer größerem Umfang findet eine Vermischung von Bürger und Verwaltung statt, die im Gegensatz steht zu dem herkömmlichen Verständnis einer strikten Trennung beider Bereiche.[185]

Allerdings ist der Schritt von der Feststellung eines solchen „Verfassungswandels" zur objektiv-rechtlichen Auslegung dieses Grundrechts auf Zugang zu allen behördlichen Informationen in diesem Fall kaum zu bewältigen.[186] Zunächst ist deutlich zu machen, daß die Gerichte, insbesondere das Bundesverfassungsgericht,[187] bei der Beurteilung von Problemen der Informationsfreiheit zu zugänglichen Quellen auf den Charakter des Art. 5 Abs. 1 GG als Leistungs- und Teilhaberecht nicht eingehen. Die Frage, wann etwas der politisch-gestalterischen Kompetenz des Gesetzgebers angehört und wann tatsächlich ein Verfassungswandel derart stattgefunden hat, daß die in der Verfassung zutage tretende Werteordnung den Rechtsanwender „zwingt", eine vom ursprünglichen Verfassungssinn und vom einfachen Gesetz abweichende Lösung zu finden, ist stets auch mit dem Hintergrund eines möglichen Verstoßes gegen das Gewaltenteilungsprinzip zu sehen.

Ausgehend von der Existenz eines Leistungsanspruchs aus Art. 5 Abs. 1 S. 1 GG auf Informationen wäre auch die konkrete Ausgestaltung äußerst unbestimmt. Zahlreiche umstrittene Einzelfragen, wie z. B. in welcher Form die Informierung stattzufinden hätte, wie die Grenzen des Anspruchs gesteckt sind, ob Kosten anfallen dürfen und andere, können sich nicht mehr aus der Verfassung ergeben. Spätestens diese Konturlosigkeit macht eine Entscheidung des Gesetzgebers erforderlich. Gerade die Grenzen eines solchen Anspruchs stellen eine in der Diskussion um den Leistungscharakter des Informationsrechts selten beachtete Problematik dar. Ohne einfachgesetzliche Ermächtigungsgrundlage bedeutet ein solcher Leistungsanspruch nicht nur eine Erweiterung der Freiheitsrechte, sondern auch eine Begrenzung und einen Eingriff in die Rechte anderer. Beispielsweise sind Eingriffe in das Eigentumsrecht von Unternehmern möglich, wenn die Informationen der Behörde Betriebs- und Geschäftsgeheimnisse darstellen. Ohne Rechtsgrundlage, bzw. nur anhand einer zweifelhaften Analogie zu § 30 VwVfG, könnten Grundrechtseingriffe geschehen. Aus der zutreffend hohen Bedeutung der Informationsfreiheit kann

184 Zitat aus *Steinmüller*-Gutachten, BT-Drs. 6/3826 S. 71.

185 *Gurlit*, Die Verwaltungsöffentlichkeit im Umweltrecht, S. 102; siehe dazu auch Seite 5 ff.

186 A. A. *Gurlit*, Die Verwaltungsöffentlichkeit im Umweltrecht, S. 102.

187 BVerfG NJW 1986, 1243; OVG Münster GewArch 1973, 73 f.; OVG Hamburg NJW 1979, 1219 f.

dies nicht mehr gefolgert werden. Insofern könnte lediglich von einem unverbindlichen, ohne Außenwirkung bestehenden programmatischen Auftrag an den Gesetzgeber ausgegangen werden, ein allgemeines Informationsrecht zu schaffen.[188] Gerade der hohe demokratische Gehalt der Informationsfreiheit rechtfertigt dies meines Erachtens. Konsequenz dieser Ansicht ist primär die Erkenntnis, daß der Staat kein aus sich selbst bestehendes Recht auf Geheimhaltung von Daten hat. Das Geheimhaltungsprinzip des konstitutionellen deutschen Staates verträgt sich somit auch nicht mit der Grundwerteordnung des Grundgesetzes.

Das Umweltinformationsgesetz kann dementsprechend trotz seiner europäischen Herkunft als das Ergebnis einer teilweisen Erfüllung dieses Auftrages gesehen werden. Das Gesetz beruht auf einem in Grundgesetz angelegten Informationsfreiheitsgedanken. Dennoch handelt es sich nur um einfaches Recht, welches der jederzeitigen Beschränkbarkeit durch den Gesetzgeber unterliegt. Da der objektivrechtliche Gehalt nicht zur Begründung eines Informationsrechtes aus Art. 5 Abs. 1 S. 1 2. Hs. GG herangezogen werden konnte, fehlt ihm auch die ausreichende Bestimmtheit, um dem Gesetzgeber als eine Schranke oder Richtlinie für Begrenzungen oder Ergänzungen zu dienen.

3. Demokratieprinzip

Seinen Schwerpunkt findet die Bedeutung des Umweltinformationsgesetzes in dem Demokratieprinzip des Grundgesetzes. Erforderlich ist die Unterscheidung zweier Fragestellungen. Zum einen bedarf es der Klärung, ob aus dem Demokratieprinzip ein allgemeines Aktenzugangsrecht abgeleitet werden kann. Zum anderen ist darauf einzugehen, ob in einem Informationszugangsrecht demokratische Elemente enthalten sind.

Die erste Frage muß klar verneint werden. Wie bereits bei dem Versuch in der Literatur ein allgemeines Aktenzugangsrecht aus der objektiv-rechtlichen Bedeutung des Art. 5 Abs. 1 GG abzuleiten, kann auch das Demokratieprinzip als solches oder im Zusammenwirken mit der Informationsfreiheit als „demokratischem Grundrecht“ keine ausreichend bestimmte Rechtsgrundlage darstellen.[189] So befindet sich auch lediglich in Schweden eine verfassungsrechtliche Verankerung eines allge-

---

188 So *Lodde*, Informationsrechte des Bürgers gegen den Staat, S. 136; *Stettner*, Information als Verfassungsgut, in: Merten/Schmidt/Stettner (Hrsg.), Der Verwaltungsstaat im Wandel, S. 351, 362; Zum Reformbedarf siehe auch *Schoch*, Öffentliche-rechtliche Rahmenbedingungen einer Informationsordnung, VVDStRL 57 (1998), S. 158, 203.

189 *Pieroth*, Die planende Verwaltung, JuS 1981, 625, 626; *v. Münch/Kunig*, GG, § 20 Rn. 11; a. A. *Scherer*, Verwaltung und Öffentlichkeit, S. 30.

meinen Aktenzugangsrechts, aus dem der Charakter als demokratisches Element deutlich wird.[190]

Zur Beantwortung der zweiten Frage ist auf Sinn und Zweck des Demokratieprinzips einzugehen und nachzufragen, inwiefern Informationen hierin von Bedeutung sind. Demokratie[191] beinhaltet im Grundsatz, daß die Macht nicht bei einem einzelnen oder einer abgrenzbaren Gruppe, sondern bei dem Gesamtvolk liegt.[192] Damit gehen verschiedene notwendige Ausprägungen einher. Allerdings geht das Grundgesetz von einer repräsentativen Demokratie aus (Art. 20 Abs. 2 S. 2 GG). Damit wird klargestellt, daß keine Identität von Regierendem und Regierten besteht.[193] Das Volk übt die Staatsgewalt allein durch Wahlen und Abstimmungen[194] aus. Ein allgemeines Informationszugangsrecht kann somit nicht darauf gestützt werden, daß die Regierungstätigkeit grundsätzliche Angelegenheit jedes einzelnen wäre und somit Informationen als reine Arbeitsgrundlage bereits erfaßt sein müßten.

Jedoch ist wesentliches Element der freiheitlichen Demokratie die Möglichkeit freier politischer Meinungs- und Willensbildung mit den entsprechenden Rechtsgewährleistungen.[195] Das Volk muß auch informationell in der Lage sein, durch die Wahlen die Grundrichtungen der staatlichen Willensbildung frei und maßgeblich zu bestimmen. Dies entspricht der dem einzelnen Bürger im demokratischen System zugedachten Verantwortung.[196] Um dieser in der freien Wahl, die in deutlicher Abgrenzung zur Wahl in der „gelenkten" Demokratie zu sehen ist, genügen zu können, muß der Bürger aber die Möglichkeit haben, sich auch unabhängig von den Presseorganen in die Lage einer umfassenden Informiertheit zu versetzen.

---

190 Nachweis bei *Winter*, Öffentlichkeit von Umweltinformationen, Zusammenfassender Bericht, S. 27.

191 Aus dem Griechischen „Herrschaft des Volkes".

192 *K. Hesse*, Grundzüge des Verfassungsrechts der Bundesrepublik Deutschland, § 5 vor I Rn. 127 ff.

193 *Düwel*, Das Amtsgeheimnis, S. 121.

194 Abstimmungen sieht das GG lediglich in Art. 29, 118 GG für den Fall der Neugliederung des Bundesgebietes vor.

195 BVerfGE 20, 56, 97; E 20, 162, 174 ff.; E 7, 198, 208 („schlechthin konstituierend"); E 25, 256, 265 („Die Freiheit der geistigen Auseinandersetzung ist eine unabdingbare Voraussetzung für das Funktionieren der freiheitlichen Demokratie, weil nur sie die öffentliche Diskussion über Gegenstände von allgemeinem Interesse und staatspolitischer Bedeutung gewährleistet."); E 81, 278, 290; E 86, 1, 10; vergleiche dazu *Schulze-Fielitz*, in: H. Dreier (Hrsg.), Grundgesetz-Kommentar, Art. 5 Abs. 1, 2 Rn. 31 ff.

196 *Dubach*, Das Recht auf Akteneinsicht, S. 302; *Scheuner*, Das repräsentative Prinzip, in: Staatstheorie und Staatsrecht, S. 245.

Hierfür reichte nach früherer Ansicht die Gewährleistung der Informationsfreiheit auf Zugang zu allgemeinen Quellen nach Art. 5 Abs. 1 S. 1 Hs. 2 GG aus.[197] Ein Zugang zu den Akten der Behörden generell oder - wie hier - für den Spezialbereich der Umweltdaten wird von diesem Freiheitsrecht nicht erfaßt. Die Tatsache, daß es lediglich eine Verbürgung dieser begrenzten Informationsfreiheit im Grundgesetz gibt, erlaubt jedoch nicht den Umkehrschluß, daß es einem allgemeinen Informationszugangsrecht, mit seiner Fähigkeit eine umfassende Meinungsgrundlage zu schaffen, an demokratischer Legitimation fehlen würde.

Zum einem ist hier erneut auf den Gedanken des „Verfassungswandels" hinzuweisen,[198] der sich an einem veränderten Verhältnis des Bürgers zum Staat im Vergleich zu 1949 zeigt. Eine Veränderung zeigt sich auch an dem zumeist in den letzten 20 Jahren gesetzestechnisch umgesetzten Verständniswandel in den anderen Europäischen Mitgliedstaaten.[199] Diese begründen jene Änderungen unter Berufung auf das Demokratieprinzip mit der Argumentationskette, daß der einzelne als Teil der Öffentlichkeit sein politisches Handeln nach den Informationen richten können soll, die er über die Abläufe im staatlichen Bereich erfahren kann.[200] Dies setze die Offenheit der Verwaltung voraus.

Zum anderen kann eine zur Ablehnung eines allgemeinen Informationszugangsrecht herangezogene Begründung nicht überzeugen. Nach dieser folgt aus dem Repräsentativprinzip des Art. 20 GG auch, daß Information als ein Element der Partizipation anzusehen sei und als solches gegen das Repräsentationsprinzip verstoße. Versteht man unter Partizipation den gesamten Bereich der Beteiligung des Bürgers am parlamentarischen Entscheidungsfindungsprozeß, d. h. Auskunft, Anhörung, Erörterung, Vorschlagerecht und Mitentscheidungsrecht u. ä., so gehört hierzu auch die Informierung des Bürgers. Allerdings ist dann die Gleichbehandlung dieser einzelnen Elemente nicht gerechtfertigt. Der Begriff der Partizipation erweist sich soweit als ungeeignet, da er notwendige Differenzierungen überdeckt. Während das Mitentscheidungsrecht direkt plebiszitäre Teilnahme an der Verwaltungstätigkeit darstellt, befindet sich die Informationseinholung noch zweckneutral im Vorfeld.[201] Sie bedeutet nicht Teilhabe an der Entscheidung, sondern die Schaffung

197 Vergleiche hierzu die Kommentierungen zu Art. 5 Abs. 1 S. 1 GG, z. B. *Herzog*, in: *Maunz/Dürig*, GG, Art. 5 Abs. 1, 2 Rn. 85 ff.

198 Vergleiche oben Seite 41; *Steinmüller*-Gutachten, BT-Drs. 6/3826 S. 71.

199 Vergleiche hierzu sogleich Seite 48 ff.; zudem *Schoch*, Öffentliche-rechtliche Rahmenbedingungen einer Informationsordnung, VVDStRL 57 (1998), S. 158, 202 f.

200 *Dubach*, Das Recht auf Akteneinsicht, S. 303.

201 Zur Bedeutung der Informationsfreiheit des Art. 5 Abs. 1 S. 1 GG als „Vorfeld-Grundrecht" siehe *Kahl*, Der europarechtlich determinierte Verfassungswandel, in: Haratsch/Kugelmann/Repkewitz (Hrsg.), Herausforderungen an das Recht der Informationsgesellschaft, S. 8, 10 f.

eines Umfeldes der informierten, d. h. sachkundigen und unter Umständen kritischen Bürgerschaft.[202] Weil sich diese Bürgerschaft in Wahlen und Abstimmungen nach Art. 20 Abs. 2 S. 2 GG äußert, ist die Informationserlangung demokratischen Ursprungs.

Im Ergebnis ist somit festzuhalten, daß das Umweltinformationsgesetz eine für das deutsche Recht neue Qualität in der Beziehung zwischen Staat und Gesellschaft bringt. Als nur über die Reichweite begrenzter Teil eines allgemeinen Informationsrechts kommt ihm aufgrund der fehlenden Situationsgebundenheit des Anspruchs eine besondere Bedeutung im demokratisch legitimierten Staatsgefüge zu. Der freie Zugang zu Informationen verfolgt nicht den Zweck der Gewährung rechtlichen Gehörs im Verfahren oder den Schutz des Persönlichkeitsrechts, sondern ist personenunabhängig von der allgemeinen Bedeutung einer sachkundigen Öffentlichkeit motiviert.

III. Weiterentwicklung im Kommissionsentwurf zu einem Umweltgesetzbuch

Anfang des Jahres 1998 gab das Bundesministerium für Umwelt, Naturschutz und Reaktorsicherheit den Entwurf der Unabhängigen Sachverständigen Kommission zum Umweltgesetzbuch[203] heraus. Diese Kommission unter Vorsitz von Prof. Dr. *Horst Sendler* und stellvertretend Prof. Dr. *Michael Kloepfer* war fünf Jahre zuvor mit einem Entwurf einer Kodifizierung des gesamten Umweltrechts beauftragt worden. Teilweise vorausgegangen war dem Kommissionsentwurf die Ausarbeitung eines zweiteiligen Professorenentwurfes.[204] Der Kommissionsentwurf soll der Bundesregierung als Grundlage für ein Umweltgesetzbuch dienen; aufgrund der

---

202 Zur Notwendigkeit der demokratischen Teilhabe des Bürgers auch an der Entscheidungsvorbereitung siehe *Roßnagel*, in: Koch/Scheuing (Hrsg.), GK-BImSchG, § 10 Rn. 50 ff., 58.

203 Im Folgenden UGB-KomE. Der Entwurf besteht aus zwei Teilen. Dem vorgeschlagenen Normtext folgt die Begründung in Form einer Kommentierung mit kapitelweiser Einleitung in den Problembereich. Die Begründung erörtert jeweils zunächst die Ausgangslage mit Problemdarstellung, bisheriger Rechtslage unter Beachtung von Rechtsprechung und wissenschaftlicher Diskussion, sowie völkerrechtliche, europarechtliche und verfassungsrechtliche Rahmenbedingungen. Sodann schließt sich die Begründung für die konkreten Vorschläge der einzelnen Normen an.

204 *Kloepfer/Rehbinder/Schmidt-Aßmann/Kunig*, Umweltgesetzbuch - Allgemeiner Teil (UGB-AT), Berichte des Bundesumweltamtes 7/90 und *Jarass/Kloepfer/Kunig/Papier/ Peine/Rehbinder/Salzwedel/Schmidt-Aßmann*, Umweltgesetzbuch - Besonderer Teil (UGB-BT), Berichte des Bundesumweltamtes 4/94; zur zahlreichen begleitenden Literatur siehe *Kloepfer/Durner*, Der Umweltgesetzbuch-Entwurf der Sachverständigenkommission (UGB-KomE), DVBl. 1997, 1081, 1082 Fn. 16.

erforderlichen Umsetzung der IVU-Richtlinie[205] wird ein teilweises Eingehen in das Gesetzgebungsverfahren bereits für das Jahr 1998 erwartet.[206]

Der Bereich der Umweltinformationen wird im UGB-KomE als eigenständiges siebtes Kapitel im Allgemeinen Teil behandelt. Für die Normierung sind zwei Grundsätze maßgebend. Zum einen ist eine deutsche Kodifikation auch weiterhin an die Vorgaben der europäischen Umweltinformationsrichtlinie gebunden. Zum anderen verfolgt der UGB-KomE dem Professorenentwurf folgend einen umfassenden Ansatz.

1. Die umfassende Informationsverwaltung

Der Entwurf unterscheidet die Problembereiche Gewinnung, Aufbereitung und Verbreitung von Informationen. Er sieht damit das Rechtsproblem Information als einen ganzheitlich zu behandelnden Komplex an, der in seiner „Fließrichtung"[207] kodifiziert wird. Dies stellt einen über das Umweltinformationsgesetz weit hinausgehenden Ansatz dar. Es wird deutlich, daß Informationen als Rechtsproblem ernst genommen werden.

In großem Umfang sieht der Entwurf Umweltdatenerhebungen vor. Die Verwertbarkeit der Daten wird durch weitgehende Aufbereitung in Sammelstellen und durch statistische Auswertungen gewährleistet. Diese Informationen dienen einerseits dem Zweck der Verwaltung eine effiziente Umweltursachen- und -wirkungsbeobachtung zu ermöglichen und andererseits die Öffentlichkeit in Kenntnis ihrer Umwelt zu versetzen. Dies geschieht durch Unterrichtung in Form von Veröffentlichungen von Zustandsberichten (§ 213 Abs. 3 UGB-KomE), durch Veröffentlichung der Ergebnisse der Umweltstatistik und der -beobachtung (§ 213 Abs. 2 UGB-KomE), sowie durch informatorische und beratende Tätigkeiten der Behörden (§ 214 UGB-KomE). Von Bedeutung ist insbesondere die Normierung einer gesetzlichen Grundlage für öffentliche Warnungen, Hinweise und Empfehlungen und die Bekanntgabe von bestimmten umweltschädigenden Verhalten von Unternehmen. Dabei kommt der Kombination dieser beiden Informationsrechte der Behörde in der Form von Warnungen vor Umweltbeeinträchtigungen durch Unter-

---

205 Richtlinie 96/61 EG des Rates vom 24.9.1996 über die integrierte Vermeidung und Verminderung der Umweltverschmutzung, ABl. Nr. L 257 vom 24.9.1996, S. 26 ff.

206 Als „Erstes Buch"; mit dem Gesetzgebungsverfahren für ein umfassendes UGB wird erst 1999 gerechnet.

207 Die Begründung spricht von einem „über den Staat vermittelten Fluß der Umweltinformationen", S. 815.

nehmen besondere Bedeutung zu.[208] Hinzu kommt eine allgemeine Umweltaufklärung des Bundes und der Länder, durch welche die Forderung nach einer allgemeinverständlichen Gefahren- und Risikoinformationsgewährleistung erfüllt wird (§ 215 UGB-KomE).

Bemerkenswert ist ferner, daß eine Informierung der Öffentlichkeit über den Stand des Vollzugs der Gesetze und Verordnungen nicht vorgesehen ist. § 216 UGB-KomE normiert lediglich eine gegenseitige Unterrichtung von Bund und Ländern.

2. *Die Umweltinformationsrichtlinie im Kommissionsentwurf*

Der zweite Abschnitt des siebten Kapitels UGB-KomE stellt diesen aktiven Informationspflichten der Behörde die passive Informationspflicht von UIG und UIRL zur Seite. Ergänzt wird dies durch aktive Informationsrechte in Register (§ 221), Kataster und Inventuren (§ 222). Der UGB-KomE ist nach § 189 Abs. 3 EGV an die Vorgaben der UIRL gebunden. Im Aufbau weicht der Entwurf von dem Umweltinformationsgesetz ab, indem er für den Ausschluß und die Beschränkungen des Anspruches nicht mehr nach öffentlichen und privaten entgegenstehenden Gründen differenziert, sondern bis auf den Schutz des Persönlichkeitsrechts und des Betriebs- und Geschäftsgeheimnisses einen gemeinsamen Paragraphen vorsieht. Die beiden letztgenannten Ausschlußgründe werden als dritter Abschnitt unter dem Stichpunkt Geheimhaltung aus den übrigen Ausschlußgründen herausgenommen. Grund dafür ist, daß sie für das gesamte UGB Anwendung finden sollen. Sie sind damit ein Beispiel für das Klammerprinzip dieser umfassenden Kodifikation.[209] Dabei erfahren die Ausschlußgründe eine umfassende Behandlung. Ein Rückgriff auf § 30 VwVfG ist nicht vorgesehen.

---

208 Zu diesem Problem mit Erörterung des Eingriffs in die Berufsfreiheit BVerwG, U. v. 18.10.1990, DVBl. 1991, 699 ff. und die Besprechung von *Schoch*, Staatliche Informationspolitik und Berufsfreiheit, DVBl. 1991, 667 ff., zu weiteren Nachweisen vergleiche *H. Dreier*, in H. Dreier (Hrsg.), Grundgesetz-Kommentar, Vorb. Rn. 82 und *Wieland*, ebenda, Art. 12 Rn. 81.

209 Siehe dazu *Kloepfer/Durner*, Der Umweltgesetzbuch-Entwurf der Sachverständigenkommission (UGB-KomE), DVBl. 1997, 1081, 1084, in Bezug auf *Noll*, Gesetzgebungslehre, S. 222.

Die Begründung des UGB-KomE verzichtet weitgehend auf eine Erörterung der verfassungsrechtlichen Zusammenhänge. In einigen Äußerungen läßt sie jedoch durchblicken, daß sie von einer demokratische Bedeutung von Informationen ausgeht. Zunächst stellt sie fest, daß „die Einführung eines allgemeinen Informationszugangsrechtes nicht grundgesetzlich geboten ist, sondern politische Entscheidung des Gesetzgebers“ [210]. Dies entspricht dem in dieser Untersuchung gefundenen Ergebnis,[211] daß sich weder aus der objektiv-rechtlichen Seite der Informationsgrundrechts noch aus dem Demokratieprinzip ein Leistungsanspruch ableiten läßt. Jedoch geht fernerhin auch der UGB-KomE davon aus, daß es die Umweltinformationsrichtlinie notwendig machte, „das traditionelle Beteiligtenrecht des § 29 VwVfG zu einem breiteren, demokratischen Bürgerrecht auf Informationen“ zu entwickeln.[212] In der Begründung wird somit anerkannt, daß die passive Informationspflicht im Umweltinformationsgesetz sowie im Entwurf selbst auf dem Demokratieprinzip beruht. Dies klingt auch in einigen weiteren Formulierungen des Kommissionsentwurfs an. So wird die Einführung einer der französischen CADA vergleichbaren Kommission für den Informationszugang damit begründet, daß diese dem Zweck diene, dem traditionellen Prinzip des Amtsgeheimnisses durch einen Prozeß des Umlernens entgegenzuwirken in Richtung auf eine „Kultur der Informationsfreiheit“.[213] Indem man die Stellung des Bürgers als „citoyen“ anerkennt, geht man von einem für die Demokratie unerläßlichen Bild eines politisch mündigen und sich für das Allgemeinwohl einsetzenden Menschen aus.[214]

IV. Informationsrechte in anderen Staaten

Als Umsetzung einer Richtlinie des Europäischen Rates nach Art. 189 Abs. 3 EGV steht das deutsche Umweltinformationsgesetz in einer Reihe mit den Umsetzungen der anderen Mitgliedstaaten. Auffallend ist, daß in vielen europäischen Staaten eine Umsetzung nicht notwendig war, da bereits umfangreiche allgemeine Informationszugangsrechte existierten. Es gibt in Europa eine so große Variationsbreite an möglichen Ausgestaltungen von Aktenzugangsrechten, daß eine rechtsvergleichende Betrachtung lohnend erscheint.

---

210 Zitat aus Kommissionsentwurf zum UGB, S. 830.

211 Siehe oben Seite 42.

212 Zitat aus Kommissionsentwurf zum UGB, S. 816.

213 Zitat aus Kommissionsentwurf zum UGB, S. 816, 845.

214 Zitat aus Kommissionsentwurf zum UGB, S. 826.

Indem eine Richtlinie nicht im „luftleeren Raum" entsteht,[215] sondern sich oft als eine Zusammenschau nationaler Regelungen präsentiert, könnte man versucht sein, die zeitlich vor der Richtlinie existierenden nationalen Gesetze als Auslegungsmaßstab für die Richtlinie selbst anzusehen. Dies wäre jedoch fehlerhaft, da Zweck der Richtlinie primär die Aufstellung eines geschlossenen europäischen Systems ist, die Beachtung der nationalen Normen vor Geltung der Richtlinie aber unweigerlich zu Brüchen im System führen müßte.[216] Hingegen wird allgemein der Rechtsvergleich der unterschiedlichen Umsetzungen einer Richtlinie in den Mitgliedstaaten für sehr wichtig befunden.[217] Hier ist Ziel der Auslegung die Ermittlung *eines* bestimmten Richtlinienverständnisses. Besonders deutlich wird die hervorgehobene Bedeutung durch eine Voraussetzung, welche der Europäische Gerichtshof an die Qualität des Vorlagebeschlusses nach Art. 177 EGV aufgestellt hat[218]: Danach darf ein innerstaatliches Gericht nur dann auf eine Vorlage vor den EuGH verzichten, wenn es davon überzeugt ist, daß auch für die Gerichte der übrigen Mitgliedstaaten und den Gerichtshof die gleiche Gewißheit an Klarheit des untersuchten Problems besteht. Wie *Lutter* ausführt, bedeutet dies, daß das prüfende Gericht somit die Pflicht zum Rechtsvergleich trifft.[219]

Als ein besonderer Fall muß es aber angesehen werden, wenn - wie hier - in zahlreichen Staaten eine Umsetzung der Richtlinie in binnenstaatliches Recht gar nicht erforderlich war, da entsprechende oder weiterreichende Normen bereits existierten. In diesem Fall hat sich der mitgliedstaatliche Gesetzgeber entschieden, daß das bereits existierende Recht den Anforderungen der Richtlinie genügt. Es bestehen dann keine Bedenken gegen den Rechtsvergleich auch mit älteren nationalen Normen, da sie als „moderne" Normen angesehen werden.

Dann kann ein solcher Rechtsvergleich eine gute Unterstützung bei der Auslegung des Umweltinformationsgesetzes liefern. *Starck* folgend,[220] kann das Ergebnis eines Rechtsvergleichs als ein Element in der teleologischen Auslegung angesehen werden, da gerade bei einer Richtlinienumsetzung die Harmonisierung des Rechts in Europa stets mitschwingt.[221]

---

215 Formulierung von *Lutter*, Die Auslegung angeglichenen Rechts, JZ 1992, 593, 601, der aber auch auf die sehr eingeschränkte Verwertbarkeit der nationalen Auslegungen durch Literatur und Rechtsprechung des jeweiligen Landes hinweist. Siehe dazu sogleich.

216 So *Lutter*, Die Auslegung angeglichenen Rechts, JZ 1992, 593, 602 mit Verweis auf die Cormann-Entscheidung des EuGH Rs. 64, 81, Slg. 1982, 24, 24.

217 Siehe *Lutter*, Die Auslegung angeglichenen Rechts, JZ 1992, 593, 604.

218 EuGH Rs. 283, 81, „C.I.L.F.I.T.", Slg. 1982, 3415.

219 *Lutter*, Die Auslegung angeglichenen Rechts, JZ 1992, 593, 604, dort Fn. 130.

220 *Starck*, Rechtsvergleichung im öffentlichen Recht, JZ 1997, 1021, 1024.

221 *Odersky*, Harmonisierende Auslegung, ZEuP 1994, 1, 2 f.

Es gilt somit zu klären, in welchem internationalen Kontext die Umweltinformationsrichtlinie erstellt wurde. Sowohl bei Fragen nach der grundsätzlichen Bedeutung als auch bei der konkreten Auseinandersetzung mit der Auslegung von einzelnen Rechtsbegriffen wird man aus dem Umgang der mitgliedstaatlichen Rechtsordnungen mit den Frage der Öffentlichkeit von Informationen allgemein und Umweltinformationen speziell Rückschlüsse, bzw. zumindest Hilfestellungen erhalten können.

Eine Untersuchung ist in verschiedenen Bereichen erforderlich. Zum einen hat die Untersuchung das Ziel festzustellen, ob und wie in den einzelnen Staaten eine Aktenöffentlichkeit gewährt wird. Dabei wird besonderen Wert auf die verwaltungstheoretische Begründung des Informationszuganges gelegt. Zu fragen ist insoweit:

- Gibt es Aktenöffentlichkeit im betreffenden Staat, insbesondere im Umweltbereich?
- Wie sieht diese konkret aus?
- Wie wird die Aktenöffentlichkeit verwaltungstheoretisch begründet, insbesondere: Welche Rolle spielt das Demokratieprinzip?

Zum anderen bedarf es einer Betrachtung der Schranken der Zugangsrechte unter Hervorhebung des Betriebs- und Geschäftsgeheimnisses. Kommt man zu dem Ergebnis, daß ein begründungsloses Amtsgeheimnis des Staates nicht schützenswert ist,[222] so verlegt sich der Schwerpunkt der Betrachtungen auf die möglichen Gründe einer Informationsverweigerung. Als solches steht das Betriebs- und Geschäftsgeheimnis für den Bereich der Umweltdaten deutlich im Vordergrund.[223]

Die Fragestellung hier ist konkreter Natur:

- Wie weit reicht das Betriebs- und Geschäftsgeheimnis?
- Werden starre Abgrenzungen bevorzugt, oder besteht ein weites Ermessen der den Zugang gewährenden Verwaltungsbehörde?

Im Rahmen der Rechtsvergleichung stellt sich stets das Problem der Auswahl der geeigneten Vergleichsobjekte. Begrenzt zum einen durch das Vorhandensein von Literatur oder anderen Informationsquellen wird hier nach folgenden Kriterien vorgegangen: Besondere Beachtung verdienen die Informationsrechte der Vereinigten Staaten und Schwedens, die als Vorreiter fungieren. Neben den USA finden anson-

222 Vergleiche hierzu Seite 35 ff.

223 Dies stellt die notwendige Schwerpunktsetzung für Umweltinformationen dar. Anders müßte eine Untersuchung bezüglich der Offenheit von Sozialdaten, wie sie von den Sozial- und Arbeitsämter erhoben und bearbeitet werden, ausgerichtet sein. Dort stünde der Schutz der Privatsphäre im Vordergrund.

sten nur die Staaten der Europäischen Union sowie Norwegen Berücksichtigung.[224] Innerhalb dieses Kreises bedürfen Frankreich und Großbritannien einer stärkeren Gewichtung.

Zudem wird auch der Stand der Informationsfreiheit innerhalb der Europäischen Institutionen untersucht. Hier wird besonderer Wert auf die im Gange befindliche Entwicklung der Informationsrechte gelegt.

1. USA - Freedom of Information Act

a) Allgemeines

In den Vereinigten Staaten wird die Diskussion um Informationsrechte geprägt von dem 1966 verabschiedeten Freedom of Information Act.[225] Das Gesetz regelt einen allgemeinen Zugang zu Informationen (agency records) bei Behörden des Bundes,[226] ist also nicht auf Umweltinformationen spezialisiert. Unter agencies versteht das Freedom of Information Act in Absatz (f) in einer Legaldefinition ungefähr die gesamte Exekutive des Staates (auf Bundesebene), einschließlich Militär und Regierungsbehörden.[227] Zudem sind auch alle mit der Besorgung der Privatwirtschaftsverwaltung betrauten Einrichtungen erfaßt.[228] Zugangsobjekt des Gesetzes (die agency records) sind „ alle Bücher, Papiere, Karten, Fotografien und anderes Dokumentationsmaterial, ganz unabhängig von ihren physikalischen Zuständen oder Charakteristika“[229]. Dies hat insbesondere zur Folge, daß auch Computerda-

---

224 Zu Japan: *Schlachter*, Mehr Öffentlichkeit wagen, S. 68 ff.; zu Polen (vor dem Zusammenbruch des kommunistischen Systems): *Boc/Jendroska/Nowacki*, Akteneinsicht in Polen, in: Winter (Hrsg.), Öffentlichkeit von Umweltinformationen, S. 419-472; zu Kanada: *Burkert*, Akteneinsicht und Datenschutz in Kanada, in: Winter (Hrsg.), Öffentlichkeit von Umweltinformationen, S. 283-356.

225 5 U.S.C. § 522. Public information; agency rules, opinions, orders, records, and proceedings; Original und Kopie abgedruckt bei *Fluck/Theuer*, UIG, F (Fassung 1986); bei *Gurlit*, Akteneinsicht in den Vereinigten Staaten, in: Winter (Hrsg.), Öffentlichkeit von Umweltinformationen, Anhang (Originalfassung 1974).

226 Als Bundesgesetz hat es nur beispielhaften Charakter für die Verwaltung der einzelnen Staaten. Insbesondere für den Bereich der Umweltinformationen haben diese ähnliche Freedom of Information Acts erlassen, siehe *Gurlit*, Akteneinsicht in den Vereinigten Staaten, in: Winter (Hrsg.), Öffentlichkeit von Umweltinformationen, S. 511, 517.

227 *Gurlit*, Akteneinsicht in den Vereinigten Staaten, in: Winter (Hrsg.), Öffentlichkeit von Umweltinformationen, S. 511, 518.

228 *Hammerl*, Der gläserne Betrieb, ZIP 1994, 1230, 1231.

229 Definition des „National Archives Act“, 44 U.S.C. § 366.

teien, sowie Röntgenbilder und andere Besonderheiten erfaßt werden. Andererseits sorgte eine umfangreiche richterliche Rechtsprechung trotz dieses sehr offenen Wortlautes für eine inhaltliche Begrenzung des Anspruchs.[230] Der Zugang wird jedermann zugänglich gemacht,[231] eine Situationsgebundenheit irgendeiner Form besteht somit nicht. Zusätzlich zu diesem Zugangsrecht für „any person" besteht noch eine aktive Informationspflicht der Behörde, welche dazu dient, die Bürger Kenntnis darüber erlangen zu lassen, wie die Behörden aufgebaut sind und welche Informationen grundsätzlich bei ihnen erhältlich sind. Des weiteren besteht eine besondere Informationseinholungspflicht in besonderen Fällen, wie bei endgültigen Stellungnahmen zur Entscheidung von Einzelfällen oder administrativen Leitfäden mit Drittwirkung.[232]

b) Entstehungsgeschichte

Schon lange vor der ersten Fassung des Freedom of Information Act im Jahre 1966 bemühte sich die amerikanische Literatur um die Frage, ob ein „right to know" bereits aus dem ersten Zusatzartikel der amerikanischen Verfassung zu gewinnen sei. Der Supreme Court trat einer solchen Herleitung aus dem First Amandment jedoch mit der deutlichen Aussage entgegen:

> „The constitution itself is neither a Freedom of Information Act nor an Official Secrets Act...there (exists) no constitutional right to particular government information, or to require openess from the bureaucracy."[233]

Einfachgesetzlich regelte zunächst die „Public Information Section" im Verwaltungsverfahrensgesetz der USA die Bürgerinformation. Die Einsichtsgewährung stand im Ermessen der Behörde mit generalklauselartigen Ausnahmetatbeständen. Die Entscheidung konnte nicht gerichtlich überprüft werden.

---

230 Ebenso bei agency records *Gurlit*, Akteneinsicht in den Vereinigten Staaten, in: Winter (Hrsg.), Öffentlichkeit von Umweltinformationen, S. 511, 518 f. und 521.

231 § 522 (a) (3): „ shall make the record promptly available to any person."

232 Die hier enthaltenen Zusätze und Variationen einer Informationsfreiheit gilt es besonders bei der Untersuchung der europäischen Richtlinie zu beachten.

233 Supreme Court, McGehee v. Casey, (718 F.2d 1137, 1147 D.C.Cir. 1983); siehe *Gurlit*, Akteneinsicht in den Vereinigten Staaten, in: Winter (Hrsg.), Öffentlichkeit von Umweltinformationen, S. 511, 515.

1966 wurde die erste Fassung des Freedom of Information Acts[234] erlassen als Reaktion auf die erkannte Ungeeignetheit und Nutzlosigkeit der Public Information Section. Der schwierige Ausgleich der unterschiedlichen Interessen von Bürgern an der Offenlegung einerseits und der Verwaltung an der Geheimhaltung andererseits sorgte für eine lange Entstehungsdauer des Gesetzes.[235] Auch in den drei großen Änderungen des Gesetzes zeigt sich die fortdauernde Konfliktträchtigkeit des Bereiches Informationen. 1974 wurden die groben Mängel des Gesetzes unter dem Eindruck der „Watergate“-Affäre in Richtung Stärkung der Verwaltungsöffentlichkeit beseitigt. Damit konnte erfolgreich die in der Administration noch vorherrschende Geheimhaltungsmentalität beseitigt werden.[236] Die momentan gültige Fassung stammt aus dem Jahre 1986.[237] Hier wurde die Möglichkeit der Geheimhaltung erweitert. Gerade im Bereich des Persönlichkeitsrechts wurden verstärkte Schutzmaßnahmen eingerichtet.

Im Oktober 1996 traten weitere Änderungen angesichts der zunehmenden Bedeutung und Komplexität der Informations- und Kommunikationstechnik in Kraft.[238] Sie geben ein Wahlrecht für den Bürger, falls die Informationen in Papierform oder in elektronischer Form vorliegen. Dies wird ergänzt durch eine Verpflichtung der Verwaltung bei gesteigerten Bedarf diese Informationen elektronisch aufzuarbeiten.[239] Zudem zeichnet sich eine besondere politische Bedeutung des Freedom of Information Act ab, wie das Kabinettschreiben des Präsidenten an aller US-Behörden mit der Aufforderung, die Auskunftsbegehren großzügiger zu behandeln, zeigt.[240]

---

234 Pub. L. No. 90-23 5 U.S.C. § 522, 4.7.1966; zu den Problemen und widerstreitenden Interessen während der Entstehung siehe *Kneifel*, Freedom of information, CR 1990, 134, 135 und *Schröder*, Staatstheoretische Aspekte, Die Verwaltung 4 (1971), 301 ff.

235 *Dubach*, Das Recht auf Akteneinsicht, S. 272.

236 *Kneifel*, Freedom of information, CR 1990, 134, 135; zu der Akzeptanz des Gesetzes in der Verwaltung vergleiche ausführlich das Schlußwort von *Gurlit*, Akteneinsicht in den Vereinigten Staaten, in: Winter (Hrsg.), Öffentlichkeit von Umweltinformationen, S. 511, 545. Danach betonten die meisten Behörden, daß das Freedom of Information Act ein wichtiges Gesetz sei.

237 CIA Information Act, Pub. L. No. 97-477, 98 Stat. 2209, as codified in 50 U.S.C. §§ 431, 432 und §§ 1801-1804 des Anti Drug Abuse Acts of 1986, Public Law 99-570, 100 Stat. 3207.

238 *Kneifel*, Freedom of information, CR 1990, 134, 137; Electronic Freedom of Information Act Amandments of 1996, Pub. L. No. 104-231, 110 Stat. 3048, amending 5 U.S.C. § 522.

239 Siehe *Burkert*, Was der Gesetzgeber beachten sollte,..., Quelle: http://www.gmd.de/People/Herbert.Burkert/FOID.html (Stand: 30.10.1998).

240 4.10.1993, siehe bei *Hammerl*, Der gl• äserne Betrieb, ZIP 1994, 1230, 1233.

c) Verfassungsrechtliche Stellung

Wie oben gezeigt, wollte der Supreme Court aus dem First Amandment der Verfassung selbst, also aus dem Grundsatz von Meinungs- und Pressefreiheit, keinen direkten Anspruch auf „a public´s right to know" herleiten. Hingegen wurde von Anfang an das Freedom of Information Act mit den Prinzipien der demokratischen Teilhabe begründet.[241] Allein die wohl informierte Bürgerschaft sei in der Lage, politische Verantwortlichkeit einzufordern und korrupte Umtriebe aufzudecken. An einem anderen Beispiel kann die Öffentlichkeit von Akten in den USA ferner deutlich gemacht werden. Es ist in bestimmten Grenzen in den USA möglich, Einsicht in Prozeßakten zu nehmen, obwohl eine Beteiligung am Verfahren nicht gegeben ist.

Winter führt die deutlich geringere Bedeutung des Amtsgeheimnisses in den USA auf eine fehlende, den Absolutismus bedingende Tradierung des Amtsgeheimnisses zurück.[242]

Zudem findet die Aktenöffentlichkeit Rückhalt aufgrund weiterer Besonderheiten des amerikanischen Rechts: Die Behörden haben eine sehr viel unabhängigere Stellung als nach deutschem Recht. In vielen Bereichen arbeiten sie autark mit einer sehr eingeschränkten Ministerverantwortlichkeit. Zudem wird bei der Entscheidung von Einzelfällen den Behörden eine sehr weitgehende justizielle Stellung zuerkannt. In beiden Fällen sind die Behörden in einer gewissen Legitimationsnot, was dazu führt, daß der „Legitimation durch Verfahren" ein erhöhter Stellenwert zukommt. Dies führt zu einer „quasi-parlamentarischen" Entscheidungsfindung, in welcher die Möglichkeit zur Teilnahme nicht auf Betroffene beschränkt wird. Die Öffentlichkeit der Akten liegt grundsätzlich in dieser Tendenz.

In diesem Sinne ist auch die aktive Informationspflicht in (a)(1) des Freedom of Information Act und die weitgehende Informationseinholungspflicht nach (a)(2) und nach den spezialgesetzlichen Pflichten, wie z. B. dem Emergency Planning and Community Act,[243] welches alle Unternehmen verpflichtet, die Menge und Lagerorte von genutzten chemischen Substanzen der zuständigen Behörde anzuzeigen, zu verstehen.

---

241 *Gurlit*, Akteneinsicht in den Vereinigten Staaten, in: Winter (Hrsg.), Öffentlichkeit von Umweltinformationen, S. 511, 516 und dort Fn. 24: offizielle Stellungnahme des zuständigen Senatskomitees, S.Rep. No 89th Cong., 1st Session, S. 3 (1965): the theory of an informed electorate is vital to the proper operation of a democracy"; *Hammerl*, Der gläserne Betrieb, ZIP 1994, 1230, 1231.

242 *Winter*, Öffentlichkeit von Umweltinformationen, Zusammenfassender Bericht, S. 10.

243 Als sections 311-313 des Superfund Amendment and Reauthorization Act of 1986 (SARA), Pub. L. No. 99-499, 100 Stat. 1613, 42 U.S.C. § 9601 ff.

Festzuhalten bleibt somit, daß Zweck des Freedom of Information Act die Kontrolle der Verwaltung durch den Bürger als demokratisches Element ist. Dafür, daß diese Grundidee vom Bürger auch aufgenommen wird, spricht, daß es nach *Jörg Schlachter* in den USA der Ausdruck „to foia a document" ein Teil der Umgangssprache geworden ist.[244]

d) Ausnahmen von der Informationspflicht, insbesondere der Schutz des Betriebs- und Geschäftsgeheimnisses

Im neunten Unterabschnitt regelt (b) des Freedom of Information Act die Ausnahmen des Informationsanspruchs. Grundsätzlich sind mit *Gurlit*[245] die im nationalen Interesse, die im Verwaltungsinteresse und die im Interesse Dritter stehenden Geheimhaltungsgründe zu unterscheiden.

Indem Informationen nicht nur Grundlage politischen Handelns, sondern auch die Basis für jede Wirtschafts- und Investitionsentscheidung sind, kommt dem Freedom of Information Act eine starke Bedeutung zu.

Hervorzuheben ist aus diesem Grund die Bestimmung der Betriebs- und Geschäftsgeheimnisse in (4) des Freedom of Information Act als die „von Dritten erlangte(n) Geschäftsgeheimnisse oder Informationen über private Finanz- und Geschäftsgeheimnisse, wenn diese rechtlich geschützt oder vertraulich gegeben sind".

Seine besondere Bedeutung erhält dies, wenn man berücksichtigt, daß von 877 Geheimhaltungsentscheidungen der amerikanischen Umweltschutzbehörde (EPA) im Jahre 1986 immerhin 228 mit dem zu wahrenden Betriebs- und Geschäftsgeheimnis begründet wurden, während nur 20 Fälle einen Eingriff in die Privatsphäre behandelten.[246]

---

244 Mehr Öffentlichkeit wagen, S. 68; in welchem Maße und mit welchen Interessen amerikanische Staatsbürger das Informationszugangsrecht in Anspruch nehmen, zeigt eine Suchanfrage in einem Internetsuchprogramm (z. B. http://www.altavista.digital.com) mit dem zu suchenden Stichwort: „freedom of information act".

245 Ausführlich hierzu *Gurlit*, Akteneinsicht in den Vereinigten Staaten, in: Winter (Hrsg.), Öffentlichkeit von Umweltinformationen, S. 511, 525 ff.

246 Quelle bei *Gurlit*, Akteneinsicht in den Vereinigten Staaten, in: Winter (Hrsg.), Öffentlichkeit von Umweltinformationen, S. 511, 527: 213 Fälle waren behördeninterne Kommunikation (5. Ausnahmegrund); 179 fielen unter Ausnahmegrund 7: Akten, die eine Rechtsverfolgung behindern könnten oder in diesem Bereich die Privatsphäre verletzen könnten. Dies betrifft den Bereich der judikativen Entscheidungsfindung.

Hinzu kommt ein weiteres Problem. Rund 80 Prozent aller Informationsansprüche werden geltend gemacht von Konkurrenzunternehmen,[247] die erhoffen, Informationen über den technischen und wirtschaftlichen Stand eines anderen Unternehmens in Erfahrung bringen zu können. Zutreffend ist anzumerken, daß dies nicht Zweck des Gesetzes ist. Auf diese Weise wird nicht Verwaltungskontrolle ausgeübt, vielmehr muß von „blinden Passagieren“ gesprochen werden.

Andererseits zeigt *Gurlit* in ihrer Untersuchung[248], daß die reale Gefahr der Wirtschaftsspionage eher gering ist. Indem das Betriebs- und Geschäftsgeheimnis grundsätzlich geschützt ist, kommen nur Fälle der irrtümlichen Freigabe von Informationen hierbei in Betracht. Solche Fälle sind aber äußerst selten.[249]

Grundsätzlich ist der Begriff des Betriebs- und Geschäftsgeheimnisses[250], wie ihn als Ausnahme (b)(IV) des Freedom of Information Act enthält, äußerst weit formuliert. Während die Rechtsprechung zu Beginn bei der Ausfüllung dieser Definition sich an den sehr weiten Normzweck im Rahmen von Schadensersatzansprüchen anlehnte, schränkte sie später diese Begriffe zunehmend ein, um den öffentlich-rechtlichen Publizitätsinteresse, denen das Freedom of Information Act Rechnung tragen soll, mehr Gewicht zu verschaffen. Ausschlaggebend war eine Entscheidung über die Bekanntgabe der Nebenwirkungen von Kontaktlinsen; dort brachte das Gericht die Voraussetzung an, daß für das Vorliegen eines trade secret eine direkte Beziehung zwischen der gewünschten Information und dem Produktionsprozeß bestehen muß.[251] Zu beachten ist dabei, daß gerade für den Bereich des Umweltschutzes hier weitere Einschränkungen gemacht wurden, wie z. B. durch das Clean Air Act und das Clean Water Act. Hier ist das Betriebs- und Geschäftsgeheimnis selbst dann nicht schützenswert, wenn es Methoden oder Prozesse erfas-

---

247 *Rosler*, Informationsfreiheit in den Vereinigten Staaten, S. 94 ff.; zu ähnlichen Zahlen bei der Federal Drug Administration (FDA) *Gurlit*, Akteneinsicht in den Vereinigten Staaten, in: Winter (Hrsg.), Öffentlichkeit von Umweltinformationen, S. 511, 521: Anlage des Annual Report 1987 der FDA; siehe dort insbesondere zur Stellung der service companies, die für Geld für ihre Auftraggeber Abfragen bei den Behörden tätigen.

248 *Gurlit*, Akteneinsicht in den Vereinigten Staaten, in: Winter (Hrsg.), Öffentlichkeit von Umweltinformationen, S. 511, 530.

249 Zwei Fälle werden diskutiert: Die EPA gab Daten eines Pestizidherstellers frei, die genutzt werden konnten; 1985, während einer öffentlichen Ausschreibung gelangten technische Unterlagen durch den Freedom of Information Act-Anspruch in die Hände der Konkurrenz, Quelle: *Hammerl*, Der gläserne Betrieb, ZIP 1994, 1230, 1231.

250 Eine Unterscheidung findet nicht statt.

251 „A secret, commercially valuable plan, formular, process or device, that is use for the making, preparing, compounding, or processing of trade commodities and that can be said to be the end product of either innovation or substantial effort“, Public Citizen Health Research Group v. FDA (704 F.2d 1280,1288, D.C.Cir. 1983).

sen würde, die an sich als Betriebs- und Geschäftsgeheimnis geschützt sind.[252] Hingegen wird der Schutz des Betriebs- und Geschäftsgeheimnisses z. B. im nuklearen Bereich erweitert.

Ein Problem bildet bei obiger Definition der Begriff „commercially valuable". Darunter wird gefaßt, „daß die Offenlegung die Wettbewerbsposition der Person oder des Unternehmers, von dem die Information erlangt wurde, erheblich beeinträchtigt würde. („substantial competitive harm")[253]". Substantiality bestimmt sich nach verschiedenen Gesichtspunkten, wie dem Alter und der Wettbewerbseignung der Daten.

2. *Nordeuropäische Länder*

a) Schweden - Tryckfrihetsförordning

(1) Allgemeines

Eine allseits beachtete Sonderstellung nimmt das schwedische System der Verwaltungsöffentlichkeit ein.[254] Geprägt von einem Verfassungsgeschichtsverlauf, der weitgehend von jenem anderer europäischer Verfassungstraditionen abweicht, ist das Verhältnis von Bürgern zu Verwaltung gekennzeichnet von weitestgehender Offenheit. Die Tryckfrihetsförordning[255] ist eines von vier Grundgesetzen des Schwedischen Staates.[256] Entgegen seines Wortlautes schützt es nicht nur die eigentliche Druckfreiheit, sondern konstituiert auch das Prinzip der allgemeinen Ak-

---

252 42 U.S.C. § 7414 (c); 33 U.S.C. § 1318 (b).

253 Zitat aus Nat.Parks & Conservation Ass. v. Morton (498 F.2d 765, D.C.Cir. 1974), *Gurlit*, Akteneinsicht in den Vereinigten Staaten, in: Winter (Hrsg.), Öffentlichkeit von Umweltinformationen, S. 511, 530.

254 Literatur: *Schlachter*, Mehr Öffentlichkeit wagen, S. 52; *Dubach*, Das Recht auf Akteneinsicht, S. 264 ff.; *Askelöf/Fernemann Heugren*, Akteneinsicht in Schweden, in: Winter (Hrsg.), Öffentlichkeit von Umweltinformationen, S. 473, 474; *Conradi*, Das Öffentlichkeitsprinzip in der schwedischen Verwaltung; *Hirschberger*, Zugang des Bürgers, S. 160; *Mahrer*, Die Öffentlichkeit amtlicher Stellen in Schweden, ZSR NF 88 (1969), I, 317 ff.

255 In der momentanen Fassung vom 1.1.1978 (SFS 1988: 1447).

256 An erster Stelle: die Regierungsform vom 6.6.1809, ferner die Reichstagsordnung vom 22.6.1866 und die Thronfolgeordnung vom 26.9.1910. Außer der Pressefreiheit sind in Schweden keine Grundrechte normiert. Unter „Verordnung" ist hier Gesetz im materiellen und formellen Sinne zu verstehen.

tenöffentlichkeit. Wie in den USA findet keine Beschränkung auf bestimmte Situationen statt. Irgendwelche Begründungen für die Einsicht dürfen nicht verlangt werden. Gegenstand des Einsichtsrechts sind auch Landkarten, Zeichnungen und Bilder; hinzu kommen heute die Daten moderner Speichermedien.[257] Grundsätzlich unterscheidet man zwischen öffentlichen und nicht-öffentlichen Akten,[258] von denen letztere auch nicht zugänglich sind. Ihre Öffentlichkeit liegt vor, wenn die Akte bei einer Behörde verwahrt wird oder von ihr angefertigt wurde oder bei ihr eingegangen ist. Im Ergebnis führt dies zu der Einschränkung, daß keine Möglichkeit der Einsichtnahme in Vermerke, Skizzen und andere Behördeninterna besteht, allerdings nur solange die Behörde diese nicht archiviert (Kapitel 2 § 7 Abs. 1 und § 9 Abs. 2 Tryckfrihetsförordning).

Zur praktischen Bedeutung des Gesetzes führen *Askelof* und *Fernemann Hergren* auf, daß z. B. in den Umweltaufsichtsbehörden ungefähr 1000 Einsichtsbegehren gestellt wurden, wobei jene von Industrieunternehmen anscheinend im Vergleich zu den Vereinigten Staaten weniger zahlreich sind, da - wie ein Chemieunternehmen erläuterte - die zuständigen Bearbeiter die begehrten Informationen auf informellen Wege direkt von den Unternehmen erhielten.[259]

Ein Problem ergibt sich in der Praxis der Tryckfrihetsförordning für die Behörden. Es wird darauf hingewiesen, daß die Bediensteten angesichts dessen, daß „ihre" Akten öffentlich zugänglich sind, „ es sich wohl überlegen würden, was zu Papier gebracht werden könne." Ob dieser „psychische Maulkorb" positiv oder negativ zu bewerten sei, wird unterschiedlich beurteilt. Nach einer Ansicht sei die Tatsache, daß man nicht schreiben könne, was man denke, wohl kein Vorteil.[260] In der Tat könnte dies eine Behinderung des Beamten in einer vielleicht noch nicht vollständig durchdachten Angelegenheit sein. Eine freie Meinungsbildung ist zum Schutz der richtigen Entscheidungsfindung notwendig. Dem kann erwidert werden, daß es verwundern muß, wenn jene Überlegungen des Beamten nicht freigegeben werden können, auf denen die Entscheidung maßgeblich beruhe. So sieht denn *Mahrer* auch den Vorteil in der bloßen Präventivwirkung der allgemeinen Verwaltungsöffentlichkeit, „diese schaffe zwischen Bürgerschaft und Mandatsträgern ein Ver-

257 *Askelöf/Fernemann Heugren*, Akteneinsicht in Schweden, in: Winter (Hrsg.), Öffentlichkeit von Umweltinformationen, S. 473, 482.

258 *Askelöf/Fernemann Heugren*, Akteneinsicht in Schweden, in: Winter (Hrsg.), Öffentlichkeit von Umweltinformationen, S. 473, 482 sprechen hier von „offiziellen" Akten.

259 Vertreter von „Mo o Domsjoverken", siehe *Askelöf/Fernemann Heugren*, Akteneinsicht in Schweden, in: Winter (Hrsg.), Öffentlichkeit von Umweltinformationen, S. 473, 484.

260 *Dubach*, Das Recht auf Akteinsicht, S. 271.

hältnis des Vertrauens, der Offenheit und der Sauberkeit, das nicht überschätzt werden kann."[261]

(2) Verfassungsgeschichtliche Entwicklung

Sicherlich ist das weitgehende Akteneinsichtsrecht und die fast vollständige Verwaltungsöffentlichkeit in Schweden ein Ergebnis einer für Europa eher atypischen Verfassungsgeschichte.

Die Tryckfrihetsförordning entstammte dem Jahre 1766 als das älteste Grundrecht der Meinungsfreiheit in der Welt. Sie war das Ergebnis des schwedischen régime parlamentaire des 18. Jahrhunderts und sollte, um Korruption zu verhindern, das staatliche Handeln der öffentlichen Kritik aussetzen.[262] Das demokratische Element der Kontrolle der Verwaltung durch den Bürger ist hier bereits verwirklicht. Im Jahre 1772 wurde diese erste, seit 1718 währende Freiheitszeit durch einen Staatsstreich des absolutistisch herrschenden Königs Gustav III wieder beendet. Jedoch setzte sich 1809 der Verfassungsstaat wieder endgültig durch und 1812 entstand die neue Fassung der Tryckfrihetsförordning.[263] Inhaltlich gleichbleibend erhielt das Gesetz 1949 eine neue Fassung, die in den letzten Jahren an die modernen Gegebenheiten angepaßt wurde.

(3) Verfassungsrechtliche Stellung

Die Bedeutung der schwedischen Tryckfrihetsförordning für die demokratische Begründung von Verwaltungsöffentlichkeit kann nicht überschätzt werden.[264] Am deutlichsten wird dies mit dem oft zitierten Satz von *Pétren*[265]:

> „Die im übrigen Europa bestehenden Regelungen betrachtet man in Schweden als Überbleibsel eines alten autokratischen Systems, das sich durch den Einfluß der Bürokratie halten konnte. Mit schwedischem Auge gesehen wirkt diese Geheimnistuerei mit amtlichen Schriftstük-

---

261 *Mahrer*, Die Öffentlichkeit amtlicher Akten in Schweden, ZSR NF 88 (1969) I, 317, 339.

262 So die Begründung bei *Mahrer*, Die Öffentlichkeit amtlicher Akten in Schweden, ZSR NF 88 (1969) I, 317, 320 Fn. 11.

263 Die Schilderung einer etwas weniger demokratisch initiierten geschichtlichen Entwicklung findet sich bei *Winter*, Verfassungsgeschichtliche Hintergründe, in: *Askelöf/Fernemann Heugren*, Akteneinsicht in Schweden, in: Winter (Hrsg.), Öffentlichkeit von Umweltinformationen, S. 473, der die Tryckfrihetsförordning als das Ergebnis des Gleichbehandlungswillen von Regierungs- und Oppositionsparteien begründet.

264 A. A. *Martens*, Öffentlichkeit als Rechtsbegriff, S. 65, der dies gerade umgekehrt beurteilt.

265 *Pétren*, Die Aktenöffentlichkeit in Schweden, VerwArch 1958, 323, 333.

ken in einer parlamentarischen Demokratie unserer Zeit wie eine Anomalie."

Bereits im Wortlaut des 2. Kapitel § 1 der Tryckfrihetsförordning wird als Zweck des Gesetzes die Förderung eines freien Meinungsaustausches und einer allseitigen Orientierung angegeben. Ergänzt wird dies durch weitere maßgebliche Gründe[266]: Es bestehe nicht nur im Interesse Beteiligter, sondern der Öffentlichkeit an der Kenntnis von Verfahrensvorgängen; der Informationszugang des Bürgers zu den öffentlichen Angelegenheiten soll verbessert werden; es entstehe dadurch mehr Vertrauen in die Staatsgewalt und die öffentliche Diskussion über Ziele und Bedeutung staatlicher Aktivitäten werde infolge besserer Information auf eine solidere Basis gestellt.

(4) Ausnahmen von den Informationsrechten, insbesondere der Schutz des Betriebs- und Geschäftsgeheimnisses

Im Kapitel 2 § 2 der Tryckfrihetsförordning werden die Gründe für die Verweigerung der Akteneinsicht aufgeführt. Grundsatz dabei ist, daß nur dann eine Geheimhaltung erfolgen darf, wenn andernfalls der Allgemeinheit oder einem einzelnen ein Schaden entstehen würde. Indem es aufgrund des TF der gesetzlichen Festlegung solcher Gründe bedarf, haben diese und die im Sekretslag[267] enthaltenen Ausnahmen ausschließende Wirkung. In diesem Gesetzeswerk sieht das schwedische Recht eine sehr komplizierte, da differenzierte Regelung vor. Im Sekretslag werden verschiedene Arten von Akten nach Gegenstand und/oder Herkunfts- bzw. Aufbewahrungsbehörde genau bezeichnet und als für Zeiträume von unterschiedlicher Dauer (2, 5, 10, 20, 50, etc. Jahre) geheim eingestuft.[268] Durch Kapitel 8 Abteilung 6 des Sekretslag, welches Kapitel 2 § 2 Nr. 6 Tryckfrihetsförordning konkretisiert,[269] wird das Betriebs- und Geschäftsgeheimnis geschützt, wenn anzunehmen ist, daß der betreffenden Person ansonsten ein finanzieller Schaden entstehen würde.

In der Praxis scheint der Schutz der Betriebs- und Geschäftsgeheimnisse erstaunlicherweise eine sehr geringe Rolle zu spielen. Nach *Askelöf/Fernemann Heuregen* ist das Verhältnis Bürger/Verwaltung/Unternehmen grundsätzlich schon von einem hohen Maße an Offenheit geprägt. Ergänzt wird dies durch einen sehr behutsamen Umgang miteinander. Angeblich hat es weder finanzielle Schäden des von einer

266 Siehe dazu *Hirschberger*, Zugang des Bürgers, S. 160.

267 Sicherheitsgesetz (SFS 1980: 100); in Kraft getreten 1.1.1981; momentane Fassung 1.9.1986.

268 *Lübbe-Wolff*, Das niederländische Gesetz, Die Verwaltung 13 (1980), 339, 347.

269 Ergänzt durch eine Verordnung, welche den Umfang der Geheimhaltung festlegt. Das Sekretslag enthält eine Aufführung von über 100 Geheimhaltungsgründen.

Weitergabe von Daten betroffenen Unternehmens gegeben, noch gab es Beschwerden über eine zu exzessive Selbstqualifizierung von Daten als geheim durch die Unternehmen selbst. Diese geschieht nach dem Sekretslag und der Tryckfrihetsförordning vor der Bekanntgabe an die Verwaltung.

b) Norwegen

Norwegen verfügt mit dem „Gesetz über die Öffentlichkeit in der Verwaltung“[270] über ein allgemeines Aktenzugangsrecht, welches dem schwedischen sehr ähnlich ist. In § 2 dieses Gesetzes werden Sachakten als öffentlich erklärt, wobei mit der Eingrenzung Sachakte eine formelle Verfahrensregulierung getroffen wird. Das Verlangen nach Einsichtsgewähr z. B. in alle Akten einer bestimmten Art ist somit unmöglich; erforderlich ist eine sachspezifische Erklärung.

Für den Ausschluß des Einsichtsrechts besteht eine besondere Methode: In § 5 wird aufgeführt, welche Akten als nichtöffentliche gelten, wie z. B. Kabinettsprotokolle, Vorschläge, Entwürfe und ähnliches, zusätzlich solche Akten, die gemäß einem gesonderten Gesetz der Schweigepflicht unterliegen.[271]

Der verbleibende Rest an Akten ist zwar öffentlich, jedoch nicht unbedingt zugänglich. § 6 statuiert die (übliche) allgemeinen Geheimhaltungsgründe, insbesondere auch das Betriebs- und Geschäftsgeheimnis im Hinblick auf den Konkurrentenschutz.

c) Finnland

Art. 10 Abs. 2 der Verfassung vom 17.7.1919 sieht ein allgemeines Informationszugangsrecht vor. Dieses ist verknüpft mit der Meinungsfreiheit.[272]

d) Dänemark

Dänemark führt im Jahre 1971 das Öffentlichkeitsprinzip zugunsten der Allgemeinheit ein.[273] Ausdrücklich wird dabei darauf hingewiesen, daß es einer Über-

---

270 Gesetz vom 19.6.1970.

271 *Dubach*, Das Recht auf Akteneinsicht, S. 261, weist darauf hin, daß sich solche Geheimhaltungsvorschriften (wie in Schweden) in über 100 Gesetzen befinden, welche an einer gewissen Unbestimmtheit leiden.

272 In der 1996 geänderten und am 1.8.1995 in Kraft getretenen Fassung Schlußanträge von Generalanwalt *Tesauro*, Rs. C 58/94, „Niederlande/Rat“, Slg. 1996, I 2169, 2179 Fn. 16.

nahme nordischer Tradition, insbesondere des Schwedischen Tryckfrihetsförordning entstammt.[274] Wie auch in Schweden scheint die tatsächliche Inanspruchnahme des Anspruchs nicht sehr groß zu sein.[275] Ebenfalls vergleichbar mit dem Nachbarstaat wird auch das Öffentlichkeitsprinzip im Zusammenhang mit dem demokratischen Grundrechten der Meinungs-, Versammlungs-, und Vereinigungsfreiheit gesehen. Das Öffentlichkeitsprinzip wird vom Gesichtspunkt der Verwaltungskontrolle im demokratischen Staat flankiert von der Existenz eines „Ombudsmanns", der als Kontrollorgan des Parlaments gegenüber der Verwaltung die Stellung eines Bürgerbeauftragten wahrnimmt.[276]

Wie in Norwegen ist es auch in Dänemark erforderlich den Gegenstand der Akten benennen zu können. Teilweise wird dies insofern als problematisch angesehen, als damit die exakte Kenntnis über die Existenz eines Vorganges erforderlich ist,[277] was als eine Einschränkung des Anspruchs angesehen werden kann.

Soweit die zuständige Behörde dies möchte, steht es in ihrem Ermessen auf ein Einsichtsbegehren hin mehr Einsicht zu gewähren, als sie dazu verpflichtet ist. Diese Möglichkeit scheint dem Prinzip der Öffentlichkeit zu widersprechen, fragt man sich doch, welche Informationen a) zwar öffentlich sind, aber b) doch ohne eine Einsichtsverpflichtung der Behörde gewährt werden können. Dies erklärt sich m. E. nur mit Verweis auf die oben angesprochene sachbezogenen Bezeichnung der Akte. Theoretisch dazugehörende Informationen können auch ohne Anforderung gewährt werden.

Eine Besonderheit des dänischen Rechts ist ferner die Statuierung einer Aktenführungspflicht.

3. Benelux-Staaten

a) Niederlande

Ein weiterer Staat, der über ein allgemeines Akteneinsichtsrecht verfügt, ist die Niederlande. Das „Wet openbarheid van Bestuur" vom 9.11.1978 diente als

273 Forvaltningslov, Lov nr. 571 of 19.12.1985 und das speziellere Gesetz Lov om offentlighed iforvaltningen, Lov nr. 572 of 19.12.1985.

274 *Borgsmidt*, Ein Verfahrensgesetz und Neugestaltungen im dänischen Verwaltungsrecht, DÖV 1988, 70,71.

275 *Dubach*, Das Recht auf Akteneinsicht, S. 256 Fn. 89 (Stand der Untersuchung 1978).

276 *Borgsmidt*, Ein Verfahrensgesetz und Neugestaltungen, DÖV 1988, 70, 71.

277 *Dubach*, Das Recht auf Akteneinsicht, S. 257.

Grundlage für das Informationszugangsrecht.[278] Dieses wurde konkretisiert durch die „Königlichen Beschlüsse“, z. B. den „Besluit openbarheid van bestuur“[279] und den Anweisungen, welche konkrete allgemeinverständlich formulierte Zuständigkeitsregelungen enthalten.[280] Durch das Gesetz über die Öffentlichkeit der Verwaltung vom 31.10.1991 wurden diese Bestimmungen zusammengenommen und neu gefaßt.[281]

Erfaßt werden von der Informationspflicht alle öffentlichen Stellen, Betriebe und Anstalten, die den obersten Verwaltungsspitzen weisungsgebunden sind.[282] Gegenstand sind alle Angaben, die irgendwie festgehalten worden sind, hierzu gehören auch Tonbänder, Magnetstreifen etc. (Art. 1 des Gesetzes).

Eine Besonderheit in dem ansonsten dem amerikanischen und schwedischen Modell weitgehend konform laufenden Gesetz stellt das Wahlrecht der Behörde bei der Wahl des Ausgabeweges der Informationen dar. Anstelle sich (wie üblich) mit einem Akteneinsichtsrecht und dem Recht auf Erhalt von Kopien zu begnügen, kann die Verwaltung sich auch auf Auszüge und Zusammenfassungen beschränken, sowie mit mündlichen Auskünften dienen. Der dies regelnde Art. 7 des Gesetzes über die Öffentlichkeit der Verwaltung gibt der Behörde für die richtige Ermessensausübung dabei auf, einerseits den Wunsch des Antragstellers, andererseits das Interesse an einem zügigen Fortgang der Verwaltungsarbeit in Rechnung zu stellen.

Offensichtlich an dieser niederländischen Ermessenskonkretisierung orientiert ist ein Urteil des BVerwG[283] zu der gleichen Problematik des deutschen Umweltinformationsgesetzes. Dem Vorwurf der mangelnden Richtlinienkonformität des § 5 UIG beachtend, beließen es die Richter des BVerwG zwar bei der bedenklichen Entscheidung des Bundesgesetzgebers, ein solches Wahlrecht einzuräumen, engten den Ermessensspielraum jedoch wortwörtlich mit der niederländischen Problemlösung ein.[284]

---

278 *V. Schwanenflügel*, Das Öffentlichkeitsprinzip, DVBl. 1991, 93, 94.

279 Besluit van 12.10.1979, Staatsblad 1979, nr. 590.

280 Aanwijzingen inzake openbarheid van bestuur, Besluit MP van 21 december 1979, Staatscourant 1980, nr. 6, S. 12 ff.; *Lübbe-Wolff* (Die Verwaltung 13 (1980), 339, 341) weist daraufhin, daß diese auf Verordnungsebene stehende Regelung in der niederländischen Rechtstradition „das durchaus Übliche ist“.

281 Staatsblad 1991, nr. 703.

282 So bereits vor dem Gesetz über die Öffentlichkeit von 1991: *Lübbe-Wolff*, Das niederländische Gesetz, Die Verwaltung 13 (1980), 339, 342 mit Verweis auf den Königlichen Beschluß.

283 U. v. 6.12.1996, DÖV 1997, 734 f. = ZUR 1997, 87 ff. = JZ 1998, 243 ff. mit Anmerkungen *Hendler*.

284 Siehe dazu unten Seite 120 ff.

Im Rahmen der Ausnahmetatbestände unterscheidet das niederländische Öffentlichkeitsgesetz zwischen allgemeinen und besonderen Ausnahmegründen. Vergleichbar den nichtöffentlichen Dokumenten nach dem norwegischen Öffentlichkeitsgesetz betreffen besondere Ausnahmen den Schutz der inneren Willensbildung des Staates, während es sich bei den allgemeinen Ausnahmegründen zum einen um den Schutz von Betriebs- und Fabrikationsgeheimnissen, dem Schutz der Einheit der Krone und dem Staatsschutz handelt.[285] Dies sind absolute Gründe, denen zum anderen noch relative Ausnahmen zur Seite gestellt sind. Bei diesen soll eine Güterabwägung zwischen den geschützten aufgezählten Werten und dem Interesse an der Informationserteilung ergeben, ob die Information bekannt gegeben werden darf.[286] Von besonderem Interesse ist eine vor der Ablösung durch das Gesetz von 1991 noch geltende Anweisung. Unter „Interesse an der Informationserteilung" verstand diese das generelle öffentliche Interesse und nicht den persönlichen Beweggrund des Einsichtnehmenden. Ursache hierfür war, daß vermieden werden sollte, den „allgemeinen" Zugangsanspruch zu einem „Betroffenen -" und damit situationsgebundenen Anspruch zu machen.[287]

Ferner ist es nicht notwendig, den Informationsanspruch an die aktenführende Behörde zu richten. Nach Art. 4 findet eine Verweisung an die richtige Stelle statt.

b) Belgien

In die Belgische Verfassung wurde durch die Verfassungsreform von 1993 mit Wirkung ab dem 1.1.1995 ein allgemeines Zugangsrecht aufgenommen.[288] Zudem besteht nach PUBLAW 3, einer Untersuchung der EU zu wirtschaftlichen Verwendbarkeit von in der Verwaltung befindlichen Informationen mit Rechtsvergleich aller Mitgliedstaaten,[289] in Belgien ein Transparenzgesetz, welches ein allgemeines Aktenzugangsrecht begründet, ungeachtet der Form der Information, in welcher die öffentliche Hand diese hält. Wie in Griechenland ist auch in Belgien die Weitergabe zu kommerziellen Zwecken dem Informationssuchenden untersagt.

285 Vergleiche zu den einzelnen: *Lübbe-Wolff*, Das niederländische Gesetz, Die Verwaltung 13 (1980), 339, 350.

286 Zu diesen Gründen zählen z. B.: ökonomische und finanzielle Interessen des Staates (Art. 4e), die Privatsphäre des Individuums, außenpolitischen Beziehungen. Enthalten ist hierin auch eine Generalklausel für allgemeine Nachteile für den Staat, siehe *Lübbe-Wolff*, Das niederländische Gesetz, Die Verwaltung 13 (1980), 339, 351.

287 Zur gleichen Problematik im Rahmen der Abwägung zwischen Betriebs- und Geschäftsgeheimnis und Umweltinformationsanspruch siehe 165.

288 Art. 32 der kodifizierten Fassung der Verfassung vom 17.2.1994, siehe Schlußanträge von Generalanwalt *Tesauro*, Rs. C 58/94, „Niederlande/Rat", Slg. 1996, I 2169, 2179 Fn. 16.

289 Quelle: http://www2.echo.lu/legal/en/publaw/belgium.html#HD_NM_6 (Stand: 30.10.1998).

c) Luxemburg

In Luxemburg existiert kein allgemeines Aktenzugangsrecht. Lediglich zu Informationen, welche die Bürger persönlich betreffen, besteht Zugang.

4. Frankreich - Loi sur l'accès aux documents administratifs (Loi no. 78-753)

a) Allgemeines

Im Jahre 1978 fand in Frankreich ein überraschender Wechsel vom Amtsgeheimnis zur Aktenöffentlichkeit statt. Verabschiedet wurden die beiden Gesetze Loi no. 78-17[290], welches personenbezogene Informationen in automatisierten Speichermedien betrifft und Loi no. 78-753[291], welches den Umgang mit nicht-personenbezogenen Daten und mit personenbezogenen, aber nicht elektronisch gespeicherten Daten regelt. Nach Loi no. 78-17 und den nicht personenbezogenen Normen des Loi no. 78-753 hatten von nun an Personen des privaten und öffentlichen Rechts[292] den grundsätzlichen Anspruch auf Zugang zu Verwaltungsakten ohne Situationsgebundenheit wie Betroffenheit oder Verfahrensbezug.

Als personenbezogene Unterlagen sind jene zu verstehen, die eine Beschreibung oder ein Werturteil über eine namentlich genannte oder leicht identifizierbare Person enthalten.[293] Für diese bedarf es der eigenen Betroffenheit des Einsichtnehmenden.

Daraus ergibt sich die Ordnung, daß kein Anspruch auf Zugang zu personenbezogene Daten Dritter besteht, daß es ein Jedermannrecht für nicht personenbezogene Daten in bestimmten Grenzen gibt und daß zudem ein Recht auf Einsicht in die eigenen Akten noch leichter zu erlangen ist, als das Jedermannrecht.[294]

Voraussetzungen sind, daß die Informationen vorhanden sind, nicht den Bereich der Fiskalverwaltung angehören und weder in unfertigen noch vorbereitenden Do-

290 Gesetz vom 6.1.1978.

291 Gesetz vom 17.7.1987.

292 Insofern besteht ein großer Unterschied zu allen anderen Informationsansprüchen in Europa. Keine Geltung hat das Gesetz bei Behörden desselben Ministeriums, dort ist im Wege der Amtshilfe vorzugehen.

293 Art. 6 bis Loi no. 78-753.

294 *Dubach*, Das Recht auf Akteneinsicht, S. 252 Fn. 76.

kumenten enthalten sind.[295] Für den Fall, daß eine Akte auch personenbezogene Daten enthält, ist zunächst der Versuch erforderlich diese zu schwärzen.

Extra für die Probleme, die mit diesem Gesetz entstehen, wurde eine Widerspruchsbehörde eingerichtet, die Commission d´Accès aux Documents Administratifs (CADA). Aus deren empirischen Material ergibt sich, daß unter den juristischen Personen mehrheitlich Umweltschutz- und Verbraucherverbände sowie Gewerkschaften von dem Recht Gebrauch machten. Das Übergewicht hatte aber die Anfragen der natürlichen Personen. Eine wirtschaftliche Motivation scheint sehr selten vorzukommen. Insgesamt ist die Belastung der Verwaltung durch die Einsichtsbegehren als nicht schwerwiegend einzustufen.[296]

b) Verfassungsgeschichtlicher Hintergrund

Es ist zunächst schwierig, das Problem der Aktenöffentlichkeit mit der französischen Verwaltungstradition zu vereinbaren.

Die französische Verwaltung ist zentralistisch organisiert und aus geschichtlichen Gründen sehr mächtig. Die französische Verfassung „zwischen konstitutioneller Monarchie und parlamentarischer Demokratie basiert auf dem Vertrauen in eine über den Parteien, Interessen und ´Ungewißheiten´ (*Charles de Gaulle*[297]) stehenden Exekutivgewalt, ...“[298].

Verwaltungstransparenz, die einen starken Teil ihrer Legitimation aus der Mißtrauen entspringenden Kontrolle der Exekutive zieht, scheint einer solchen (überhöhten) Unabhängigkeit zu widersprechen. Andererseits wies Winter darauf hin, daß in Frankreich das Öffentlichkeitsprinzip ebenfalls traditionell eine starke Rolle spielte. So hat das Parlament nicht den Anspruch alleiniger Verwaltungskontrolleur zu sein, wie es das englische Parlament bislang vertreten hat.[299] Zudem sieht er als fortwirkendes Element der französischen Studentenbewegung Ende der 60er Jahre eine verstärktes Befassen mit dem Thema demokratischer Teilnahme und -habe.

---

295 Siehe *Winter*, Akteneinsicht in Frankreich, in: Winter (Hrsg.), Öffentlichkeit von Umweltinformationen, S. 175, 186 ff., 192 ff.

296 *Winter*, Akteneinsicht in Frankreich, in: Winter (Hrsg.), Öffentlichkeit von Umweltinformationen, S. 192 ff.

297 1960: „...daß ein nationales Schiedsamt geschaffen wird, das über den politischen Ungewißheiten steht und inmitten aller Berechnungen und Intrigen der Kontinuität Geltung verschafft.“

298 Zitat bei Winter (Hrsg.), Öffentlichkeit von Umweltinformationen, S. 178.

299 Zur neuen Situation vergleiche sogleich.

So äußert sich der Präsident der CADA *Pierre Ordonneau* zur Rolle des Einsichtsrechts denn auch: „Wir haben der französischen Verwaltung einen großen Dienst erwiesen, indem wir das Vertrauen der Bevölkerung gestärkt haben“.

c) Grenzen des Anspruchs

Art. 6 Loi no. 78-753 trifft die Ausnahmegründe für den Informationsanspruch. Diese sind sehr weit formuliert, was den einzelfallentscheidenden Behörden weite, wenngleich gerichtlich kontrollierbare Entscheidungsspielräume eröffnet.[300] Zu ihrem Vorliegen wird geprüft, ob eine Wettbewerbsrelevanz der Daten gegeben ist. Indem die CADA und französische Rechtsprechung sehr häufig in Fällen Entscheidungen treffen mußten, die sich meist am Rande des Informationsanspruchs befanden, verfügt Frankreich über eine klare richterlich ausgeformte Grenzziehung zwischen den noch zu gewährenden Informationsrechten und den mit Geheimhaltungsrechten kollidierenden und deshalb zu versagenden Begehren. So gibt es zahlreiche Entscheidungen zu den Emissionswerten von Industrieunternehmen als Betriebsgeheimnissen. Geschäftsgeheimnisse sind die nicht zu veröffentlichenden Tatsachen, welche die Verwaltung des Unternehmens und nicht des produzierenden Betreibens, betreffen.

In Frankreich spielt das Betriebs- und Geschäftsgeheimnis eine große Rolle als Geheimhaltungsgrund, wie folgender Tabelle zu entnehmen ist[301]:

bei personenbezogene Dokumente kein Eigeninteresse des Zugangsbegehrenden	12.5 %
Schutz des Privatlebens	33.4 %
Zugangsbegehren zu unspezifisch; Dokument ist schon publiziert	7.0 %
Vorbereitendes Dokument	13.0 %
Betriebs- und Geschäftsgeheimnis	14.0 %

300 *Dubach*, Das Recht auf Akteneinsicht, S. 252.

301 Die prozentualen Angaben beziehen sich auf den Anteil des jeweiligen Geheimhaltungsgrundes an der Gesamtheit aller abgelehnten Einsichtsbegehren, welcher der CADA vorgelegt wurden; Quelle nach *Winter*: CADA, 5ème Rapport d´Activité, S. 30; dabei ist zu beachten, daß in dieser Statistik auch Informationsansprüche Berücksichtigung finden, bei denen der „Schutz des Privatlebens“ (s. u.) eine deutlich hervorgehobene Stellung hat. Bei alleiniger Betrachtung der umweltspezifischen Daten käme diesen deutlich weniger Bedeutung zu.

Steuer- oder zollrechtliches Verfahren, Gerichtliche Verfahren berührt	6.7 %
Verteidigung oder Außenpolitik berührt	0.9 %
Staatssicherheit oder öffentliche Sicherheit	5.0 %
Abwägungsgeheimnis der Regierung	2.8 %
Durch spezielles Gesetz geschütztes Geheimnis	4.7 %

5. *Großbritannien und Irland: Vom Official Secrets Act zum Freedom of Information Act*

a) Vereinigtes Königreich

(1) Das traditionelle Geheimhaltungsprinzip

Großbritannien war lange Zeit (wie Deutschland) von dem Geheimhaltungsgrundsatz geprägt, der seine stärkste Manifestation in dem Official Secrets Act von 1889[302] fand; in diesem befinden sich umfangreiche Strafvorschriften über die Veröffentlichung von Akten. *Burmeister* begründet das Prinzip der Geheimhaltung mit der traditionellen Beziehung zwischen dem Parlament und den allein durch die ministerielle Verantwortlichkeit demokratisch legitimierten Behörden.[303] Der daraus entstehenden Unbeherrschbarkeit dieser informatorisch mächtigen Behörden[304] wurde durch Verabschiedung des Official Secrets Act entgegengewirkt. Der Anspruch des Parlaments alleiniger Träger direkter demokratischer Gewalt zu sein, führt dazu, daß sich der britische Staat lieber mit einer mächtigen Bürokratie abfand, als eine Kontrolle derselben durch das Volk selbst zuzulassen. Das Prinzip der Repräsentation wird dabei so weitgehend verstanden, daß sogar eine Kontrolle

302 Verschärft 1911 und ergänzt 1920 und 1939.

303 *Burmeister*, Akteneinsicht in Großbritannien, in: Winter (Hrsg.), Öffentlichkeit von Umweltinformationen, S. 211, 214 f.

304 Verstanden ganz im Sinne von *Max Weber*, Wirtschaft und Gesellschaft, S. 572 ff.; siehe dazu Seite 36 f.

- welcher insofern noch kein Mitbestimmungscharakter zukommt - durch das Volk nicht möglich ist.

Erstmals überdachte man diese Zusammenhänge 1971, kam jedoch zu dem Ergebnis, daß „a particular national law cannot in any event be sensibly assesed apart from the whole national context.“[305]

Inhaltlich erfaßte das Official Secrets Act annähernd jeden Aktenvorgang innerhalb der Zentralregierung. Für die Lokalverwaltung existierten eine Vielzahl von Einzelgesetzen. Als Tathandlung oder als zum Schadensersatz berechtigende Handlung wird die Mitteilung dieser Informationen angesehen, welche ungenehmigt oder nicht „im Interesse des Staates“ erfolgt. An Unbestimmtheit, so die Kritik, sei dieses Gesetz kaum zu überbieten.

Im Anschluß an den Franks-Report wurden in den folgenden Jahren in einigen Bereichen situationsgebundene Informationszugangsrechte begründet, wie z. B. das Zugangsrecht zu personenbezogenen elektronisch gespeicherten Daten bei Behörden und Firmen in Form des Data Protection Act von 1984.

Die traditionelle Betonung des Geheimhaltungsprinzips verlassend, besserte sich die Lage 1994, als die britische Regierung im Rahmen einer Initiative für eine offene Regierung den „Code of Practice on access to government information“[306] herausbrachte.

In diesem wird das Regel - Ausnahme Verhältnis „grundsätzliche Geheimhaltung, außer Öffentlichkeit im öffentlichen Interesse“ umgekehrt zu „grundsätzliche Öffentlichkeit, außer Geheimhaltung im öffentlichen Interesse“. Es handelt sich um einen bedeutenden Schritt in Richtung des allgemeinen Aktenzugangsrechts, jedoch stellt ein code of practice von seiner Rechtsform her lediglich eine Anweisung an die vollziehende Verwaltungsbehörden mit praktischen Verhaltensregeln dar. Es fehlt die Qualität eines Gesetzes, so daß von einer wirklichen Abkehr vom Geheimhaltungsprinzip noch nicht gesprochen werden kann. Zu beachten bleibt darüber hinaus, daß das Official Secrets Act mit der strafrechtlichen Androhung weiterhin in Kraft blieb.

---

305 Siehe *Burmeister*, Akteneinsicht in Großbritannien, in: Winter (Hrsg.), Öffentlichkeit von Umweltinformationen, S. 211, 213; Departmental Commitee on Section 2 of the Official Secrets Act 1911 (Chairman: Lord Franks), Cmnd.-Paper 5104 of 1972. Nach dem Vorsitzenden benannt als „Franks-Report“.

306 Quelle: http://www.open.gov.uk/m-of-g/codete.htm (Stand: 30.10.1998); aufgrund ihrer Aktualität sind Informationen über die Entwicklung des britischen und irischen Informationsrechts größtenteils nur über die Internetseiten der jeweiligen Regierung verfügbar. Die Homesites dieser Server sind http://www.open.gov.uk/ und http://www.irlgov.ie/ (Stand 25.3.1998).

(2) Änderungen nach dem Regierungswechsel zur Labour Party

Die Einführung eines Freedom of Information Acts war einer der zentralen Punkte des Wahlprogrammes der Labour Regierung im Wahljahr 1997.[307] Bislang ist diese noch nicht erfolgt. Vorwürfen nach der gewonnenen Wahl, die Labour Regierung hätte dieses Ziel „über Bord geworfen", entgegnet man mit dem Verweis darauf, daß der einfache Weg, lediglich den "Code of Practice" mit einer Rechtsgrundlage zu versehen, nicht ausreiche, sondern daß vielmehr ein umfangreiches Befassen notwendig sei. In diesem Sinne verkündete die Britische Königin am 14.5.1997 dem Parlament, daß „My Government is committed to open and transparent government... A white paper will bei published on proposals for a Freedom of Information Bill."[308]

Die neue englische Regierung wendet sich ausdrücklich ab von dem Standpunkt vorangegangener Regierungen, daß Informationen sich im Eigentum der Regierung befinden, und hin zu einer Rechtslage, in welcher der einzelne Bürger einen rechtsstaatlich durchsetzbaren Anspruch auf Informationen hat.

In ihren Untersuchungen befaßt sie sich insbesondere mit einem Problem, welches im „Code of Practice" lediglich als eine Zielsetzung angedeutet ist: der Begründungszwang all jenen gegenüber, die von Verwaltungsentscheidungen betroffen sind. Hiermit wird eine dem deutschen § 39 VwVfG entsprechende Regelung getroffen.

Das von der Britischen Königin angekündigte Weißbuch wurde im Dezember 1997 veröffentlicht. Daran soll sich ein Gesetzesentwurf zur Beratung zu Beginn nächsten Jahres anschließen. Bis dahin wird der bereits existierende Code of Practice weiter angewendet. Zudem wird versucht kurzfristig seinen Anwendungsbereich auszuweiten.

(3) Code of Practice

Indem sich das neue Freedom of Information Act voraussichtlich im wesentlichen im Rahmen des „Code of Practice" halten wird, ist es sinnvoll, diesen in den relevanten Bereichen kurz darzustellen.

Neben umfangreichen aktiven Informationspflichten der Behörden statuiert Nr. 3 (v) das Aktenzugangsrecht des Bürgers zu den Dokumenten, welche zum einen

307 „We are pledged for a Freedom of Information Act, leading to more open government" (Labour Election Manifesto, April 1997), Quelle: http://www.homeoffice.gov.uk/foi/index.htm (Stand: 30.10.1998).

308 Quelle: http://www.open.gov.uk/m-of-g/foihome.htm (Stand: 30.10.1998).

existieren und zum anderen in den Verantwortungsbereich der Behörde gehören. Der Antrag ist innerhalb von 20 Arbeitstagen zu beantworten. Erfaßt werden alle Exekutivbehörden, welche auch unter die Zuständigkeit des britischen Ombudsman fallen, was sich nach der Aufstellung Nr. 2 des Parliament Commissioner Act von 1967 bestimmt. Das wichtige Steuerungsmittel der Kostenhöhe bleibt den einzelnen Verwaltungsbehörden überlassen.

Sehr ausführlich regelt der „Code of Practice" in seinem zweiten Teil die Geheimhaltungsgründe. Interessant ist an dieser sehr ausführlichen Aufzählung (15 Punkte mit insgesamt 37 thematisch zu unterscheidenden Unterpunkten) der Wechsel zwischen sehr konkreten Darstellungen der Ausnahmegründe, in welcher deutlich der Wille zu erkennen ist, der bekannten Unbestimmtheit des früheren Official Secrets Act zu entgegnen, und den dennoch weiterhin zu findenden Generalklausel. Am deutlichsten ist dabei Nr. 4 (f): keine Informationen deren Verbreitung der öffentlichen Sicherheit oder Ordnung schaden würde. Insgesamt ist festzuhalten, daß den Geheimhaltungsgründen noch sehr starkes Gewicht zuerkannt wird, welches teilweise dem Ziel des „Code of Practice" die Politikgestaltung zu verbessern entgegenzuwirken scheint.

b) Irland

Wie in Großbritannien bestand bis in jüngste Zeit in Irland ein Official Secrets Act. Es gilt als noch strenger als das britische Vorbild.[309] Am 19.4.1997 passierte „the freedom of information bill" beide Häuser des Oireachtas. Das Gesetz wird für die meisten Behörden erst 1 Jahr später in Kraft treten, da es einer Vorbereitungszeit für die Verwaltungsbehörden bedarf; die übrigen Behörden folgen 1 ½ Jahre später.[310] Eine Besonderheit des Gesetzes ist ein sogenanntes Geheimhaltungszertifikat, welches von einem Minister der Regierung auf ein bestimmtes Dokument angewendet wird, sofern der Minister der Auffassung ist, daß diese Information nicht an die Öffentlichkeit gelangen sollte. Eine Überprüfung dieser Zertifikation auf tatsächliches Bestehen der Voraussetzungen ist nicht vorgesehen.

Wie auch in Großbritannien nimmt die mit Gesetz verbundene und bisher fehlende, dem § 39 VwVfG vergleichbare Begründungspflicht der Behörden für Verwaltungsentscheidungen einen besonderen Stellenrang in der Diskussion ein.

---

309 *Ronan Brady*, Sprecher der Nationalen Union of Journalists (NUJ), im Mai 1996 „Ireland is the absolute pits as fas as freedom of information is concerned. We´re even worse than Britain and anyone who is not familiar with the laws in this country regard Britain as having the worst record for secrecy."

310 Quelle: http://www.irlgov.ie/finance/FREE1.HTM#Number13of1997 (Stand: 30.10.1998).

6. Österreich

Den Angaben der EU-Untersuchung PUBLAW 3[311] folgend besteht in Österreich ein grundsätzliches Zugangsrecht zu den Informationen, die sich bei den zuständigen Behörden befinden. Art. 20 der Österreichischen Verfassung und ein Bundesgesetz geben einen minimalen Rahmen, der durch die Bundesländer auszufüllen sein wird.[312]

7. Südeuropäische Staaten

a) Italien

In Italien existiert ein allgemeines Aktenzugangsrecht, welches gelegentlich einen Zugang innerhalb von 30 Tagen schafft.[313] Die konkrete Ausformung dieses Gesetze liegt jedoch in der Hand der einzelnen Ministerien. In tatsächlicher Hinsicht macht es das Gesetz aber erforderlich, ein Eigeninteresse nachweisen zu können.[314]

Vor Geltung des Umweltinformationsgesetzes verfügte Italien bereits über ein eigenständiges Zugangsrecht zu Umweltakten,[315] welches situationsunabhängig in Art. 14 Abs. 3 Zugang gewährte.

b) Griechenland

In Griechenland sieht die Verfassung von 1975 den freien Informationszugang vor (Art. 10 Abs. 3). Voraussetzung ist auch hier wieder eine einfachgesetzliche Ausformung. 1986 erließ Griechenland das Gesetz „Über die Beziehungen zwischen Staat und Bürger, die Einführung eines neuen Personalausweises und andere Be-

---

311 Quelle: http://www2.echo.lu/legal/en/publaw/publaw.html (Stand: 30.10.1998).

312 Siehe dazu *Kahl,* Der europarechtlich determinierte Verfassungswandel, in: Haratsch/Kugelmann/Repkewitz (Hrsg.), Herausforderungen an das Recht der Informationsgesellschaft, S. 8, 12 Fn. 21; sowie Schlußanträge von Generalanwalt *Tesauro*, Rs. C 58/94, „Niederlande/Rat“, Slg. 1994, I 2169, 2179 Fn. 16.

313 Gesetz Nr. 241 vom 7.8.1990.

314 Schlußanträge von Generalanwalt *Tesauro*, Rs. C 58/94, „ Niederlande/Rat“, Slg. 1994, I 2169, 2179 Fn. 16.

315 *Ladeur*, Akteneinsicht in Italien, in: Winter (Hrsg.), Öffentlichkeit von Umweltinformationen, S. 249, 268; Gesetz 349/1986 vom 8.7.1986 „Instituzione del Ministero dell´ambiente e norme in materia di danno ambientale“.

stimmungen"[316]. Eine Besonderheit des griechischen Informationszugangsrechts, die es mit Belgien und Frankreich teilt, ist der ausschließliche Zugang für nichtkommerzielle Zwecke. Private Firmen erhalten nicht das Recht erlangte Informationen weiter zu verkaufen.

c) Portugal

In Art. 268 Nr. 2 sieht die portugiesische Verfassung[317] zwar bereits seit 1976 ein allgemeines Zugangsrecht zu Informationen vor, dieses verlangt jedoch ein konkretisierendes Gesetz. Am 26.8.1993 wurde das entsprechende Gesetz erlassen,[318] jedoch ist auch mit diesem der tatsächlich freie, allgemeine Informationszugangsanspruch noch nicht ausreichend verwirklicht. Dennoch liegt die Einführung des Grundsatzes in der Tendenz der neuen portugiesischen Regierung zur Modernisierung der Verwaltung. Nach Aussage von INFOCID, einem äußerst umfangreichen, allgemein zugänglichen Informationssystems des Staatssekretariats für die Modernisierung der Verwaltung, welches zu allen denkbaren Gebieten Informationen bietet, die bei den Behörden anfallen, und welches zudem im Umgang mit diesen Behörden den Bürger unterstützen soll, bemüht sich die Regierung damit eine Verwaltungsstruktur zu überwinden, die „auf der „Weberianischen Bürokratie mit napoleonischer Tradition beruht"[319]. Allerdings handelt es sich auch bei diesem System lediglich um eine passive Informationsmöglichkeit für den Bürger. Ein aktives Akteneinsichtsrecht besteht insoweit nicht.[320]

---

316 Gesetz Nr. 1599/1986 in welchem der Anspruch zahlreichen Voraussetzungen und Ausnahmen unterworfen ist; Schlußanträge von Generalanwalt *Tesauro*, Rs. C 58/94, „Niederlande/Rat", Slg. 1994, I 2169, 2179 Fn. 16.

317 1. Fassung vom 2.4.1976; momentan geänderte 4. Fassung von 1997; 3. Fassung unter http://www.parlamento.pt/constit/crp_ing.html (Stand: 30.10.1998).

318 Lei 65/93 de 26de agosto; siehe *Burkert*, Informationsrechte in Europa, in: Heymann (Hrsg.), Informationsmarkt und Informationsschutz in Europa, S. 86, 95 Fn. 17.

319 Site von Infocid von November 1995: New Trends in Administrative Modernization, http://www.infocid.pt/English/infing01.htm (Stand: 30.10.1998).

320 Quelle:http://www2.echo.lu/legal/en/publaw/portugal.html#HD_NM_17(Stand: 30.10.1998).

d) Spanien

Die Situation in Spanien ist vergleichbar mit Portugal. Das Recht auf Akteneinsicht ist als Grundsatz in der Verfassung verbürgt.[321] An einem konkreten allgemeinen Zugangsrecht fehlt es jedoch.

8. Europäische Institutionen

In den einzelnen Organen der Europäischen Union, dem Rat, der Kommission und dem Parlament, nimmt die Befassung mit den Informationszugangsrechten in jüngerer Zeit eine zunehmend wichtige Stellung ein. Zu beobachten ist dabei eine stufenweise Entwicklung, deren Ende noch nicht erreicht ist, möglicherweise aber schon voraussehbar ist. Das Problem der Zugangsmöglichkeit des Bürgers zu Unterlagen bei Behörden wird in den Organen der EU aus zwei verschiedenen Richtungen angegangen. Zum einen geht es um die Offenheit der eigenen Verwaltung des Rates und der Kommission. Hier hat es im Laufe der Jahre zunächst Vorstöße und später konkrete Umsetzungen gegeben. Zum anderen gibt es immer wieder und in den letzten Jahren deutlich verstärkt Überlegungen zu einer von Europa ausgehende Richtlinie des Rates, welche zur Vereinheitlichung der mitgliedstaatlichen Zugangsrechte führen soll. Diese Entwicklungen werden im Folgenden aufgezeigt, wobei innerhalb des chronologischen Vorgehens die auf die Verwaltung der europäischen Institutionen selbst und auf die von Europa für die Mitgliedstaaten bezogenen Überlegungen zugleich behandelt werden.

Seinen Ausgangspunkt nimmt die Entwicklung der Zugangsrechte für den Bürger durch eine Empfehlung des Ministerrates des Europarates im Jahre 1981.[322] In derer Empfehlung an die Mitgliedstaaten stellte der Ministerrat acht Grundsätze auf:

1. Jeder soll das Recht haben, auf Anfrage Informationen von öffentlichen Einrichtungen zu erhalten, mit Ausnahme von Einrichtungen der Judikative oder Legislative.

---

321 Zusammenschau der Art. 9 Abs. 3, 80, 105, 120 der Spanischen Verfassung, siehe Schlußanträge von Generalanwalt *Tesauro*, Rs. C 58/94, „Niederlande/Rat", Slg. 1994, I 2169, 2179 Fn. 16.

322 Council of Europe, Committee of Ministers, Recommendation No. R (81) 19 of the Committee of Ministers to Member States on Access to Information held by Public Authorities. Diese geht zurück auf eine Aufstellung von Grundsätzen der parlamentarischen Versammlung des Europarates 1979, Recommendation 854 (1979), abgedruckt in EuGRZ 1979, 187. Dieser „Verpflichtung zu einer offenen Informationspolitik im Bereich der Öffentlichkeit, einschließlich des Zugangs zu Informationen" schloß sich der Europarat in Art. 8(II)(c) der „Declaration on the Freedom of Expression and Information" vom 29.4.1982 an.

2. Dieser Zugang soll durch geeignete und effektive Mittel sichergestellt sein.

3. Der Zugang darf nicht mit der Begründung verweigert werden, der Anfragende habe kein spezifisches Interesse an der Information.

4. Zugang ist auf der Grundlage der Gleichheit zu gewähren.

5. Einschränkungen und Begrenzungen der genannten Prinzipien sind nur zulässig, soweit sie in einer demokratischen Gesellschaft für den Schutz berechtigter öffentlicher Interessen (wie etwa der nationalen Sicherheit, der öffentlichen Ordnung, dem wirtschaftlichen Wohlergehen des Landes, der Verbrechensverhütung, dem Schutz vertraulich erlangter Unterlagen) und für den Schutz der Privatsphäre oder anderer berechtigter privater Interessen notwendig sind, unter besonderer Beachtung jedoch derjenigen speziellen Interessen eines Individuums an den Informationen, die über ihn persönlich bei einer öffentlichen Stelle gehalten werden.

6. Über jede Nachfrage nach Informationen soll innerhalb vernünftiger Zeit entschieden werden.

7. Lehnt eine öffentliche Stelle die Auskunft ab, so sollen die Gründe für die Ablehnung entsprechend Recht und Übung mitgeteilt werden.

8. Jede Ablehnung soll einer Überprüfung unterworfen werden können.

Gestützt wurde diese Empfehlung unter anderem auf die Überzeugung der Versammlung, daß die parlamentarische Demokratie nur angemessen funktionieren könne, wenn die Bürger und ihre gewählten Vertreter vollständig informiert werden.[323] Das Öffentlichkeitsprinzip wird noch aus anderen Gründen gefordert: Aufgrund der Technikorientiertheit und Komplexität des öffentlichen Lebens erstellt und benutzt die Verwaltung häufig Informationen, die aus anderer Quelle nicht zu erhalten seien (Empfehlungsgrund Nr. 3). Zudem würde eine geeignete Kontrolle der Verwendung öffentlicher Mittel bewirkt (Nr. 5 unter Berücksichtigung von Verschwendung und Korruption) und es sei auch richtig, daß der Steuerzahler in der Lage sein müsse, zu wissen, wie diese Mittel verwendet oder verschwendet würden (Nr. 6).

Insgesamt komme ausreichender Information über die öffentlichen Belange gerade in der Demokratie eine besondere Bedeutung zu, zudem führe ein Informationszugangsrecht zu einer Stärkung der Akzeptanz der Verwaltung durch die Bürger.[324]

---

323 Nr. 2 der Empfehlung; EuGRZ 1979, 187.

324 Siehe hierzu auch *v. Schwanenflügel*, Das Öffentlichkeitsprinzip, DVBl. 1991, 91, 93.

Zwar stellte der Ministerrat des Europarates damit Leitlinien für die Mitgliedstaaten auf, jedoch fehlte es auch in der folgenden Zeit an einer für die Organe der Europäischen Gemeinschaften selbst geltenden Bestimmung.

1987 stellte das Europäische Parlament in einem Bericht über die Öffentlichkeit der Gemeinschaftsverwaltung fest,[325] daß ein Recht, welches zu den fundamentalen Freiheiten der Bürger in Europa gehöre, auch in der Form zu verwirklichen sei, daß ein freier Zugang zu den Informationen der Gemeinschaftsorgane bestehen müsse. Tatsächliche Folgen hatte diese Ermahnung an Rat und Kommission indes nicht.

Am 28.11.1988 wurde für den Teilbereich der Umweltinformationen ein Vorschlag für eine Umweltinformationsrichtlinie durch die Kommission vorgelegt,[326] der sich auf Art. 130 s EWGV stützte. Zurückzuführen ist die am 7.6.1990 erlassene Umweltinformationsrichtlinie auf die Grundsätze des 4. Aktionsprogrammes der Europäischen Gemeinschaften von 1987,[327] in dem insbesondere befürwortet wird, „Wege zur Verbesserung des Zugangs der Öffentlichkeit zu Informationen, über die die Umweltbehörde verfügt zu finden.“[328] Des weiteren werden die Verbesserung des Umweltschutzes im 4. Erwägungsgrund und die Vermeidung unterschiedlicher Wettbewerbsbedingungen durch unterschiedliche Informationsrechte in den Mitgliedstaaten im 5. Erwägungsgrund genannt, nicht jedoch der vom Europäischen Parlament in seinem Änderungsvorschlag[329] geforderten zusätzlichen Erwägungsgrund bezüglich des Hinweises auf Informationen als Bestandteile einer demokratischen Gesellschaft.[330]

Als Richtlinie wendet sich diese Rechtsnorm nach dem EGV an die Mitgliedstaaten, nicht jedoch an die Organe der Union selbst. Bis dato fehlte es an allgemeinen Rechtsvorschriften, die sich spezifisch mit dem Zugang zu den Informationen befassen, wenngleich zahlreiche in informationsrechtlicher Hinsicht relevante Einzelbestimmungen des EWG Vertrages durch Einzelvorschriften umgesetzt wurden.[331]

---

325 Marc-Bericht über die Öffentlichkeit der Gemeinschaftsverwaltung, Dok. A2-208/87.

326 ABl. Nr. C 335 vom 30.12.1988, S. 5.

327 ABl. Nr. C 70 vom 18.3.1987, S. 3.

328 Zitat aus 1. Erwägungsgrund der Richtlinie des Rates vom 7. Juni 1990 über den freien Zugang zu Informationen über die Umwelt (90/313/EWG); ABl. Nr. L 158 vom 23.6.1990, S. 56.

329 ABl. Nr. C 120 vom 16.5.1989, S. 231.

330 Anders *v. Schwanenflügel*, Das Öffentlichkeitsprinzip, DVBl. 1991, 93, 97, der diesen Erwägungsgrund umgesetzt sieht.

331 Wie z. B. im Statut für die Beamten der Europäischen Gemeinschaften, siehe des weiteren Mitteilung der Kommission an den Rat, das Europäische Parlament und den Wirtschafts- und Sozialausschuß über Maßnahmen zur Verbesserung des Zugangs der Öffentlichkeit zu Informationen und Dokumente, die sich im Besitz der Gemeinschaftsorgane befinden, KOM

Aus diesem Grund gab die Kommission eine Erklärung ab, in der sie klarstellt, daß „sie einen entsprechenden Vorschlag ausarbeiten wird, der dann darauf abzielt, die Anwendungen der mit der Richtlinie verabschiedeten Grundsätze auf die Gemeinschaftsorgane auszudehnen."[332]

Vorlage für die Verwirklichung dieses Anliegens war die am 15.6.1991 gleichzeitig mit dem Maastricht Vertrag von den Regierungschefs unterzeichnete Erklärung zu den Informationszugangsrechten[333]:

> „Die Konferenz ist der Auffassung, daß die Transparenz des Beschlußverfahrens dem demokratischen Charakter der Organe und das Vertrauen der Öffentlichkeit in die Verwaltung stärkt. Die Konferenz empfiehlt daher, daß die Kommission dem Rat spätestens 1993 einen Bericht über Maßnahmen vorlegt, mit denen die den Organen vorliegenden Informationen der Öffentlichkeit besser zugänglich gemacht werden sollen."

Der Anreiz derart vorzugehen, wurde durch die Bedenken innerhalb der Europäischen Kommission gesteigert, daß die Öffentlichkeit nicht ausreichend auf das neue Verhältnis, welches sich zwischen den Mitgliedstaaten und den einzelnen Völkern entwickeln sollte, vorbereitet sei.[334] Es müsse Orientierungswissen geschaffen werden.[335] Die neu entstehende „Unionsbürgerschaft"[336] beinhaltet sowohl Rechte als auch Pflichten und ein Teil dieser sollte für die Bürger das Recht auf eine offene Verwaltung und das damit verbunden Informationszugangsrecht sein. Dieser Gedanke der bürgernahen Gemeinschaft wurde noch durch die Schlußfolgerungen des Europäischen Rates von Birmingham und von Edinburgh bekräftigt.[337]

---

(93) 191 endg.; Ratsdok. 7084/93 in Form der Unterrichtung des Bundesrats durch die Regierung in BR-Drs. 409/93, S. 11; *Fluck/Theuer*, UIG, D III 1 Rn. 4.

332 Zitat aus: Erklärung der Kommission für das Ratsprotokoll, Dokumente des Rats der Europäischen Gemeinschaften, Dok. Nr. 6888/90 restreint ENV 136 vom 5.6.1990.

333 No. 17 zum Recht auf Zugang zu Informationen der Erklärungen der Konferenz von Maastricht vom 7.2.1992, Bulletin der Bundesregierung Nr. 16 vom 12.2.1992, S. 179 ff.

334 *Saxby*, Public Information Access Policy in the digital Network Environment, Quelle: http://www2.echo.lu/legal/en/access/saxby/ch3/ch3.html, Chapter 2 (Stand: 30.10.1998).

335 *Schoch*, Öffentliche-rechtliche Rahmenbedingungen einer Informationsordnung, VVDStRL 57 (1998), S. 158, 185.

336 Art. 8. 1. des Maastricht Vertrages; *Schoch*, Öffentliche-rechtliche Rahmenbedingungen einer Informationsordnung, VVDStRL 57 (1998), S. 158, 185 f.

337 Hierzu Zitat aus Mitteilungen der Kommission an den Rat, BR-Drs. 409/93, S. 1: „Der Europäische Rat von Birmingham erklärte, die Gemeinschaft müsse ihren Bürgern den Nutzen der Gemeinschaft und des Maastrichter Vertrages deutlich machen, und Rat, Kommission und Parlament müßten mehr dafür tun... Der Europäische Rat von Edinburgh bestätigte die

Der in Maastricht geforderte Bericht wurde 1993 veröffentlicht und betraf u.a. eben diese Möglichkeit zum Zugang zu nicht öffentlichen Dokumenten. Auf Anforderung des Europäischen Rates entstand ein für Rat und Kommission gemeinsam geltender „Verhaltenskodex“,[338] welcher dann jeweils von Rat[339] und Kommission[340] in Beschlüssen umgesetzt werden.

Kernaussage des Verhaltenskodex (und der entsprechenden Umsetzungen) ist zunächst, daß die Öffentlichkeit möglichst umfassenden Zugang zu den Dokumenten erhält. Der Ausdruck „möglichst“ eröffnet dabei kein Ermessen für die gewährende Behörde, sondern bezeichnet mit „umfassend“ zusammen den Willen eventuelle Geheimhaltungsgründe genau zu überprüfen. Er ist insofern Ausdruck für den Wandel des Regel-Ausnahme-Verhältnisses vom Geheimnis als Regel hin zur Verwaltungsöffentlichkeit als solche. Sowohl bezüglich des Zugangsanspruchs zu Rats-[341] wie auch zu Kommissionsdokumenten mußte diese Einordnung der Beschlüsse als Anspruchsnormen gerichtlich geklärt werden. Nach einem Urteil des Gerichts erster Instanz der Europäischen Gemeinschaft vom 5.3.1997[342] stellt der Beschluß eine Handlung der Kommission dar, die Dritten Rechte verleiht, obwohl sich die Kommission freiwillig diese Pflichten auferlegt hat. Des weiteren ist der Antrag hinreichend präzise zu formulieren. Aus der Parallele zum französischen Öffentlichkeitsgesetz ergibt sich, daß mit diesen Erfordernis die sogenannten „fishing expeditions“ verhindert werden sollen. Bei nicht ausreichend bestimmten Dokumenten muß der Antragsteller aufgefordert werden, seinen Antrag zu präzisieren. Umfaßt werden von dem Anspruch nur jene Dokumente, deren Urheber der Rat oder die Kommission ist. Dies spielt als Ablehnungsgrund für das Antragsbegehren eine gewichtige Rolle.[343] Die Ablehnungsgründe - wie auch generell die gesamte

---

Notwendigkeit einer offeneren und transparenteren Gemeinschaft. Es wurden spezifische Maßnahmen vereinbart, um die Arbeit des Rates offener zu gestalten.“

338 Siehe bei *Fluck/Theuer*, UIG, D III 1 Rn. 3; engl: „Code of Conduct“, Verhaltenskodex vom 6. Dezember 1993 für den Zugang der Öffentlichkeit zu Rats- und Kommissionsdokumenten (93/730/EG), ABl. Nr. L 340 vom 31.12.1993, S. 41 ; *Röger*, Ein neuer Informationsanspruch auf europäischer Ebene, DVBl. 1994, 1182 ff.

339 Beschluß des Rates vom 20. Dezember 1993 über den Zugang der Öffentlichkeit zu Ratsdokumenten (93/731/EG), ABl. Nr. L 340 vom 31.12.1993, S. 43.

340 Beschluß der Kommission vom 8. Februar 1994 über den Zugang der Öffentlichkeit zu den der Kommission vorliegenden Dokumenten (94/90/EGKS, EG, Euratom), ABl. Nr. L 46 vom 18.2.1994, S. 58.

341 Rs. C 58/94, „Niederlande/Rat“, Slg. 1994, I 1996, 2169. Von großen Interesse ist hierbei die Einlassung des Generalanwaltes, der das Informationszugangsrecht als allgemeinen Rechtsgrundsatz der EU ansieht: Punkt 15 ff.

342 T 105/95 (WWF UK v. Kommission der EGen), Rn. 55.

343 Siehe *Fluck/Theuer*, UIG, D III 2 Rn. 31 und Rn. 144/147.

Norm[344] entsprechen den Ausschlußmöglichkeiten nach der UIRL und den mitgliedstaatlichen Gründen. Der „Schutz des Geschäfts- und Industriegeheimnisses“ ist mit *Fluck*[345] als dem „Schutz des Betriebs- und Geschäftsgeheimnisses“ gleichbedeutend anzusehen.

Auf die praktische Bedeutung macht die Vorsitzende der zuständigen Abteilung der Kommission *Preston* aufmerksam[346]: Innerhalb von 2 ½ Jahren gab es lediglich 620 Informationszugangsanfragen. Im Vergleich zu der passiven Informationsmöglichkeit des Bürgers durch Zugriff auf die Internetseiten der EU (58.000 pro Tag !) ist diese Zahl wohl nicht zu hoch. Zudem stellt *Preston* auch fest, daß die Anzahl der Dokumentenzugangsbegehren in dem Maße abnimmt, in dem die Qualität und Fülle der online angebotenen Informationen zunimmt.

Seitdem der Kodex in Kraft getreten ist, wurde seine Wirksamkeit in Frage gestellt.[347] Es kam zu zahlreichen Streitfällen, bei denen die Einstellung der Verwaltungsbehörde als bedenklich angesehen wurde.[348] Beispielsweise wurde die Verbreitung von Dokumenten, welche die EU-Öffentlichkeitspolitik beschreiben, mit der Begründung abgelehnt, die Weitergabe verstoße gegen das Berufsgeheimnis.

Eine neue Qualität erhält die in den Europäischen Institutionen behandelte Frage nach den Informationszugangsrechten des Bürgers durch die sich in jüngster Zeit verändernden Grundlagen für einen derartigen Anspruch. Konkret werden zunehmend Überlegungen angestellt, eine Richtlinie einzuführen, die mit ihrer Umsetzung in allen Mitgliedstaaten ein allgemeines Akteneinsichtsrecht installieren würde.

Zusätzlich zu den von allen Staaten, die in den 70er bis 90er Jahren binnenstaatliche Verwaltungsöffentlichkeit schufen, angestellten Überlegungen zu demokrati-

---

344 *Mary Preston*, Vorsitzende der Abteilung „Bürgerorientierte Maßnahmen“ des Generalsekretariats der Europäischen Kommission, Openess and the European Union Institutes, Bericht auf der Conference Stockholm, 27./28.6.1996 zum Thema: Access to Public Information - A Key to Commercial Growth and Electronic Democracy, Punkt 3. 4.

345 *Fluck/Theuer*, UIG, D III 2 Rn. 57/60.

346 *Preston*, Openess and the European Union Institutes, Bericht auf der Conference Stockholm, 27./28.6.1996 zum Thema: Access to Public Information - A Key to Commercial Growth and Electronic Democracy, Punkt 4.2.

347 *Stephan Saxby*, Public Information Access Policy in the digital Network Environment, Quelle: http://www2.echo.lu/legal/en/access/saxby/ch3/ch3.html, Chapter 2 (Stand: 30.10.1998).

348 *Stephan Saxby*, Public Information Access Policy in the digital Network Environment, Quelle: http://www2.echo.lu/legal/en/access/saxby/ch3/ch3.html, Chapter 2 (Stand: 30.10.1998); *Preston*, Openess and the European Union Institutes, Bericht auf der Conference Stockholm, 27./28.6.1996 zum Thema: Access to Public Information - A Key to Commercial Growth and Electronic Democracy, Punkt 4.1.

schen Bedeutung eines offenen Verwaltungsverständnisses,[349] hat die moderne Informationstechnik mit ihren bislang unvorstellbaren Möglichkeiten der Erhebung, Speicherung und Verwaltung von Daten die Beachtung eines weiteren Gesichtspunktes erforderlich gemacht. Es rückt ein Element in den Mittelpunkt, welches der traditionellen Konzeption der Europäischen Gemeinschaft als Wirtschaftsgemeinschaft, wie sie vor der EEA und dem Vertrag von Maastricht bestand, deutlich mehr entspricht.[350] Ein wirtschaftlicher Zukunftsmarkt besonderer Größenordnung wird der geordnete Umgang mit Informationen aller Art sein. Man unterscheidet bereits zwischen informationellem Rohstoff und weiterverarbeiteten Daten.[351] Berücksichtigt man, daß die Europäische Union mit ihren Mitgliedstaaten einer der größten Datensammler der Welt ist (deutliche größer als die Vereinigten Staaten), so werden die auf zahlreichen Kongressen[352] und Thesenpapieren angedachten Überlegungen zur Einführung einer solchen Richtlinie verständlich. Die Binnenmarktstruktur des Europäischen Marktes macht es erforderlich, daß die mitgliedstaatlichen Bestimmungen zur Informationsgewinnung, im Sinne einer Rohstoffgewinnung, ähnlich sind.[353]

Eine mögliche Richtlinie bestände aus verschiedenen Bereichen. Zunächst würde ein allgemeines Zugangsrecht zu Informationen beim Staat für jeden Bürger eingeführt. Sodann schlösse sich ein Regelwerk an, welches Vorgaben für die privatwirtschaftliche Nutzung dieser Informationen anstellen würde.[354] Diskutiert wird in diesem Zusammenhang bereits der Preis solcher Rohinformationen, ob überhaupt

---

349 Allerdings eröffnen sich durch die moderne Datenverarbeitungstechnologie auch neue Chancen für die demokratische Teilhabe. Unter dem Stichwort „Electronic Democracy“ wurde dies auch auf den Kongressen in Stockholm und Bonn diskutiert: Stockholm: http://www2.echo.lu/legal/stockholm/de/infode.html (Stand: 30.10.1998); Bonn: http://www2.echo.lu/bonn/final.html (Stand: 30.10.1998). Insbesondere wurde von Seiten der Anwender der Informationstechnik (user) auch der Ruf nach elektronischer Weitergabe der verlangten Informationen laut, „Putting people´s need at the centre“, User Declaration, Quelle: http://www2.echo.lu/bonn/userdeclar.html (Stand: 30.10.1998).

350 *Burkert*, Informationszugangsrechte in Europa, in: Heymann (Hrsg.), Informationsmarkt und Informationsschutz in Europa, S. 105.

351 Zur Rohstoffqualität siehe *Schoch*, Öffentliche-rechtliche Rahmenbedingungen einer Informationsordnung, VVDStRL 57 (1998), S. 158, 168.

352 Conference Stockholm, 27./28.6.1996: „Access to Public Information: A Key to Commercial Growth and Electronic Democracy“ und die Bonner Ministerkonferenz, Global Information Networks.

353 *Leila Freivalds*, Schwedische Justizministerin, Einführungsvortrag, Conference Stockholm 27./28.6.1996; Access to Public Information: A Key to Commercial Growth and Electronic Democracy, http://www2.echo.lu/legal/stockholm/en/freivald.html (Stand: 30.10.1998).

354 Siehe *Corien Prins*, Citizens´Access, Study for a Green Paper regulating Public Access to Government Information, Quelle: http://www2.echo.lu/legal/en/access/workshop/greenpap.html (Stand 25.3.1998).

Geld verlangt werden soll, ob eine Standardisierung der Informationen der öffentlichen Hand erfolgen soll, auf welchem Wege der Informationstransfer geschehen kann und wie sich derartiges mit anderen verwandten Rechtsgebieten verträgt, z. B. Urheberschutz, Datenschutz, Betriebs- und Geschäftsgeheimnis u. s. w.

9. Zusammenfassung

Zweck dieses Rechtsvergleichs ist es zum einen ganz allgemein eventuelle Gemeinsamkeiten der Informationszugangsrechte verschiedener Staaten entdecken zu können, um sodann den Versuch antreten zu können, diese für die Auslegung der betreffenden Norm (hier des UIG) als Anschauungsmaterial heranzuziehen. Um den wirklichen Umfang und die Bedeutung der einzelnen Bestimmungen des UIGs zu erkennen, bedarf es eines Vergleichsmaßstabes, welcher zugleich Auskunft über die praxisrelevanten Probleme geben kann. Gerade dadurch, daß Deutschland (neben Luxemburg als einziger Staat in Europa[355]) nicht über ein zumindest dem Grundsatz nach bestehendes allgemeines Akteneinsichtsrecht verfügt, ergeben sich Probleme bei der Integration des prinzipiellen Aktenöffentlichkeitsgrundsatzes in das allgemeine verwaltungsrechtliche Geheimhaltungsprinzip.

Im Speziellen führt die Umsetzung des UIG aus der Richtlinie (90/313/EWG) dazu, daß es konkret den Hintergrund der Richtlinie zu erforschen gilt, da im Rahmen der richtlinienkonformen Auslegung des UIG diesem Material nicht nur die Bedeutung als Anschauungsmaterial zukommt, sondern eine darüber hinausgehende Auslegung der Richtlinie für die Auslegung des Gesetzes bindend ist. Um den Gehalt der Richtlinie in ihrem systematischen Zusammenhang klären zu können, liegt das Heranziehen verschiedener mitgliedstaatlicher Normierungen nahe. Dabei müssen die bereits oben dargestellten Grundsätze[356] beachtet werden.

Im Rahmen der wörtlichen Auslegung versucht der EuGH einen auf dem Hintergrund der mitgliedstaatlichen Vorstellungsbilder beruhenden „EU-Wortsinn" zu ermitteln.[357] Ergibt sich hieraus keine ausreichende Konkretisierung des Gemeinten, versucht der EuGH eine systematische Geschlossenheit auch im Wege der Rechtsvergleichung zu schaffen.[358] Dabei zielt er nicht darauf ab die häufigste nationalstaatliche Lösung der Mitgliedstaaten zu erreichen, sondern (bereits im Übergang zu teleologischen Auslegungsmethoden begriffen) die „beste" Lösung für die

---

355 Zur Entstehung des Zugangsrechts in Großbritannien vergleiche Seite 70 ff.

356 Siehe oben Seite 48 ff.

357 *Oppermann*, Europarecht, Rn. 579.

358 *Oppermann*, Europarecht, Rn. 581.

allgemeinen Vertragsziele, unternimmt also auch hier eine Suche nach dem Sinn der betroffenen Regelung in den einzelnen Mitgliedstaaten.

In diesem Sinne ist auch das Auslegungsprinzip der gemeinschaftskonformen Auslegung im sekundären Gemeinschaftsrecht zu verstehen. Bei verschiedenen Auslegungsmöglichkeiten ist derjenigen der Vorzug zu geben, bei welcher der Zweck des EG-Vertrages gewahrt und gefördert wird.

Im Folgenden werden noch einmal die wesentlichen Problemschwerpunkte der nationalen Aktenzugangsrechte, soweit sie für die Bedeutung und Wirksamkeit des Umweltinformationsgesetzes und für dessen Konflikt mit dem Betriebs- und Geschäftsgeheimnis von Bedeutung sind, dargestellt. Dabei wird insbesondere Rückgriff genommen auf eine Studie der Kommission über mögliche Maßnahmen zur Verbesserung des Zugangs der Öffentlichkeit zu Informationen und Dokumenten, die sich im Besitz der Gemeinschaftsorgane befinden.[359]

a) Bedeutung von Demokratie als Begründung für Zugangsrechte

Es gibt einen fast vollständigen europäischen Konsens bezüglich der demokratischen Bedeutung des allgemeinen Aktenzugangsrechts. In allen Mitgliedstaaten der EU, bis auf die Bundesrepublik Deutschland und das Königreich Luxemburg,[360] gibt es ein zumindest theoretisch existierendes Bekenntnis zur Verwirklichung von demokratischer Kontrolle und der Notwendigkeit transparenten Verwaltungshandelns.[361] In der Realität sind die Aktenzugangsrechte in Griechenland, Spanien, Portugal und Italien noch eher unvollkommen ausgestattet. Am deutlichsten sind in der demokratischen Begründung des Einsichtsrechts die nordeuropäischen Staaten, unter denen wiederum Schweden mit seinem nach verwaltungsrechtlichen Maßstäben sehr alten Prinzip der Öffentlichkeit als Vorbild gilt. Mit Dänemark und Frankreich, als den ersten Staaten auf dem europäischen Kontinent, setzte sich auch im restlichen Europa diese Sichtweise der Beziehung Verwaltung zu Staat durch. Nachdem Großbritannien und Irland in den letzten zwei Jahren ebenfalls die Abkehr vom Geheimhaltungsprinzip vollzogen haben, bzw. gerade im Begriff sind zu vollziehen, ist Deutschland in die Position des letzten Verteidigers eines in euro-

---

359 Gleichnamiges Dokument KOM (93) 191, endg. Ratsdok. 7084/93, BR-Drs. 409/93.

360 Soweit man auf die Ankündigungen der Labour-Regierung zur Einführung eines Freedom of Information Act auch in Großbritannien in Laufe des nächsten Jahres vertraut; siehe zur Darstellung der Entwicklung oben Seite 70 f.

361 Insofern ist die Aussage *Schochs*, Öffentliche-rechtliche Rahmenbedingungen einer Informationsordnung, VVDStRL 57 (1998), S. 158, 202, daß das Demokratieprinzip nach gängiger Interpretation dem Informationsbedürfnis der Öffentlichkeit nur partiell Rechnung trage, nur unter dem Vorbehalt der gängigen „deutschen“ Interpretation richtig.

päischer Hinsicht überkommenen Verständnisses gedrängt. Auch hierzulande wird diese Sicht nicht einheitlich geteilt, wie es die Anträge von Bündnis 90/die Grünen[362], die große Anfrage der SPD[363] und der Entwurf eines Gesetzes zur Änderung des Grundgesetzes der SPD[364] zeigen. Die Notwendigkeit einer Reform wird vermehrt auch in der wissenschaftlichen Literatur betont.[365]

b) Einzelheiten zum Zugangsrecht

Im Folgenden werden einige Voraussetzungen und Bedingungen eines Aktenzugangsrechts geklärt, welche zumindest in den meisten europäischen Staaten einheitlich bestimmt werden können.

Der Zugang wird zu allen Formen von Informationen gewährt, die bei den Behörden vorliegen. Es kommt dabei nicht auf das Medium der Abspeicherung der Information an. Erfaßt werden in der Regel auch die elektronisch gespeicherten Informationen. Gerade die sich stetig entwickelnde wirtschaftliche Bedeutung von Informationen - wie sie den Ausschlag geben wird für eine zukünftige europäische Richtlinie zur Nutzung der Informationen und für den Aufbau eines europäischen Informationsmarktes - gründet auf ihrer datentechnischen Verarbeitbarkeit. Auch anhand des Stichwortes „electronic democracy“ zeigt sich die Notwendigkeit, diese Datenspeicherungen in die Informationsansprüche einzubeziehen. Die neuen europäische Rechtsordnungen reagieren auf die damit verbundenen Probleme durch die Verabschiedung von Gesetzen, in denen eine Feinabstimmung mit datenschutzrechtlichen Gesichtspunkten erfolgt.

Über die Wege, sogenannte „fishing expeditions“ zu vermeiden, herrscht Uneinigkeit. Von einigen Staaten, sowie der Kommission und dem Rat, wird ein sachbezogener Antrag gefordert, der so bestimmt sein muß, daß die Verwaltung nicht vor dem Problem steht, eine Vielzahl von Akten eigenhändig auswerten zu müssen.

Flankiert werden die Aktenzugangsrechte zumeist von einer häufig nicht ausdrücklich vorgeschriebenen, aber faktische erforderlichen Aktenführungspflicht und von aktiven Informationspflichten der Behörde, welche im Idealfall über den Bestand und die Art der vorhandenen Informationen für den nicht-rechtskundigen Bürger verständlich informieren können. In diesem Sinne gehen die Königlichen Be-

362 BT-Drs. 12/5694 und 5695 vom 20.9.1993.

363 BT-Drs. 12/752 vom 9.10.1991.

364 Insbesondere Einführung eines Art. 5 Abs. 2 GG, BT-Drs. 12/6323 vom 1.12.1993.

365 Siehe dazu *Schoch*, Öffentliche-rechtliche Rahmenbedingungen einer Informationsordnung, VVDStRL 57 (1998), S. 158, 203.

schlüsse in den Niederlanden und die dänischen Aktenzugangsgesetze am sorgfältigsten vor.

Des weiteren ist im Kontext mit den Informationszugangsrechten das Behandeln von Einsichtsbegehren bei fehlender Zuständigkeit der angefragten Behörde zu sehen. Nach der niederländischen Regelung findet in diesem Falle eine Verweisung an die zuständige Behörde statt.

c) Grenzen des Anspruchs

Wie *Gertrude Lübbe-Wolff* feststellt, liegt das größte Problem von öffentlichkeitsgewährenden Informationszugangsrechten bei der Normierung der Ausnahmetatbestände.[366] Grundsatz für alle Ausnahmetatbestände ist, daß der Ausschluß der Aktenöffentlichkeit nur dann erfolgen darf, wenn der Allgemeinheit oder einem einzelnen ein Schaden zugefügt werden würde. Dabei ergeben sich drei Schutzbereiche, die stets beachtet werden: die innere Willensbildung des Staates, der Schutz der Interessen der Allgemeinheit, sowie der Schutz der Interessen des einzelnen. Stets wird der Schutz der Interessen des einzelnen aufgeteilt in die Wahrung der Persönlichkeitsrechte und die Sicherung vermögenswerter Positionen, insbesondere des Betriebs- und Geschäftsgeheimnisses. Die zweite Gruppe wird in einigen Rechtsordnungen noch durch Generalklausen „gesichert".

Die Abgrenzung insbesondere der beiden ersten Bereiche ist schwierig und erfolgt sehr unterschiedlich. Teilweise wird die interne Willensbildung gar nicht erst als Information bezeichnet, bzw. es wird dergestalt verfahren, daß man in diesen Bereich anfallende Informationen als „interne" Informationen bezeichnet und den Zugangsanspruch nur zu öffentlichen[367] Akten zuläßt. Erst bei diesen wird dann bezüglich möglicher Geheimhaltungsgründen geprüft.

Bei den normierten Geheimhaltungsgründen ergeben sich notwendigerweise zahlreiche Übereinstimmungen. Neben dem eben bereits angesprochenen Betriebs- und Geschäftsgeheimnis und der Privatsphäre des Menschen wird stets eine bestimmte Gruppe von öffentlichen Schutzgütern, wie z. B. die Verteidigungsfähigkeit des Landes oder die außenpolitischen Beziehungen aus dem Informationszugangsanspruch herausgenommen.

Im einzelnen treten jedoch große Unterschiede zutage. Durchaus unterschiedlich wird die Tiefe des notwendigen Schutzes bestimmt. Während in Schweden der Schutz anderer Interessen zwar eine gesetzestechnisch äußerst diffizile Regelung

---

366 *Lübbe-Wolff*, Das niederländische Gesetz, Die Verwaltung 13 (1980), 339, 347.

367 Zu beachten ist, daß „öffentlich" nicht eine Einschränkung wie „öffentlich zugänglich" im Sinne des Art. 5 Abs. 1 S. 1 GG darstellt.

erfährt, in der Frage nach dem Umfang der geschützten Positionen jedoch eher das Öffentlichkeitsprinzip in den Vordergrund gerückt wird, werden die Ausnahmegründe in anderen Ländern wie z. B. in Italien sehr weit ausgelegt. In der Realität führt dies dort z. B. dazu, daß es eines speziellen persönlichen Interesses bedarf. Auch in Ländern, die ein allgemeines Zugangsrecht konstituiert haben, kann durch verwaltungstechnische Spezialregelungen ein deutliches Eingrenzen des Anspruchs geschehen. Stellvertretend für einige sei hier der weitverbreitete Ausschluß der „fishing expeditions" durch das Erfordernis der Sachbezogenheit des Antrages genannt.

Aus methodischer Sicht überwiegt bei der Ausgestaltung der Ausnahmegründe die Lösung, diese anhand unbestimmter Rechtsbegriffe und Generalklauseln zu fixieren. Das schwedische Modell der haarscharfen Trennung und Aufzählung verschiedener Typen von Akten wird als für die übrigen Staaten ungeeignet angesehen. Zwangsläufig ergeben sich daraus Klagen über die Willkürmöglichkeiten der Verwaltung bei der Ausfüllung dieser Begriffe.[368] Die Rechtsunsicherheit des Bürgers ist hier die Kehrseite der Flexibilität und Einzelfallgerechtigkeit der Verwaltung.

Eine gemeinsame europäische Linie festzustellen, ist somit im Allgemeinen sehr schwer, bzw. nicht möglich. Eine Ausnahme bildet insofern die Untersuchung des Schutzes des Betriebs- und Geschäftsgeheimnisses. Diesem kommt stets ein hoher Rang zu, der sich z. B. in der atypischen niederländischen Regelung als absolutes Schutzgut zeigt.

---

368 *Lübbe-Wolff*, Das niederländische Gesetz, Die Verwaltung 13 (1980), 339, 351.

2. Kapitel Deutsche und Europäische Zwecke und Zielsetzungen des Anspruches auf Umweltinformationen

Das Umweltinformationsgesetz (UIG) beruht auf der europarechtlichen Richtlinie des Rates vom 7. Juni 1990 über den Zugang zu Informationen über die Umwelt (90/313/EWG). Wortwörtlich wurde Art. 1 der Richtlinie, die Zweckbestimmung, übernommen. Danach soll der freie Zugang zu den bei den Behörden vorhandenen Informationen über die Umwelt sowie die Verbreitung dieser Informationen gewährleistet werden. Ferner soll das Gesetz festlegen, unter welchen Voraussetzungen derartige Informationen zugänglich zu machen sind. Diese Aussage des § 1 UIG beschreibt zutreffend die Materie des Gesetzes,[369] eröffnet aber nicht den Blick auf die Beweggründe, die den Europäischen Rat und den umsetzenden deutschen Gesetzgeber zur Schaffung des Anspruches veranlaßten. Diese werden im Folgenden dargestellt.

Dabei sind verschiedene Richtungen der Zielsetzungen von Gesetz und Richtlinie zu unterscheiden. Neben der Verbesserung des Umweltschutzes als dem primären Ziel, liegt in der Modernisierung des Verwaltungsrechts insebesondere durch Impulse aus dem europäischen Recht eine besondere Bedeutung des Gesetzes. Zu untersuchen gilt es ferner, inwieweit eine in besonderer Weise bei Informationsrechte zu beachtende wirtschaftliche Orientierung auch den Zielen des Umweltinformationsgesetzes entspricht.

I. Verbesserung des Umweltschutzes

In den Erwägungsgründen der Richtlinie wird die allgemeine Formulierung verwendet, die Richtlinie diene dem Schutz der Umwelt. Anders als z. B. ein direkter Emissionsgrenzwert kann ein Informationsanspruch nur mittelbar eine solche Verbesserung der Umwelt herbeiführen. Zudem besteht aus Gründen, welche noch

369 *Wegener* (in: *Schomerus/Schrader/Wegener*, UIG, § 1 Rn. 13) sieht die wortwörtliche Übernahme des Art. 1 UIRL als ein Indiz für das mangelnde Bewußtsein des Gesetzgebers, von diesem Gestaltungsauftrag des Art. 1 UIRL auch Gebrauch machen zu müssen. Daraus folgert er - sehr weitgehend - eine prinzipielle Gemeinschaftsrechtswidrigkeit der Umsetzung; ebenfalls die mangelnde Zielsetzung in § 1 UIG rügend *Scherzberg*, Freedom of information - deutsch gewendet, DVBl. 1994, 733, 735.

darzulegen sind,[370] große Unsicherheit, ob dieses Ziel mit dem Mittel Information durchgesetzt werden kann.[371] Sein unmittelbarer Nutzen liegt allein in der Erhöhung des Informationsstandes des Einsichtbegehrenden.

Ohne weitere Vermittlung hat die Bereicherung der Informationssituation des Antragstellers zwei mögliche Folgen, die bereits eine materielle Verbesserung der Umweltsituation bedeuten können.

1. Erhöhung der Akzeptanz von Umweltschutzmaßnahmen

Zum einen wird eine Steigerung der Akzeptanz von Umweltschutzmaßnahmen des Staates erhofft,[372] welche generell ein zügiges Vorgehen ermöglicht. Die Information stellt dabei nach Auffassung der Bundesregierung einen Teilaspekt des Kooperationsprinzips[373] des Umweltrechts dar. Hervorgehoben wird zudem der hohe Stellenwert einer durch Informationen erzeugten Versachlichung der öffentlichen Diskussion. Wie *Eifert*[374] unter Bezugnahme auf amerikanische Forschungsergebnisse zu Umweltrisikoeinschätzungen ausführlich beschreibt, spielt die Kenntnis von Tatsachen eine deutliche Rolle in der Risikoeinschätzung von Gefahren in der Bevölkerung. Während Unsicherheiten die subjektive Gefahreneinschätzung erhöhen, können ausreichende Informationen Ängste und Ressentiments im Vorfeld neuer Regelungen beseitigen[375].

---

370 Zur Qualität als „neue Verwaltungsmethode" siehe unten Seite 91 ff.

371 *Meinhard Schröder* meint deshalb in der Diskussion des Kolloquiums am 9.7.1992 in Bonn zum Thema „Freier Zugang zu Umweltinformationen im Schnittpunkt umweltpolitischer, administrativer und wirtschaftlicher Interessen", daß eine solche Zielbestimmung im Wortlaut eines Gesetzes fehl am Platze wäre, in: Fluck/Lemp/Meyer-Rutz (Hrsg.), Freier Zugang zu Umweltinformationen, S. 49.

372 Antwort der Bundesregierung auf Große Anfrage der SPD - BT-Drs. 12/752 - in BT-Drs. 12/1273 S. 6; *Eifert*, Umweltinformationen als Regelungsinstrument, DÖV 1994, 544, 545; *Erichsen*, Das Recht auf freien Zugang, NVwZ 1992, 409 f.; *Scherzberg*, Freedom of information - deutsch gewendet, DVBl. 1994, 733, 734.

373 Vergleiche zu diesem *Schulze-Fielitz*, Kooperatives Recht im Spannungsfeld, DVBl. 1994, 657 ff.; *Lübbe-Wolff*, Das Kooperationsprinzip im Umweltrecht, NuR 1989, 295.

374 *Eifert*, Umweltinformationen als Regelungsinstrument, DÖV 1994, 544, 547, siehe dort Fn. 39 - 44.

375 *Eifert* sieht den Bedeutungsschwerpunkt von Informationen jedoch auf der Eröffnung eines Dialogs über Differenzen der Risikoabschätzung, S. 548. Die Bestimmung der akzeptablen Risikos eröffnet sich dadurch dem Diskurs der Gesellschaft.

2. Erhöhung des Umweltbewußtseins

Ergänzt wird dies durch die ebenfalls mit der Gewährung von Informationen verbundene Hoffnung, daß durch sie ein Beitrag zur Stärkung des Umweltbewußtseins in der Bevölkerung geschaffen wird.[376] Erst bei Kenntnis von Umweltzuständen und -mißständen kann sich ein Verantwortungsgefühl des Bürgers für seine Umwelt entwickeln. Seinen Schwerpunkt findet dieser Gesichtspunkt indes bei der aktiven Informierung der Bürger durch die Umweltbehörden im Sinne des § 11 UIG.

Die Stärkung des Umweltbewußtseins ist zudem der Ansatzpunkt für eine Bedeutung eines Informationsanspruches, die über das sogleich zu diskutierende Problem des Vollzugsdefizits hinausgeht. Während zur Beseitigung des Vollzugsdefizits bereits die Existenz von Vorgaben der Europäischen Gemeinschaften erforderlich ist, kann das Umweltbewußtsein in der Bevölkerung auf die Schaffung neuer, weitergehender Regelungen hinwirken. Soweit der Bürger durch die erlangten Informationen zur Überzeugung kommt, daß die dargestellte Umweltsituation trotz Einhaltung von Grenzwerten nicht zufriedenstellend ist, kann er konkret an dieser Stelle Protest ausüben und, bestärkt durch Fakten, initiierend tätig werden.

3. Beseitigung von Vollzugsdefiziten

Schwerpunkt der Bedeutung des UIG ist die Verbesserung des Umweltschutzes durch Kontrolle der Verwaltungstätigkeit. Die Kontrolltätigkeit wird durch den Bürger ausgeübt, der mit dem Informationsanspruch in die Lage versetzt wird, im eigenen Interesse die Daten auf ihren umweltschädigenden Charakter hin zu überprüfen.[377] Druck auf die Verwaltung entsteht dabei auf zweierlei Weise. Zum einen kann dieser von dem Bürger oder einer Interessenvereinigung ausgehen. Möglich ist hier im Falle einer subjektiven Rechtsgutverletzung ein klageweises Vorgehen[378] oder andernfalls die Mobilisierung des Druckes „von unten“[379], d. h. durch auf politischer Ebene wirkende Beschwerden, Bürgerproteste und Demonstratio-

---

376 BR-Drs. 797/93 S. 21; allgemein zur Apellfunktion von Informationsrechten *Kahl,* Der europarechtlich determinierte Verfassungswandel, in: Haratsch/Kugelmann/Repkewitz (Hrsg.), Herausforderungen an das Recht der Informationsgesellschaft, S. 8, 16 f.

377 Dies ist allerdings keine Voraussetzung für die Anspruchsgewährung, dazu *Wegener,* in: *Schomerus/Schrader/Wegener,* UIG, § 1 Rn. 5 ff.

378 Die erlangten Informationen können insofern auch Gegenstand eines Verfahrens sein. §§ 29, 30 VwVfG und der Anspruch des § 4 Abs. 1 UIG sind nebeneinander anwendbar.

379 Wortwahl von *Knill/Héritier,* Neue Instrumente in der europäischen Umweltpolitik, in: Lübbe-Wolff (Hrsg.), Der Vollzug des europäischen Umweltrechts, S. 209, 225.

nen. Besondere Bedeutung können hier die Beschwerde vor der Europäischen Kommission und die Petition vor dem Europäischen Parlament erlangen.[380] Zum anderen bewirkt dieser Außendruck durch die ständige, allein dem Zufall überlassene Überprüfbarkeit der Behördenakten durch die Öffentlichkeit einen Innendruck innerhalb der Verwaltung. Im Zusammenspiel führt dies dazu, daß mögliche Fehler nicht nur nachträglich beseitigt werden, sondern bereits Wert auf ihre Verhinderung gelegt wird.

Trotz seiner generellen Wirkung ist dieser Druck primär auf die Beseitigung von Vollzugsdefiziten gerichtet. Das Vollzugsdefizit muß als eines der zentralen Probleme des Europäischen Umweltrechts angesehen werden.

Der Begriff des Vollzugsdefizits bedarf einer genaueren Darstellung. Dem Prüfungsverfahren der Kommission folgend,[381] können drei Formen des Vollzugsdefizits unterschieden werden. Auf der Ebene der Gesetzgebung befindet sich die „verspätete oder unterlassene Umsetzung einer Richtlinie". Die nicht rechtzeitige Umsetzung von Richtlinien wird als „üblich" angesehen, ihre Ursachen finden sich in den meisten Fällen eher in verwaltungstechnischen Umsetzungsschwierigkeiten als in einer beabsichtigten Nichtumsetzungsstrategie.[382] Die zweite Gruppe bilden die „unvollständigen oder unrichtigen Umsetzungen". Ursachen hierfür sind insbesondere Schwierigkeiten mit der vertikalen Kompetenzverteilung innerhalb des Mitgliedstaates. Aber auch Ungenauigkeiten oder teilweises Auslassen der materiellen Inhalte der Richtlinie im Sinne des Art. 189 EGV, wie z. B. bei der Umweltinformationsrichtlinie[383] fallen in diese Kategorie. Den für den Anwendungszweck des Umweltinformationsgesetzes interessantesten Bereich stellen als dritte Gruppe die Fälle der „unrichtigen Anwendungspraxis" dar. Hier setzt der Gedanke der Verwaltungskontrolle an, der zwei Konstellationen erfaßt. Einerseits entdeckt der Bürger Informationen, die auf rechtswidrige Umstände schließen lassen, deren Bedeutung der Verwaltung bislang noch nicht bekannt war. Andererseits deckt der Bürger ein bewußtes Fehlverhalten der Verwaltung auf, u. U. in der Form eines Unterlassens.

---

380 Siehe zur deren Bedeutung 13. Jahresbericht über die Kontrolle der Anwendung des Gemeinschaftsrechts ABl. Nr. C 303 vom 14.10.1996, S. 8.

381 13. Jahresbericht über die Kontrolle der Anwendung des Gemeinschaftsrechts ABl. Nr. C 303 vom 14.10.1996, S. 48; siehe zum 8. Jahresbericht *Krämer*, Defizite im Vollzug, in: Lübbe-Wolff (Hrsg.), Der Vollzug des europäischen Umweltrechts, S. 14, 15, 17.

382 13. Jahresbericht über die Kontrolle der Anwendung des Gemeinschaftsrechts, ABl. Nr. C 303 vom 14.10.1996, S. 48, 51.

383 Vergleiche zu diesen die Behandlung im 4. Kapitel am Beispiel der erhobenen Kosten 121 f.

Das Vollzugsdefizit im Umweltrecht der Union wird primär auf das Fehlen von Individualinteressen am Schutz der Umwelt zurückzuführen sein.[384] Da bei Normen, die in wirtschaftlicher oder sonstiger Hinsicht eine Verbesserung der Rechtsstellung eines Privaten darstellen, ein konkretes Interesse an der ordnungsgemäßen Umsetzung dieser europäischen Vorgabe durch den einzelnen Mitgliedstaat besteht, findet sich auch ein Kläger, der gerichtlich oder durch Einflußnahme eine den Vorgaben entsprechende Umsetzung durchzusetzen vermag. Diese Kontrolle der Mitgliedstaaten durch die Individualinteressen Privater fehlt aber größtenteils im Umweltschutzbereich, da hier nur mittelbar ein Vorteil für die Allgemeinheit geschaffen wird. Fehlt indes ein Kläger, so sinkt die Motivation der Mitgliedstaaten, ihr mißliebige Normen umzusetzen oder deren Vollzug zu gewährleisten. Zur Gewährleistung bedarf es mithin einer überwachenden Stelle. Eine zentralistische Überwachungstätigkeit der Europäischen Kommission widerspräche jedoch der Kompetenzverteilung der Europäischen Union. Bestätigt durch Art. 130s Abs. 4 und Art. 189 EGV, obliegt die Umsetzung und Ausführung von Richtlinien und Verordnungen grundsätzlich den Mitgliedstaaten, die Kommission kann die praktische Durchführung mangels Inspektoren in den Mitgliedstaaten nur schwer kontrollieren.[385]

Seit dem vierten Aktionsprogramm[386] versucht die Europäische Union diesem Problem durch drei neue Strategien entgegenzuwirken.[387] Diese sind die Intensivierung des Dialogs zwischen Kommission und nationalen Behörden[388], die Errichtung eines grenzüberschreitenden Umweltüberwachungs- und Informationsnetzes und die Verstärkung der Beteiligung der Öffentlichkeit.

Hier setzt das UIG an, wenn es den Bürger als eine weitere Kontrollinstanz fungieren läßt.[389] Wie geschildert, kontrolliert der Bürger die Umweltbetätigung des Staates und der Behörde und überprüft diese auch an den europarechtlichen Vorgaben. Die Europäische Union verwendet somit den Bürger zur Durchsetzung des

384 *Krämer*, Defizite im Vollzug, in: Lübbe-Wolff (Hrsg.), Der Vollzug des europäischen Umweltrechts, S. 7 f.

385 *Everling*, Durchführung und Umsetzung, NVwZ 1993, 209, 215; ausführlich *Krämer*, Defizite im Vollzug, in: Lübbe-Wolff (Hrsg.), Der Vollzug des europäischen Umweltrechts, S. 11 ff.

386 ABl. Nr. C 328 vom 7.12.1987, S. 8 f.

387 Siehe *Scherzberg*, Der freie Zugang, UPR 1992, 48, 49.

388 Siehe hierzu 13. Jahresbericht über die Kontrolle der Anwendung des Gemeinschaftsrechts ABl. Nr. C 303 vom 14.10.1996, S.13 f.

389 Unzutreffend wurde hierzu einerseits von „Hilfspolizist“ anderseits von „vierter Gewalt“ gesprochen.

Gemeinschaftsrechts.[390] Zuzustimmen ist *Everling* darin, daß sich diese Methode der Gemeinschaft „wie ein roter Faden durch die Rechtsprechung“ zieht, „von den ersten Urteilen zur unmittelbaren Geltung des Gemeinschaftsrechts über die Direktwirkung der Richtlinien[391] bis hin zur Gewährung von Schadensersatzansprüchen gegen Mitgliedstaaten, die Richtlinien nicht oder mangelhaft umgesetzt haben.[392]

Dieser Weg wird mit der UIRL auch vom normgebenden Organ der Europäischen Union gegangen. Die Vollzugskontrolle ist damit der wichtigste Zweck der Umweltinformationsrichtlinie und des Gesetzes.

II. Modernisierung des Verwaltungsrechts

1. Beeinflussung anstelle Anordnung

Die Methode des Umweltinformationsgesetzes, zur Kontrolle der Verwaltung den Bürger einzusetzen, entspricht nicht der im deutschen Umweltrecht bevorzugten Regulierung durch Vorgabe von Ge- und Verboten. Das Umweltinformationsgesetz reiht sich insofern ein in die „neuen Methoden des Verwaltungsrechts“, die durch Beeinflussung des Bürgers und der Industrie unter Verzicht auf Sanktionen versuchen, dem Staat seine Lenkungsfähigkeit zu erhalten[393] und/oder diese auszuweiten. Ähnliche Beispiele sind das Gemeinschaftssystem des Umwelt-Auditing[394] und

---

390 *Everling*, Durchführung und Umsetzung, NVwZ 1993, 209, 215; *Kahl*, Der europarechtlich determinierte Verfassungswandel, in: Haratsch/Kugelmann/Repkewitz (Hrsg.), Herausforderungen an das Recht der Informationsgesellschaft, S. 8, 14 f.

391 EuGH Rs. 8/81, „Wirkung der Richtlinien“, Slg. 1982, 53 ff.

392 EuGH Rs. C 6/90 und 9/90, „Francovich, Bonifaci, u. a. / Italienische Republik“, Slg. 1991, I 5357 ff. = NJW 1992, 165 ff.

393 Zur Unzulänglichkeit überkommener Rechtsinstitute für die Erfassung und Bewältigung komplexer Risikolagen siehe *Hoffmann-Riem*, Verwaltungsrechtsreform - Ansätze am Beispiel des Umweltschutzes in: Hoffmann-Riem/Schmidt-Aßmann (Hrsg.), Reform des Allgemeinen Verwaltungsrechts, S. 115, 165 ff.; *Eifert*, Umweltinformation als Regelungsinstrument, DÖV 1994, 544, 547.

394 VO (EWG) Nr. 1836/93 des Rates vom 29.6.1993 über die freiwillige Beteiligung gewerblicher Unternehmen an einem Gemeinschaftssystem für das Umweltmanagement und die Umweltbetriebsprüfung („Audit-Verordnung“), ABl. Nr. L 168, S. 1 ff.; dazu *Lübbe-Wolff*, Öko-Audit und Deregulierung, ZUR 1996, 173 ff.; *Rhein*, Das Gemeinschaftssystem für das Umweltmanagement, insbesondere S. 29 ff.

Überlegungen zu Versicherungs- und Zertifikatsmodellen.[395] Intention dieser neuen Ansätze ist es stets, das Eigeninteresse von natürlichen oder juristischen Personen in Fällen auszunutzen, in denen das herkömmliche Ordnungsrecht zumeist aus faktischen Gründen seine Grenzen erreicht hat. Zu beachten ist dabei, daß diese „neuen Methoden" der Öffentlichkeitsintegration und Marktorientierung nicht auf innerstaatlichen Überlegungen beruhen, sondern - zumeist im Gefolge der EEA - europäischen Ursprungs sind. Beruhend auf dem dritten[396], vierten[397] und fünften[398] Aktionsprogramm der Europäischen Gemeinschaften/Union wurde das bisherige rechtliche Instrumentarium durch Richtlinien und Verordnungen erweitert. Die bemerkenswerteste Eigenschaft dieser neuen Instrumentarien ist, daß ex ante keine Aussagen über ihren tatsächlichen Erfolg getroffen werden können. Während bei einer klassischen ordnungsrechtlichen Grenzwertbestimmung mit Sanktionsandrohung die Wirksamkeit - den Vollzug vorausgesetzt (!) - unbestritten und bestimmbar ist, besteht nun diesbezüglich große Unsicherheit. Dies setzt sowohl in der Verwaltung, als auch beim Bürger ein Umdenken voraus. Gerade im Bereich der nach marktwirtschaftlichen Gesichtspunkten beeinflussenden Gesetzgebungstätigkeit muß sich auch die Wirksamkeit an den Gesetzen des Marktes messen lassen. Ein Mißerfolg aufgrund von Fehleinschätzungen ist nicht ausgeschlossen, die Wirkung kann jedoch auch die Erwartungen übertreffen.[399] Desgleichen ist nicht absehbar, inwieweit das Umweltinformationsgesetz die intendierte Umweltverbesserung tatsächlich herbeiführen wird. Hinzu kommt, daß auch eine Aussage über den Zeitpunkt einer unter Umständen feststellbaren Wirkung nicht möglich ist. Die Etablierung von Informationsrechten der Bürger ist eine langfristige, dem Tagesgeschäft entzogene Aufgabe, da Existenz und Möglichkeiten der Anwendung erst bekannt werden müssen. Zu bedenken ist ferner, daß der demokratischen Charakter des Umweltinformationsgesetzes Wirkung auf die Einstellung der Bürger entfaltet und insofern die Umstellung dauerhaft ist. Dies läßt eine lange Vorlaufzeit erwarten.

---

395 *Koenig*, Möglichkeiten und Grenzen von Zertifikationsmärkten, DÖV 1996, 943 ff.; *Wagner*, Effizienz des Ordnungsrechts für den Umweltschutz?, NVwZ 1995, 1046, 1051.

396 ABl. Nr. C 46 vom 17.2.1983.

397 ABl. Nr. C 328 vom 7.12.1987.

398 ABl. Nr. C 138 vom 17.5.1993.

399 Dies zeichnet sich in Deutschland für das Gemeinschaftssystem des Umweltauditing ab. In großen, aber auch in mittelständigen Unternehmen findet die Zertifizierung großen Anklang.

Durch das UIG wird die Möglichkeit geschaffen, detaillierte Informationen mit der Funktion von Beweisen über ein Fehlverhalten der Verwaltung zu erlangen. Da - wie oben festgestellt wurde - ein Zweck des UIG die Beseitigung der Vollzugsmangels ist, erhält der Interessierte diese Daten. Die angestrebte Wirkung gegen das Vollzugsdefizit ergibt sich erst durch weitere Schritte des Bürgers. Grundsätzlich bestehen zwei Möglichkeiten: Zum einen kann der Einzelne versuchen, eine Klage vor dem Verwaltungsgericht anzustrengen. Zum anderen kann er öffentlichen Druck auf die Verwaltung organisieren.

Die Nachteile der letzteren Möglichkeit sind zunächst offensichtlich. Zum einen ist die Mobilisierung einer am Problem interessierten Öffentlichkeit finanziell und organisatorisch mit erheblichen Aufwand verbunden,[400] zum anderen ist selbst bei massiven Protesten aus der Bevölkerung mittels der Presse, durch Demonstrationen, informellen Beschwerden u. s. w. der Erfolg nicht garantiert. Zwar besteht für die Verwaltung die Pflicht des rechtmäßigen Verhaltens, indem sie Recht und Gesetz nach Art. 20 Abs. 3 GG verpflichtet ist, jedoch besteht keine Möglichkeit des Nachprüfens der von ihr entgegengesetzten Argumente. Diese würde sich allein durch eine Klage vor den zuständigen Verwaltungsgerichten ergeben.

Hier tritt jedoch das Problem der mangelnden subjektiven Rechtsverletzung des Klägers auf. [401] Das UIG entfaltet gerade in den Fällen des nicht situationsgebundenen Anspruchs auf Informationsgewinnung seine besondere Wirkung. Dadurch fehlt dann aber die Einklagbarkeit.

Das UIG kann jedoch nicht als ein Argument in der regen Diskussion über Notwendigkeit und Reichweite subjektiver Rechtsgutverletzungen und der Schutznormtheorie verwendet werden.[402] Diese Diskussion findet ihren Kern in der Bestimmung des Verhältnisses zwischen Staat und Bürger, da eine subjektive Rechtsstellung voraussetzt, daß sie „gegenüber jemandem“, als einer selbständigen

---

400 Vergleiche hierzu *Kloepfer*, § 35 Öffentliche Meinung, Massenmedien in: Isensee/Kirchhof (Hrsg.), HdbdStR, Bd. 2, S. 171, 188 ff. Rn. 35; *Zenkert*, Die Macht der öffentlichen Meinung, Der Staat 31 (1992), 321 ff.

401 Allerdings kann es durch die große öffentliche Beteiligung gelingen, jemanden zu finden, dessen subjektives Recht verletzt sein könnte. Hier kann dann ein „Stellvertreterprozeß“ geführt werden. Gerade im Bereich des Umweltschutzes, in welchem häufig eine Belastung der Allgemeinheit, nicht aber des einzelnen besteht, kann es jedoch ganz an einem subjektiv Verletzten fehlen.

402 Vergleiche zu diesem Streit *Sening*, Abschied von der Schutznormtheorie im Naturschutzrecht, NuR 1980, 102 ff.; *Bauer*, Altes und Neues zur Schutznormtheorie, AöR 113 (1988), 582 ff.; ablehnend *Reinhardt*, Umweltinformationen als subjektives Recht, Die Verwaltung 30 (1997), 161, 174.

Rechtspersönlichkeit, mithin „dem Staat“ besteht. Grundlegend hierfür ist wiederum das Staatsmodell des 19. Jahrhunderts.[403] Somit findet die Legitimität des Amtsgeheimnisses einerseits und die subjektive Rechtsstellung andererseits ihre gemeinsamen Grundlagen in der Trennung von Staat und Bürger. Hieraus kann jedoch nicht der Rückschluß vollzogen werden, daß aus der mangelnden Tauglichkeit als Grundlage für das eine Prinzip auch die Ungeeignetheit für eine andere Problematik generell abgeleitet werden könne. Dies würde nur zutreffen, wenn keine weiteren Gesichtspunkte als wesentliche Elemente der rechtstheoretischen Begründung vorhanden wären. Dies ist hier jedoch der Fall. Es besteht ein großer Unterschied, ob aufgrund einer jedermann möglichen Klage jede beliebige Rechtswidrigkeit gerichtlich festgestellt werden kann, oder ob lediglich jedermann die Informationen über eine solche mögliche, d. h. nicht festgestellte Rechtswidrigkeit erhält. Die Informiertheit des Bürgers ist Selbstzweck. Erst auf indirekte Weise soll sie Wirkung entfalten können.

Es ist insofern aber auch unzutreffend, wenn *Reinhardt*[404] an dem fehlenden Durchsetzungsanspruch eines erkannten Fehlers im Verwaltungsvollzug den Ausnahmecharakter des UIG festmacht. Es fehlt auch hier an der Vergleichbarkeit der Regelungszwecke. Die besondere Position nimmt das Gesetz allein im Vergleich zu anderen deutschen Informationsansprüchen durch seine voraussetzungslose Gewährung ein. Die Betonung dieses anderen Grundes ist von Bedeutung, da dieser - und nicht die fehlende Durchsetzbarkeit von Folgeproblemen - den demokratischen Charakter des Gesetzes ausmacht.[405]

Festzuhalten bleibt, daß das Gesetz als Vorbild für eine Entsubjektivierung des Verwaltungsrechts nicht dienen kann.

III. Wirtschaftsbezüge des Verwaltungsrechts

Nach dem Erwägungsgrund 5 der Umweltinformationsrichtlinie soll der Unterschied der in den Mitgliedstaaten geltenden Vorschriften über den Zugang zu umweltbezogenen Informationen im Besitze der Behörden beseitigt werden, da die Bürger in der Gemeinschaft hinsichtlich des Zugangs zu Informationen und/oder bezüglich der Wettbewerbsbedingungen unterschiedlich behandelt werden. Hierin enthalten ist die die Europäische Union wesentlich prägende Orientierung auf die wirtschaftliche Gleichbehandlung der Unionsbürger. Bestehende Wettbewerbsver-

403 Vergleiche zu diesem *Bauer*, Geschichtliche Grundlagen der Lehre vom subjektiv-öffentlichen Recht, S. 48 ff.

404 *Reinhardt*, Umweltinformationen als subjektives Recht, Die Verwaltung 30 (1997), 161, 174.

405 Vergleiche hierzu oben Seite 42 (Demokratie).

zerrungen aufgrund unterschiedlich ausgeprägten Umweltschutzniveaus sollen zumindest für den Bereich der Umweltinformationen eingeschränkt werden. Nach dem Beschluß der Einheitlichen Europäischen Akte hat sich die Europäische Gemeinschaft auch zu nicht wirtschaftlichen Zielsetzungen hin geöffnet. Am 4. Aktionsprogramm der EGen und diesem folgend an der Umweltinformationsrichtlinie ist dies deutlich erkennbar. Der Umweltschutz wird nicht mehr als Nebenprodukt gesehen, sondern als eigenständiges Ziel.[406]

Zu bedenken gibt *Fluck*[407], daß auch die Angleichung aller europäischen Umweltinformationsansprüche in den Staaten zu einer Wettbewerbsverzerrung führen kann, da aufgrund einer anders strukturierten Behördenführung wesentlich größere Bestände an unternehmensbezogenen Daten verfügbar sind. Um eine Benachteiligung zu vermeiden, ist insofern besonderes Gewicht auf den Schutz von Betriebs- und Geschäftsgeheimnissen der Unternehmen zu legen.

Die wirtschaftliche Bedeutung von Informationsansprüchen gegen die Verwaltung macht der Blick auf die zu erwartende zukünftige Entwicklung deutlich. Das UIG als teilweises allgemeines Aktenzugangsrecht liegt im Trend einer stark wirtschaftlich orientierten Diskussion über die Einführung allgemeiner Zugangsrechte in allen Europäischen Mitgliedstaaten.[408] Der Aufbau eines Informationsmarktes erfordert die Öffnung der öffentlichen Informationsspeicher. Die somit der „Rohstoffgewinnung" vergleichbare Informationsgewinnung ist stark wirtschaftlich ausgerichtet, wird jedoch auch unter dem Gesichtspunkt der demokratischen Bedeutung von Informationen diskutiert.[409] Die Modernisierung des Verwaltungsrechts läuft in diesem Bereich Hand in Hand mit der Modernisierung von Wirtschaftsmärkten. Mit *Burkert* stellt dies für die Ausweitung von Informationsrechten eine große Chance dar, bei der stets der soziale Charakter neben dem wirtschaftlichen gewahrt sein muß.[410]

---

406 Zu dieser „Umkehrung" siehe *Röger*, UIG, § 1 Rn. 4 Fn. 8.

407 Der Schutz von Unternehmensdaten, NVwZ 1994, 1048, 1049.

408 Vergleiche dazu oben Seite 80.

409 Siehe Beiträge der Conference Stockholm, 27./28.6.1996 zum Thema: Access to Public Information - A Key to Commercial Growth and Electronic Democracy, http://www2.echo.lu/legal/stockholm/de/infode.html (Stand: 30.10.1998); vergleiche auch *Schoch*, Öffentliche-rechtliche Rahmenbedingungen einer Informationsordnung, VVDStRL 57 (1998), S. 158,168.

410 *Burkert*, Informationszugangsrechte in Europa, in: Heymann (Hrsg.), Informationsmarkt und Informationsschutz in Europa, S. 86, 104 f.

3. Kapitel Der Inhalt des Anspruchs auf Umweltinformationen

I. Informationen als Gegenstand des Anspruchs

Um Inhalt und Reichweite des Umweltinformationsanspruchs klären zu können, ist es erforderlich den Gegenstand des Anspruchs, die Information, zu untersuchen. Dem Art. 2a) der Umweltinformationsrichtlinie folgend definiert § 3 Abs. 2 UIG Informationen über die Umwelt als alle in Schrift, Bild oder auf sonstigen Informationsträgern vorliegende Daten, sofern sie einen der drei darauffolgenden Bereiche angehören.

1. Information als offener Begriff

Der Begriff der Information als Datum ist offen zu verstehen, so daß sich aus den Merkmalen der Norm eine Eingrenzung des Gegenstandes nicht ergeben kann. Nach übereinstimmender Meinung in der Literatur bezeichnet z. B. „Datum" nicht lediglich eine Tatsache, sondern auch Meinung, wie sie gerade bei Prognosen und Wertungen notwendig anfallen müssen.[411]

Der Begriff des Informationsträgers entstammt § 6 Abs. 1 Nr. 1 des Stasiunterlagengesetzes[412] und soll die Zukunftsorientiertheit der Speicherungsmöglichkeiten gewährleisten. Neben Akten, Dateien, Schriftstücken, Karten, Filmen, Bild-, Ton- und sonstigen Aufzeichnungen, deren Kopien, Abschriften und sonstige Duplikate werden damit auch die computerisierten Datenbestände erfaßt.

Dennoch könnte man darin eine Einschränkung sehen, wenn man die Trägereigenschaft als eine physisch-reale Voraussetzung ansieht. Zu bedenken ist, daß angesichts der zunehmenden Vernetzung von Gesellschaft und Verwaltung ein solcher

---

411 *Schomerus*, in: *Schomerus/Schrader/Wegener*, UIG, § 3 Rn. 59; *Fluck/Theuer*, UIG, § 3 Rn. 169; a. A. *Moormann*, in: *Landmann/Rohmer*, Umweltrecht, UIG, § 3 Rn. 12; *Röger*, UIG, § 3 Rn. 22.

412 Gesetz über die Unterlagen des Staatssicherheitsdienstes der ehemaligen Deutschen Demokratischen Republik (Stasi-Unterlagen Gesetz- StUG) vom 20.12.1991, BGBl. I S. 2272 mit drei Änderungsgesetzen; siehe Begründung des Regierungsentwurfs, BT-Drs. 12/7138 S. 11.

Träger von Informationen bei der thematisch zuständigen Behörde fehlen kann. Es ist denkbar, daß eine Verwaltungsbehörde die zur Erledigung ihrer Aufgaben erforderlichen Daten aus einem zentralen Datenspeicher erhalten wird, zu dem lediglich über eine Vernetzung Zugriff besteht. Für einen solchen Speicher ist es unerheblich, wo er sich tatsächlich befindet. Seinen Standort kann er beispielsweise im Ausland, in Bayern in Schleswig-Holstein, bei einem Privatmann, einer Firma oder einer anderen Behörde haben.[413] Hingegen spricht die Umweltinformationsrichtlinie von „in DV-Form vorliegenden Informationen"; dies erlaubt die Zuordnung von aus zentralen Speichern via Netzwerken verfügbaren Informationen zu dem Informationsbegriff des Umweltinformationsgesetzes. Das „Vorliegen der Information" muß hier gleichbedeutend verstanden werden mit der „unmittelbaren Verfügbarkeit der Information". Die teleologische Auslegung ergibt hier, daß es nicht auf das Speichermedium und auch nicht auf die -methode ankommen kann, da gerade dem raschen Wechsel der Informationstechnik Rechnung getragen werden sollte.

Nicht erfaßt werden nicht-festgehaltene Informationen. Damit wird, dem niederländischen Königlichen Beschluß Art. 1.1 und 1.2[414] folgend, ausgeschlossen, daß die Erinnerungen und Gedanken in den Gehirnen der Beamten erfaßt werden.[415] Deshalb ist es von besonderer Bedeutung, daß Aktenführungspflicht besteht. Die Wahrscheinlichkeit eines „Ausweichens in die Mündlichkeit"[416] bei umweltrelevanten Vorgängen ist allerdings angesichts der Informationsmenge der erheblichen Daten ehedem sehr gering.

2. Bezug der Informationen

Die Beschränkung des Informationsanspruchs ist inhaltlicher Art. Im Gegensatz zum allgemeinen Informationszugangsrecht kann nach § 3 Abs. 2 UIG Kenntnis von bei den Behörden verfügbaren Daten[417] nur in drei Bereichen erlangt werden:

- Daten über den Zustand der Umweltbereiche (Nr. 1)
- Daten über umweltbeeinträchtigende Maßnahmen (Nr. 2) und

---

413 Entgegenstehende rechtliche Gründe sind hier unbeachtet.

414 Besluit von 12.10.1979, Staatsblad 79, nr. 590; siehe dazu *Lübbe-Wolff*, Das niederländische Gesetz, Die Verwaltung 13 (1980), 339, 343.

415 Hierzu *Röger*, UIG, § 3 Rn. 25 in Bezug auf die österreichische Regierungsvorlage.

416 *Lübbe-Wolff*, Das niederländische Gesetz, Die Verwaltung 13 (1980), 339, 343.

417 Kritsch zur undiffernzierten Gleichsetzung des Datums- mit dem Informationsbegriff *Schoch*, Öffentliche-rechtliche Rahmenbedingungen einer Informationsordnung, VVDStRL 57 (1998), S. 158, 166 f. und dort Fn. 31.

- Daten über umweltschützende Maßnahmen (Nr. 3).

a) Daten über den Zustand der Umweltbereiche

Unter den „Zuständen" sind auch die Wechselwirkungen der einzelnen Umweltmedien untereinander zu verstehen. Der Begriff des Zustands ist insofern weiter als die Beschreibung im § 3 UVPG, in welchem deshalb die Wechselwirkungen ausdrücklich erwähnt wurden.[418] Die Wirkungsweise der Umweltmedien auf den Menschen ist ebenfalls von dem Anspruch erfaßt,[419] jedoch ist eine Grenze zu ziehen zu den Gesundheitsdaten über den Menschen selbst, wie sie nicht mehr den Umweltbehörden[420], sondern allein den Gesundheitsämtern zur Verfügung stehen. Eine eigenständige Zustandsbeschreibung des Menschen ist keine Umweltinformation mehr. Unabhängig von der Frage, ob man aus biologischer Sichtweise den Menschen als Teil der Tierwelt bezeichnen möchte, unterscheidet das Recht stets zwischen Mensch und Natur; allein für letztere wurde der Umweltinformationsanspruch entwickelt. Eine Erstreckung auf den Bereich der Gesundheitsinformationen war weder vom Europäischen Rat noch vom Bundestag intendiert und verwischt die notwendigen Grenzen zwischen diesen beiden Rechtsgebieten.[421]

Keine Rolle spielt es, welchen Zeitraum die vorhandenen Umweltinformationen beschreiben. Somit besteht kein Unterschied, ob die Daten vergangener Zustände der Umwelt, momentane Gegebenheiten oder Prognosen, also die Erwartung zukünftiger Entwicklungen, darlegen. Der Informationsbegriff ist insofern zeitlich neutral.[422]

418 Siehe *Fluck/Theuer*, UIG, § 3 Rn. 188.

419 Begründung des Regierungsentwurfs BT-Drs. 12/7138 S. 11 und h. M.: *Röger*, UIG, § 3 Rn. 29; *Schomerus*, in: *Schomerus/Schrader/Wegener*, UIG, § 3 Rn. 85 f.; *Fluck/Theuer*, UIG, § 3 Rn. 189.

420 Siehe zur Reichweite dieses Begriffs unten Seite 105 ff.

421 Zu weitgehend insofern *Schomerus* (in: *Schomerus/Schrader/Wegener*, UIG, § 3 Rn. 85 f), der Daten eines Krebsregisters (und konsequent wohl auch die eigentlichen Krankenakten (eigene Anmerkung)) als vom UIG erfaßt ansieht, wenn die Möglichkeit bestehen könnte, Rückschlüsse von Umweltbelastungen auf die Krankheitsursache anzustellen. Das Ergebnis einer solchen Untersuchung, in dem nur noch die biochemischen oder andere Zusammenhänge zwischen Umweltursachen und ihre Wirkungsweise auf den Menschen dargestellt werden, kann eine Umweltinformation sein, da sie eine Umweltwirkung beschreibt. Hingegen sind die Rohdaten keine Umwelt-, sondern Gesundheitsinformationen.

422 H. M.: *Schomerus*, in: *Schomerus/Schrader/Wegener*, UIG, § 7 Rn. 1; *Arzt*, Entwurf eines UIG vorgelegt, ZRP 1993, 18, 19; *Fluck/Theuer*, UIG, § 3 Rn. 173/176; *Scherzberg*, Der freie Zugang, UPR 1992, 50; teilweise a. A. *Röger*, UIG, § 4 Rn. 32, der die „Alt-Daten" nicht erfaßt sieht, sofern sie keinen Wert mehr für das Erfassen der momentanen Umweltzu-

b) Daten über Umweltbeeinträchtigungen

Von großer Bedeutung für die Abwägung des Informationsanspruchs mit dem Betriebs- und Geschäftsgeheimnis sind in § 3 Abs. 2 Nr. 2 UIG die Tätigkeiten oder Maßnahmen, welchen den Zustand der Umweltmedien beeinträchtigen können. Beispiel dafür, bringt der Kommissionsentwurf für eine Richtlinie.[423] Er benennt Emissionen, Einbringen und Freisetzung von Stoffen, lebenden Organismen oder Energien, sowie aufgrund der Fakultativität der Beeinträchtigung auch die Herstellung und Verwendung gefährlicher Erzeugnisse oder Stoffe.

In der Literatur werden ferner Meldungen anläßlich von Störfällen und andere aus gesetzlich festgelegten aktiven Meldepflichten des Unternehmen resultierende Informationen genannt[424]. Zudem fallen hierunter Baumaßnahmen und Produktdaten[425], sowie die Auswirkungen, die von der Errichtung und dem Betrieb einer Anlage ausgehen.

Ausdrücklich vom Gesetz und der Richtlinie erwähnt sind ferner die Belästigungen, wie sie der Mensch z. B. durch Lärm erfahren kann.[426]

An dieser Aufzählung zeigt sich bereits, daß Verursacher solcher Beeinträchtigungen und Belästigungen zu einem großen Teil Industrieunternehmen sein werden. Der Rückschluß von solchen umweltbeeinträchtigenden Informationen auf Betriebs- und Geschäftsgeheimnisse ist der Problemschwerpunkt des Kapitel 5 3. Abschnitt.

c) Daten über Umweltschutzmaßnahmen

Die dritte Gruppe betrifft Informationen bezüglich solcher Tätigkeiten und Maßnahmen, die zum Schutz obiger Umweltmedien durchgeführt werden. Der Unterschied zwischen Tätigkeiten und Maßnahmen liegt in der für letztere erforderlichen Finalität. Insbesondere fallen hierunter die sogenannten „verwaltungstechnischen“

---

stände haben. M. E. geben der Wortlaut von „Zustand“ und der Zweck des Gesetzes keine ausreichenden Anhaltspunkte für eine derartige Differenzierung; aus der Rspr.: VG Freiburg, U. v. 8.11.1996, NVwZ 1997, 411.

423 ABl. Nr. C 335 vom 30.12.1988, S. 6 § 2 lit. a 2. Spiegelstrich.

424 Z. B. aus § 11 StörfallV, § 21 Abs. 3 GenTG, § 36 S. 2 StrlSchV u.a.; *Fluck/Theuer*, UIG, § 3 Rn. 203/204, ein Beispiel für den Umfang solcher Meldepflichten und ihre Reichweite bringt *Kloepfer*, Umweltrecht, in § 8 Rn. 62 zum Atom- und Strahlenschutzrecht.

425 Ausführlich dazu *Fluck/Theuer*, UIG, § 3 Rn. 206 ff.

426 Siehe hierzu *Schomerus*, in: *Schomerus/Schrader/Wegener*, UIG, § 3 Rn. 92, sowie zum Belästigungsbegriff des BImSchG: *Jarass*, BImSchG, § 3 Rn. 14; *Murswiek*, Belästigungen, in: *Kiminich/Frh. v. Lersner/Storm*, Handwörterbuch des Umweltrechts, Bd. 1, Sp. 220 ff.; Begründung des Regierungsentwurfs zu § 3 BImSchG, BT-Drs. 7/179.

Maßnahmen. Dieser Ausdruck gilt als mißglückt[427] und wird derart zu verstehen sein, daß „Genehmigungen, sowie Maßnahmen zur vorherigen und nachträglichen Kontrolle“[428] erfaßt werden sollen. Hiermit werden die in Deutschland gebräuchlichen Rechtsinstitute des Verwaltungsaktes für Planfeststellungen und Genehmigungsbescheide, sowie schlichtes Verwaltungshandeln und Satzungen erfaßt.[429] Nach einer Vorlage des OVG Schleswig[430] harrte die Frage, ob auch Stellungnahmen anderer Behörden in einem Planfeststellungsverfahren verwaltungstechnische Maßnahmen darstellen, bis zum 17.6.1998 einer Entscheidung des EuGH. Unklar war, ob die Maßnahme zielgerichtet auf den Umweltschutz erfolgen mußte, oder ob auch ein weniger beschränkende Definition genüge. Das Gericht[431] entschied nun, daß eine Stellungnahme dann auch von Art. 2a der Richtlinie erfaßt ist, wenn sie bezüglich der zu berücksichtigenden Belange des Umweltschutzes entscheidungsrelevant sein könnte, also geeignet ist, die Entscheidung über die Planfeststellung zu beeinflussen.

Ein viel diskutiertes Einzelproblem stellt die Frage dar, ob Informationen über die personelle Besetzung von Umweltbehörden als Informationen über eine Maßnahme zum Umweltschutz gelten.[432] Es geht um die Problematik, ob die Maßnahme direkt auf den Umweltschutz gerichtet sein muß,[433] oder ob auch eine mittelbare Unterstützung ausreichend ist. Bei der Besetzung der Umweltbehörden mit ausreichendem Personal handelt es sich um eine Frage der mit den Haushaltsmöglichkeiten abzuwägenden Verwaltungsorganisation. Zwar sollen die Umweltbehörden Umweltschutz gewährleisten, jedoch ist ihre Errichtung noch keine umweltschützende Maßnahme, sondern die Grundlage zur Herbeiführung umweltschützender Maßnahmen. Insofern von einer ausreichenden mittelbaren Umweltschutztätigkeit zu reden ist meines Erachtens verfehlt.[434]

---

427 *Schomerus*, in: *Schomerus/Schrader/Wegener*, UIG, § 3 Rn. 101; *Fluck/Theuer*, UIG, § 3 Rn. 218; *Röger*, UIG, § 3 Rn. 37; zum Inhalt des Richtlinienausdrucks: *v. Schwanenflügel*, Das Öffentlichkeitsprinzip, DVBl. 1991, 93, 98.

428 So die Klarstellung von Rat und Kommission in einer Erklärung für das Ratsprotokoll, Anhang zum Dokument 6888/90 restreint ENV 136 vom 5.6.1990.

429 Beachte insofern den Unterschied zu §§ 29, 30 VwVfG, siehe oben Seite 11 f.; ausführlich zu den einzelnen Akten *Fluck/Theuer*, UIG, § 3 Rn. 221.

430 Gemäß Art. 177 EGV, Vorlagebeschluß v. 10.7.1996; siehe dazu *Winter*, Was sind Umweltinformationen, NuR 1997, 335 ff. und *Vahldiek*, Neue Entwicklungen in der Rechtsprechung, ZUR 1997, 144 ff.

431 EuGH ZUR 98, 198 ff. mit Anmerkungen *Vahldiek*.

432 Einerseits *Röger*, UIG, § 3 Rn. 39; andererseits *Schomerus*, in: *Schomerus/Schrader/Wegener*, UIG, § 3 Rn. 101 und *Fluck/Theuer*, UIG, § 3 Rn. 298 ff.

433 So Begründung des Regierungsentwurfes BT-Drs. 12/7138 S. 12.

434 So aber *Schomerus*, in: *Schomerus/Schrader/Wegener*, UIG, § 3 Rn. 101; sowie differenzierend *Fluck/Theuer*, UIG, § 3 Rn. 298 ff.; wie hier bezüglich der Besetzung von entscheiden-

II. Personenbeziehungen

1. Beteiligte

Das Umweltinformationsgesetz ist geprägt von dem Konflikt dreier Personengruppen:

1. der Bürger als Informationssuchender und Anspruchsinhaber,
2. die Verwaltung in Form der zuständigen Umweltbehörden als Anspruchsgegner, sowie
3. der Bürger als Betroffener.

Innerhalb dieser Personengruppen kann weitergehend differenziert werden.

a) Der Informationssuchende

In der Gruppe der Informationssuchenden kann unterschieden werden in natürliche, nicht wirtschaftliche handelnde Personen, in juristische, nicht wirtschaftlich handelnden Personen, sowie in wirtschaftlich handelnde Personen des Privatrechts. In der ersten Gruppe finden sich Bürger, die aus den unterschiedlichsten Gründen eine Information über die Umwelt erhalten möchten, nicht jedoch um diese wirtschaftlich verwerten zu können. Sie und die in Gruppe zwei befindlichen ideellen juristischen Personen, zu denen unter den hier behandelten Gesichtspunkten auch Personenmehrheiten ohne eigene Rechtsfähigkeit und auch ohne Teilrechtsfähigkeit gerechnet werden können, bilden die eigentlichen Zielgruppen, die nach dem Willen des Gesetzgebers von dem Informationsanspruch Gebrauch machen sollen. Sie können mit mehr Transparenz des Verwaltungshandeln Verwaltungskontrolle ausüben. Zur zweiten Gruppe gehören neben den politischen Parteien[435] insbesondere die Umweltschutzverbände, denen man die größte Kompetenz im Umgang mit den Daten über die Umwelt zutraut und für die insofern auch das Umweltinformationsgesetz maßgeschneidert ist.[436] Allerdings ist diese Frage zu trennen von der verfahrensrechtlichen Rechtsfähigkeit. Eine nicht rechtsfähige, lose Gruppe kann weiterhin nicht im eigenen Namen Zugang begehren, sondern erlangt nur über das

---

den Verwaltungsgremien VG Schleswig, U. v. 30.6.1995, ZUR 1996, 96 ff. mit Anmerkung *Schrader,* S. 98 ff. Das VG verwendet hierfür den Ausdruck „umweltneutral".

435 Sowie deren Ortsverbände, VG Hannover, U. v. 19.8.1996, abgedruckt bei *Fluck/Theuer,* UIG, G I.

436 *V. Schwanenflügel,* Das Öffentlichkeitsprinzip, DVBl. 1991, 93.

persönliche Begehren von einzelnen Einsicht.[437] In tatsächlicher Hinsicht verursacht die nach Einsichtnahme bedingungslos zulässige Verbreitungsbefugnis[438] jedoch den gleichen Vorteil.

Indem das UIG als allgemeines Informationszugangsrecht einen voraussetzungslosen Anspruch gewährt, kommt der dritten Gruppe der wirtschaftlich motivierten Personen des Privatrechts eine besondere Bedeutung zu, da ihre Intention der wirtschaftlichen Vermarktung der gewonnenen Informationen vordergründig jener des Gesetzgebers zu widersprechen scheint.[439] Zu berücksichtigen ist aber, daß in einem Anspruchsbegehren mit dem Hintergrund der wirtschaftlichen Auswertung der erlangten Informationen auch kein offensichtlicher Mißbrauch des Anspruchs liegt. Dies zeigen schon die Überlegungen der Europäischen Union zur Einführung einer Richtlinie, welche gerade die wirtschaftliche Verwertung von Informationen der öffentlichen Hand ermöglichen bzw. fördern soll, sowie die Aufnahme des Erwägungsgrundes Nr. 5 in die Umweltinformationsrichtlinie, nach welchem unterschiedliche Wettbewerbsbedingungen vermieden werden sollen.[440] Es hätte insofern einer ausdrücklichen Regelung bedurft, um eine Begrenzung auf nicht wirtschaftliche Verwendungen als Ausnahmetatbestand vom Regelgrundsatz Voraussetzungslosigkeit des allgemeinen Informationszugangsrechtes zu erreichen. Vorgenommen haben eine solche Eingrenzung z. B. Frankreich[441], Griechenland und Belgien.[442]

Denkbar ist ferner eine vierte Gruppe, welche die Rechtssubjekte des öffentlichen Rechtes umfaßt. Grundsätzlich ausgeschlossen ist dies nicht, wie das französische Informationszugangsrecht zeigt. Die Befürworter eines Erfassens der öffentlichrechtlichen Personen führen insofern auch die schrankenlose Verwendung des Begriffes „juristische Person" in Art. 3 Abs. 1 der Richtlinie und der Beweggründe an.[443] Andererseits dienen sowohl die Richtlinie, als auch das Gesetz dem Zweck der Transparenz und damit der Verwaltungskontrolle. In der Begründung des Regierungsentwurfes wird deshalb der Zugang für juristische Personen ausdrücklich nicht gewährt.[444] Der Informationsaustausch innerhalb von Behörden funktioniert

---

437 So auch *Röger*, UIG, § 4 Rn. 4. Für Gruppen mit mehr als 50 Personen, die gleichlautende Zugangsanträge stellen, regelt § 6, daß entsprechend §§ 17 und 19 VwVfG ein Vertreter für die gesamte Gruppe bestellt wird.

438 *Fluck/Theuer*, UIG, § 1 Rn. 21.

439 Siehe zu den Zielrichtungen von Richtlinie und Gesetz oben Seite 94 ff.

440 *V. Schwanenflügel*, Das Öffentlichkeitsprinzip, DVBl. 1991, 93 dort Fn. 9.

441 Loi 78-753 vom 17.7.1978 Art. 10 Abs. 2.

442 Siehe oben Seite 64.

443 *Wegener*, in: *Schomerus/Schrader/Wegener*, UIG, § 4 Rn. 5; *Röger*, in: *Hegele/Röger*, Umweltschutz durch Umweltinformationen, S. 21; *ders.*, UIG, § 4, Rn. 6 ff.

444 BT-Drs. 12/7138 S. 12.

im Wege der Amtshilfe, behördlicher Aufsichts- und Weisungsrechte und sonstiger einschlägiger öffentlich-rechtlicher Regelungen und erfährt insofern eine abschließende Behandlung.[445]

Eine Ausnahme könnte man jedoch für „staatsferne"[446] juristische Personen des öffentlichen Rechts im Sinne von Selbstverwaltungskörperschaften wie Universitäten, Kirchen oder Gemeinden annehmen.[447] Vergleichbar mit der Rechtswegeröffnung des Art. 19 Abs. 4 GG[448] könnte man dann einer öffentlich-rechtlichen Körperschaft ein Informationsrecht zubilligen, wenn mit der materiellen Grundrechtsgeltung diesen juristischen Personen eine den privaten Personen vergleichbare Lage entstände. In Frage käme dies z. B. bei Universitäten, wenn diese bei einer Verweigerung eines Auskunftsrechts in ihrer Wissenschaftsfreiheit verletzt werden könnten. Im Ergebnis ist dies jedoch abzulehnen. Die Rechtsschutzgarantie des Art. 19 Abs. 4 GG unterscheidet sich von einem Informationszugangsrecht dadurch, daß ihr nicht „nur" die Verwaltungskontrolle als Ziel gesteckt ist, sondern ihr auch die Beseitigung einer subjektiv-öffentlichen Rechtsgutverletzung[449] obliegt. An einem solchen „persönlichen" Aspekt muß es einem Informationszugangsrecht aber fehlen, da dieses bewußt subjektiven Interessen nicht genügen will. Soweit man als Zweck des Umweltinformationsinteresses die allgemeinen Ziele der Verwaltungskontrolle, Umweltschutzverbesserung und Demokratiestärkung ansieht und ausdrücklich nicht die Verwirklichung der Ziele des einzelnen Zugangsbegehrenden zur Voraussetzung des Anspruchs macht, bzw. beachtet, ist auch eine Berücksichtigung anderer Interessen bei der Auslegung des Zugangsberechtigtenkreises nicht möglich.[450] Das rein „persönliche Interesse" der Universität am Erlangen der Informationen ist somit unbeachtlich. Indem der offene Wortlaut und die Entstehungsgeschichte keine eindeutige Klärung ermöglichen,[451] entschei-

---

445 Siehe auch *Berg*, Der Schutz von Betriebs- und Geschäftsgeheimnissen, GewArch 1996, 177, 180, der zudem auf die fehlende Legitimation der bloßen „Neugier" behördlichen Handelns hinweist. Darüber hinaus gehende Informationseinholungen seien in ausreichendem Umfang im Wege der Amtshilfe möglich.

446 *Fluck/Theuer*, UIG, § 4 Rn. 22/24.

447 Umstritten: ablehnend: BVerwG, Beschluß vom 31.10.1995; *Fluck/Theuer*, UIG, § 4 Rn. 22/24; *Erichsen*, Zur Umsetzung der Richtlinie, S. 7; bejahend: *Scherzberg*,Freedom of Information - deutsch gewendet, DVBl. 1994, 733,736; *Röger*, in: *Hegele/Röger*, Umweltschutz durch Umweltinformationen, S. 22.

448 Siehe dazu *Schulze-Fielitz*, in: H. Dreier (Hrsg.), Grundgesetz-Kommentar, Art. 19 Abs. 4 Rn. 64; *Schmidt-Aßmann*, in: *Maunz/Dürig*, GG, Art. 19 Abs. 4 Rn. 42 f.

449 *Schulze-Fielitz*, in: H. Dreier (Hrsg.), Grundgesetz-Kommentar, Art. 19 Abs. 4 Rn. 43 ff. und Art. 19 Abs. 3 Rn. 40 ff.; *Schmidt-Aßmann*, in: *Maunz/Dürig*, GG, Art. 19 Abs. 4 Rn. 7 f.

450 A. A. wohl *Wegener*, in: *Schomerus/Schrader/Wegener*, UIG, § 4 Rn. 5.

451 Vergleiche bzgl. dieses Punktes den Streit zwischen *Fluck/Theuer*, UIG, § 4 Rn. 21 und *Wegener*, in: *Schomerus/Schrader/Wegener*, UIG, § 4 Rn. 5, wobei gerade die Entstehungs-

det die Zweckbestimmung. Ein Informationsanspruch einer Verwaltungskörperschaft gegen eine andere kann nicht unter dem Gesichtspunkt der Verwaltungskontrolle genügen. Wie auch zur Erfüllung eines demokratischen Ansatzes von Informationsansprüchen fehlt es bereits an der Zulässigkeit der öffentlichen Kritik. Es ist nicht anzunehmen, daß die aufsichtshabende Behörde ein öffentliches Anprangern einer anderen Behörde billigen wird. Insbesondere wird von einem Verstoß gegen die beamtenrechtlichen Pflichten ausgegangen werden können.

Hilfestellung leisten kann hier eine Parallele zur Meinungsfreiheit eines Beamten in dienstlicher sowie in privater Angelegenheit. Nach der Organtheorie werden dienstliche Äußerungen eines Beamten dem Organ zugerechnet, so daß nicht einmal der Schutzbereich des Grundrechts der Meinungsfreiheit des Beamten aus Art. 5 Abs. 1 GG betroffen ist.[452] Argumentum a maiore ad minus kann daraus gefolgert werden, daß auf diesem Wege auch keine Verwaltungskontrolle ausgeübt werden kann. Die privaten Äußerungen eines Beamten zu dienstlichen Angelegenheiten stellen häufig eine „Flucht in die Öffentlichkeit" dar, da sich der Beamte innerdienstlich nicht durchsetzen konnte.[453] Die bestehende Meinungsfreiheit des Beamten wird hier im Sinne des Art. 5 Abs. 2 GG durch die Amtsverschwiegenheitspflicht nach §§ 61 ff. BBG und § 39 BRRG und die länderspezifischen Regelungen beschränkt, da das Ansehen des öffentlichen Dienstes und die Vertrauensbildung auf seiten des Bürgers schützenswerte Rechtsgüter darstellen.[454] Diese „Flucht in die Öffentlichkeit" soll nach einer Entscheidung des Bundesverfassungsgerichts[455] nur zur Aufdeckung besonders schwerwiegender Fehlentwicklungen in der öffentlichen Verwaltung zulässig sein.[456] Mit den Argumenten der Verwaltungskontrolle und der demokratischen Meinungsbildung kann somit ein Aktenzugangsrecht öffentlicher Stellen nicht gefolgert werden. Ersichtlich können Verwaltungsorgane diesen Zielen nicht genügen.

Eine diesem Grundgedanken nicht entsprechende Zweckbestimmung hätte, dem im internationalen Vergleich singulären Beispiel in Frankreich folgend, einer ausdrücklichen Festlegung bedurft.

---

geschichte deutliche Argumente für eine Unzulässigkeit öffentlich-rechtlicher Antragsteller bietet.

452 *Herzog*, in: *Maunz/Dürig*, GG, Art. 5 Abs. 1, 2 Rn. 106 f.; *Schulze-Fielitz*, in H. Dreier (Hrsg.), Grundgesetz-Kommentar, Art. 5 Abs. 1, 2 Rn. 151.

453 *Herzog*, in: *Maunz/Dürig*, GG, Art. 5 Abs. 1, 2 Rn. 113a.

454 *Kunig*, Das Recht des öffentlichen Dienstes, in: Schmidt-Aßmann (Hrsg.), BesVerwR, Rn. 137.

455 BVerfGE 28, 191, 204.

456 Vergleiche *Schulze-Fielitz*, in: H. Dreier (Hrsg.), Grundgesetz-Kommentar, Art. 5 Abs. 1, 2 Rn. 151; ferner *Herzog*, in: *Maunz/Dürig*, GG, Art. 5 Abs. 1, 2 Rn. 113a; *Kunig*, Das Recht des öffentlichen Dienstes, in: Schmidt-Aßmann (Hrsg.), BesVerwR, Rn. 137.

b) Die Behörde

Die Behörde ist der richtige Anspruchsgegner, sofern die Informationen bei ihr zur Verfügung stehen und sie grundsätzlich zuständig ist, d. h. wenn sie eine Stelle ist, deren Aufgaben auch im Umweltschutz liegen.[457] Der Inhalt des Behördenbegriffs des § 9 UIG wird insofern durch § 3 Abs. 1 UIG bestimmt. Als „Behörden" im Sinne dieses Gesetzes gelten nur jene mit der Einschränkung des § 3 UIG.[458]

Ein reger Streit herrscht zu der Frage, welche Verwaltungsbehörden Aufgaben des Umweltschutzes wahrnehmen, insbesondere ob diese Wahrnehmung Haupt- oder Nebenaufgabe sein muß/kann.[459] Einig ist man sich zunächst über die Aufgabenbereiche des Umweltschutzes. Mit *Kloepfer*[460] ist unter Umweltschutz, folgend dem negativen Umweltbegriff[461], die Gesamtheit der Maßnahmen, welche die Umwelt des Menschen vor schädlichen Auswirkungen der Zivilisation schützen, zu verstehen. Dabei kann zur Bestimmung dieses Bereiches der Behördenführer des Umweltbundesamtes[462] herangezogen werden.[463] Seit Veröffentlichung des UGB-KomE kann die dort vorgenommene Aufzählung zur Ausfüllung des „Bündelungs-

---

457 Die Prüfung der Zuständigkeit der Behörde ist dabei bereits als eine Frage der Zulässigkeit anzusehen (vgl. zur Kritik an dieser Ausgestaltung durch den Gesetzgeber: *Fluck/Theuer*, UIG, § 9 Rn. 15); anders, d. h. als Problem der Begründetheit, nach der neueren Rechtsprechung nur noch in Bayern, OVG München BayVBl. 1988, 630; dagegen BVerwG NJW 1987, 2179, 2180; dagegen in der Literatur noch umstritten: einerseits z. B. *Meissner*, in: *Schoch/Schmidt-Aßmann/Pietzner*, VwGO, § 78 Rn. 22; andererseits *Kopp*, VwGO, § 78 Rn. 1 und vor § 40 Rn. 18, 28; vergleiche zum ganzen: *Jestaedt*, Der „richtige" Beklagte?, NWVBl 1989, 45, 47 f.

458 Aufgrund des klaren Wortlauts der §§ 3 und 9 ist dies unstreitig, wenngleich kritisiert: *Schomerus*, in: *Schomerus/Schrader/Wegener*, UIG, § 9 Rn. 4.

459 Einerseits: Begründung des Regierungsentwurfes BT-Drs. 12/7138 S. 11, andererseits: *Scherzberg*, Freedom of Information - deutsch gewendet, DVBl. 1994, 226, 227; *Röger*, UIG, § 3 Rn. 6 ff.; *Turiaux*, UIG, §§ 2, 3 Rn. 74-89 (ausführliche Dokumentation); *Fluck/Theuer*, UIG, § 3 Rn. 83 ff.; *Schomerus*, in: *Schomerus/Schrader/Wegener*, UIG, § 3 Rn. 10 ff.

460 *Kloepfer*, Umweltrecht, § 1 A Rn. 27.

461 *Ossenbühl*, Umweltschutz und Gemeinwohl in der Rechtsordnung, VR 1983, 300, 301.

462 Behördenführer - Zuständigkeiten im Umweltschutz, Umweltbundesamt. Dieser ist gegen eine Schutzgebühr von 10 DM erhältlich bei: Umweltbundesamt, Bismarckplatz 1 14193 Berlin; vergleiche hierzu *Fluck/Theuer*, UIG, § 3 Rn. 79 Fn. 31.

463 Siehe *Röger*, UIG, § 3 Rn. 10; *Fluck/Theuer*, UIG, § 3 Rn. 79; *Schomerus*, in: *Schomerus/Schrader/Wegener*, UIG, § 3 Rn. 11, der in Fußnote 17 auch die Gewährung des Zuganges zu Umweltinformationen mit in den Bereich einbezieht, da es sich nach der Gesetzesbegründung der Bundesregierung, BT-Drs. 12/7138 S. 5, auch um eine materielle Aufgabe des Umweltschutzes handele.

begriffes"[464] Umweltschutz als maßgeblich erachtet werden. Im Besonderen Teil des UGB-KomE erörtern die Kapitel 9-17 folgende Sachgebiete:

- Naturhaushaltschutz, Biotopschutz und besonderer Flächenschutz, Schutz wildlebender Tiere und Pflanzen sowie Waldschutz
- Bodenertragsnutzung, Abbau von Bodenschätzen, Überwachung der Bodenbeschaffenheit und Vermeidung von Bodenbeeinträchtigungen sowie Sanierung von Bodenbelastungen und Rekultivierungen
- Schutz oberirdischer Gewässer, Küstengewässer und der Hohen See, des Grundwassers, gebietsbezogener Gewässerschutz, Abwasserbeseitigung
- anlagenbezogener, verkehrsbezogener und gebietsbezogener Immissionsschutz sowie die Bereiche Energieversorgung und Energienutzung
- Kernenergie und Strahlenschutz
- die Bereiche Verkehrsanlagen und Leitungsanlagen
- Gentechnik und sonstige Biotechnik
- der Schutz vor den Auswirkungen gefährlicher Stoffe, insbesondere in den Bereichen Pflanzenschutzmittel, Biozide, Wasch- und Reinigungsmittel sowie Düngmittel
- Abfallwirtschaft.

Einig ist man sich auch bezüglich einer Gruppe von Behörden, die nicht dem Behördenbegriff des UIG unterfallen soll. Nicht erfaßt sind Behörden, welche in keinem Fall Umweltschutzaufgaben wahrnehmen, da ihnen gänzlich andere Aufgabenbereiche zugeordnet sind, wie z. B. Finanzämter.

Die Bundesregierung ging in ihrer Begründung zum Gesetzesentwurf[465] davon aus, daß Behörden im Sinne des § 3 Abs. 1 S. 1 solche sind, deren „Hauptaufgabe" der Umweltschutz ist. Hiergegen verwahrte sich von Anfang an eine deutliche Stimme in der Literatur[466] und in den das Gesetzgebungsvorhaben begleitenden Ausschüssen mit dem Argument der mangelnden Richtlinienkonformität. Alternative Geset-

---

464 *Ossenbühl*, Umweltschutz und Gemeinwohl in der Rechtsordnung, VR 1983, 300, 302 = Bitburger Gespräche Jb. 1983, S. 5, 9.

465 BT-Drs. 12/7138 S. 11 zu § 3 Abs. 1 S. 1.

466 *Schomerus*, in: *Schomerus/Schrader/Wegener*, UIG, § 3 Rn. 12 ff.; *Röger*, UIG, § 3 Rn. 4 ff.; *Fluck/Theuer*, UIG, § 3 Rn. 83 ff.; *Scherzberg*, Freedom of Information - deutsch gewendet, DVBl. 1994, 733, 735; *Bachmann*, Zum Behördenbegriff, GewArch 1995, 241 f.; *Faber*, Die Bedeutung des Umweltinformationgesetzes, DVBl. 1995, 722, 724; *Schomerus*, Anspruchsvoraussetzungen, ZUR 1994, 226, 227.

zesvorschläge[467] beinhalteten diese Einschränkung nicht. Nach einer klarstellenden Erklärung des Umweltausschusses[468] zu dieser Begründung der Bundesregierung, in der ausdrücklich neben die „Behörden, die primär zur „Umweltpflege" im Sinne des Artikels 2 Buchstabe b der Richtlinie beitragen", auch jene gestellt werden, die neben anderen Aufgaben zur Umweltpflege kraft Rechtsvorschriften oder Anordnungen vorgesetzter Stelle verpflichtet sind, wurde der Behördenbegriff nach Verabschiedung des Gesetzes weiter gefaßt, so daß sich z. B. das Bundesministerium für Verkehr in einem Rundschreiben[469] gezwungen sah, auch die Straßenbaubehörden als informationspflichtig im Sinne des UIG anzusehen. Eine andere Qualifikation hätte auch der Eigenschaft des Umweltschutzes als „problembezogene Querschnittsaufgabe"[470] widersprochen.

Weiterhin bleibt jedoch das Problem der Zuordnung einer „als nicht ganz unwesentliche mit Umweltaufgaben befaßten" und damit einer als von dem Umweltinformationsanspruch betroffenen Behörde bestehen. Denn andererseits haben, dem Charakter der Querschnittsaufgabe des Umweltrecht entsprechend, zumindest im Randbereich zahlreiche Behörden Umweltschutz als zu beachtenden Gesichtspunkt.[471] Einen Ansatzpunkt findet die Literatur im Wortlaut des § 3 UIG in der Formulierung „wahrzunehmen hat". Dadurch wird klargestellt, daß die Behörde aufgrund eines Handlungsauftrages in Form einer Rechtsvorschrift oder einer Anordnung vorgesetzter Stellen handelt.[472] Eine freiwillige oder nur bei Gelegenheit einer anderen Aufgabe wahrgenommenen Umweltinformationssammlung scheidet damit aus.

Einen weiteren Streitpunkt im Zusammenhang mit dem Behördenbegriff stellt die Ausnahme § 3 Abs. 1 S. 2 Nr. 2 UIG dar. Oberste Verwaltungsbehörden werden

---

467 Gesetzesentwurf von Bündnis 90/Die Grünen BT-Drs. 12/5696; übereinstimmende Ansicht der geladene Sachverständigen zum Umweltausschuß (*Martin Führ, Ingolf Pernice, Thomas Schomerus, Meinhard Schröder, Bernhard W. Wegener, Klaus R. Willmer, Gerd Winter*).

468 BT-Drs. 12/7582 S. 11.

469 NVwZ 1995, 876, nach einer Mitteilung Nr. 523/95 des Deutschen Städtetages vom 8.6.1995; diesem lag zudem nach *Röger*, UIG, § 3 Rn. 6 Fn. 16 eine Mitteilung der Europäischen Kommission zugrunde vom 5.5.1994, in welcher Straßenbaubehörden als in Art. 2 UIRL enthalten angesehen wurden; zu anderen Beispielen umstrittener Behörden siehe die umfangreichen Diskussionen in der Literatur, wie Fußnote 466 auf Seite 106; insbesondere *Fluck/Theuer*, UIG, § 3 Rn. 31-107 und *Schomerus*, in: *Schomerus/Schrader/Wegener*, UIG, § 3 Rn. 41-57.

470 *Kloepfer*, Umweltrecht, § 1 Rn. 40; der Ausdruck „politische Querschnittsaufgabe" wurde bereits im Umweltbericht 1967, BT-Drs. 7/5684 S. 29, verwendet.

471 *Fluck/Theuer*, UIG § 3 Rn. 85.

472 Übereinstimmend: *Schomerus*, in: *Schomerus/Schrader/Wegener*, UIG, § 3 Rn. 16 und *Fluck/Theuer*, UIG, § 3 Rn. 85.

als nicht umweltinformationspflichtig angesehen, sofern sie im Rahmen der Gesetzgebung oder beim Erlaß von Rechtsverordnungen tätig werden.

Unproblematisch ist die erste Alternative, Tätigwerden im Rahmen der Gesetzgebung, da hiermit die unmittelbare Unterstützung des Parlaments in Form von vorbereitenden Entwürfen, Gutachteneinholungen, Anhörungsverfahren und ähnlichem[473] dem Informationsanspruch entzogen wird.

Dagegen wird das Einbeziehen aller obersten Verwaltungsbehörden, soweit sie zum Erlaß von Rechtsverordnungen tätig werden, teilweise als richtlinienwidrig angesehen.[474] Seinen Hintergrund findet der Streit in Art. 2b) der Umweltinformationsrichtlinie, nach welchem beide Alternativen unter dem Punkt „Tätigkeit im Rahmen ihrer Gesetzgebungstätigkeit" behandelt werden. Unter Gesetz kann nun sowohl das formelle Gesetz, wie es dem Parlament allein obliegt, als auch das materielle Gesetz, wie es auch durch die Exekutivorgane zustande kommt, verstanden werden.

Die Vertreter der Auffassung, daß auch die rechtsverordnungsgebende Tätigkeit von dem Ausschlußgrund erfaßt sein müsse, bringt vor, daß diese Norm der Umweltinformationsrichtlinie andernfalls leerlaufen würde. Die entgegenstehende Ansicht, es verbleibe als Anwendungsbereich noch die vorbereitende Tätigkeit für das Parlament, könne nicht überzeugen, da es sich insoweit nicht mehr um exekutive, sondern bereits um eine legislative Tätigkeit handele.[475] Dies ist indes nicht zutreffend. Der Entwurf von Vorhaben, das Einholen von Gutachten und die Vornahme von Anhörungen zur Entwicklung der Parlamentsgesetze gehören ausdrücklich dem Aufgabenbereich der Ministerien, also der Exekutivorgane, an. Dies entspricht auch der Ansicht des Gesetzgebers, da das UIG diesen Bereich ausdrücklich als die erste Alternative von § 3 Abs. 1 S. 1 Nr. 1 UIG regelt. Eine Regelung wäre ansonsten überflüssig gewesen. Insoweit ist klargestellt, daß ein Leerlaufen der Norm nicht droht. Art. 2b) 2. Alt UIRL ist durch die Aufnahme von § 3 Abs. 1 S. 1 Nr. 1 1. Alt UIG bereits inhaltlich ausgefüllt.

Ferner wird angeführt, daß die Umweltinformationsrichtlinie nach den Gesichtspunkten der funktionalen Gewaltenteilung lediglich die Verwaltung als Anspruchsgegner ansehen würde.[476] Funktionale Aufgabe der Verwaltung sei die im Regelfall normgeleitete Gestaltung konkreter Lebensverhältnisse, während die Tätigkeit als

473 Im einzelnen vergleiche hierzu *Schomerus*, in: *Schomerus/Schrader/Wegener*, UIG, § 3 Rn. 23.

474 *Schomerus*, in: *Schomerus/Schrader/Wegener*, UIG, § 3 Rn. 24; *Arzt*, Entwurf eines UIG vorgelegt, ZRP 1993, 18; *Erbguth/Stollmann*, Zum Entwurf eines Umweltinformationsgesetzes, UPR 1994, 81, 84; a. A. *Fluck/Theuer*, UIG, § 3 Rn. 132/133.

475 *Fluck/Theuer*, UIG, § 3 Rn. 132/133.

476 So *Erichsen*, Das Recht auf freien Zugang, NVwZ 1992, 409, 410 f.

Verordnungsgeber in den Bereich der Legislative fiele, demnach zur generell abstrakten Bestimmung der rechtliche Ordnung des Zusammenlebens. Dem muß jedoch entgegengesetzt werden, daß die allein funktionelle Gewaltenteilung nicht das Modell in der Realität ist; insofern handelt es sich lediglich um ein theoretisches Konstrukt. Tatsächlich sehen die Rechtsordnungen Überschneidungen vor. Das deutlichste Beispiel ist eben die materielle Gesetzgebungskompetenz der Verwaltung im Bereich von Materien, die besser nicht mit dem generellen Maßstab der Legislative beurteilt werden. Gerade durch die Notwendigkeit einer Ermächtigungsgrundlage nach Art. 80 GG wird deutlich, daß in diesen Fällen die Verwaltung handelt, die vom formellen Gesetzgeber Parlament getrennt zu sehen ist. Vielmehr wird man mit *Scherzberg* sagen müssen, daß „die gesetzesabgeleitete Normgebung ... sowohl in der Gemeinschaft als auch in den Mitgliedstaaten als originär der Exekutive zuzurechnende Aufgabe betrachtet wird“[477]. Dies wird noch unterstützt durch die in den europäischen Mitgliedstaaten deutlich mehr gepflegte Methode der Delegierung von „materiellen Gesetzen“ in Form von Rechtsverordnungen an die Verwaltung. Zum Beispiel wird in den Niederlanden dieser Weg bevorzugt, da im Gegensatz zu einer alternativ sehr konkreten formellen Gesetzgebung des Parlaments auf diese Weise eine größere Flexibilität entstehe.[478] Die Bedenken gegen die Einbeziehung der verordnungsgebenden Tätigkeit der obersten Behörden sind somit nicht gerechtfertigt.

Deutlich für die Ansicht, welche die rechtsverordnungsgebende Tätigkeit der obersten Behörden, als vom UI-Anspruch erfaßt, ansieht und mithin den deutschen Ausnahmetatbestand für richtlinienwidrig hält, spricht zudem wiederum die teleologische Auslegung der Richtlinie. Transparenz und Kontrolle sind besonders wichtig bei der Entstehung von Rechtsverordnungen, da hier materielle Regelungen mit erheblichen Gewicht getroffen werden und dadurch der Informationsgrundlage, auf der diese beruhen, eine hervorgehobene Stellung zukommt.

Unterstützend tritt hinzu, daß sich in den anderen europäischen Umsetzungsgesetzen, sofern diese notwendig waren, kein Ausschluß der materiellen Gesetzgebungstätigkeit der Verwaltung findet.[479]

Festzuhalten ist somit, daß auch die rechtsverordnungsgebende Behörde eine solche im Sinne der Umweltinformationsrichtlinie ist, die deutsche Umsetzung in diesem Punkt mithin richtlinienwidrig ist.

---

477 *Scherzberg*, Freedom of Information - deutsch gewendet, DVBl. 1994, 733, 735; *ders.*, Der freie Zugang, UPR. 92, 48, 50.

478 *Lübbe-Wolff*, Das niederländische Gesetz, Die Verwaltung 13 (1980), 339, 341.

479 Zur englischen und französischen Umsetzung: *Winter*, Stellungnahme im Rahmen der Anhörung des Umweltausschusses des Deutschen Bundestages am 18.4.1994, BT-Drs. 12/538 S. 4.

c) Der Betroffene

Neben dem Informationsbegehrendem und der Behörde als Anspruchsgegner kommt noch einer dritten Gruppe im Umweltinformationsgesetz eine besondere Rolle zu. In § 8 UIG sind zahlreiche Ausnahmen von dem Informationsanspruch nach § 4 aufgezählt, deren Zweck der Schutz der Rechte Dritter ist. Diese könnten durch die Informationsweitergabe der Verwaltung an den Bürger in ihren eigenen Geheimhaltungsgründen betroffen sein.

Diese Betroffenheit kann entstehen durch die Verletzung von Persönlichkeitsrechten, insbesondere könnte ein Verstoß gegen die informationelle Selbstbestimmung vorliegen, und durch die Verletzung wirtschaftlicher Positionen, wie dem Betriebs- und Geschäftsgeheimnis oder u. U. dem Urheberschutz.[480]

Vorwiegend werden Privatpersonen in die erste Gruppen fallen, während Industrieunternehmen als überwiegende Konfliktgruppe des Betriebs- und Geschäftsgeheimnisses Berücksichtigung finden müssen. Eine genauere Untersuchung erfolgt insoweit in den Kapiteln 5 und 6.

2. Personenbeziehungen

Das Umweltinformationsgesetz ist geprägt von dem Interessenskonflikten dieser drei Gruppen Informationssuchender, Behörde, Betroffener. Zum besseren Verständnis ist es notwendig die einzelnen Beziehungsgeflechte darzustellen.

a) Verwaltung und Informationssuchender

Das Grundverhältnis des Umweltinformationsanspruchs ist mit § 4 UIG die Beziehung zwischen Verwaltung und Informationssuchenden. Dem Charakter des öffentlichen Rechts entsprechend, steht dem Bürger der Staat gegenüber. Zur Umsetzung der Umweltinformationsrichtlinie wurde im innerstaatlichen Recht die Form des Gesetzes gewählt, da der Mitgliedstaat verpflichtet ist, den Richtlinieninhalt so wirksam wie möglich in das eigene Recht überzuleiten.[481] Als solche entspricht es der deutschen Rechtssystematik ein starkes subjektiv-öffentliches Recht in der Form eines Anspruchs in einem Gesetz zu wählen. Eine niedrigere Rechtsqualität

---

480 Siehe dazu unten Seite 147 und 142.

481 *Oppermann*, Europarecht, Rn. 461; EuGH Rs. 300/81, Slg. 1983, 449, Gedanke des „effet util".

hätte das in Deutschland bestehende Verwaltungsgeheimhaltungsprinzip[482] für den Umweltbereich nicht beseitigen können.

Inhalt dieses subjektiv-öffentlichen Rechts ist die Gewährleistung des freien Zugangs zu Umweltinformationen bei Behörden oder den Behörden gleichgestellten privaten Personen für jedermann. Wie gezeigt,[483] normiert § 4 UIG ein partielles allgemeines Informationszugangsrecht.

Bevor das Umweltinformationsgesetz am 16.7.1994 in Kraft trat, galt für den Zeitraum vom 1.1.1993 bis zum 15.7.1994 die Umweltinformationsrichtlinie größtenteils unmittelbar,[484] da der deutsche Gesetzgeber erst verspätet seinem Umsetzungsauftrag aus Art. 189 Abs. 4 EGV nachkam.

Der Anspruch verwirklicht somit das Interesse der Öffentlichkeit an Umweltinformationen in der Form, daß er dem einzelnen ein durchsetzungsfähiges Recht einräumt. Es können jedoch ebenfalls Interessen der Öffentlichkeit der Verwirklichung entgegenstehen. Das Gegenrecht zu § 4 UIG wird in § 7 UIG detailliert dargestellt. Danach wird der Anspruch zum Schutz öffentlicher Belange begrenzt,[485] wobei die Absätze 1 und 3 des § 7 UIG zwingende Ausnahmen treffen, während die Absätze zwei und vier die gewährende Behörde Ermessensentscheidungen treffen läßt, bzw. die Gewährung unter weitere Voraussetzungen stellt.[486]

Festzuhalten bleibt, daß sich § 4 und § 7 in einem engen Zusammenhang befinden, da sie als Recht und Gegenrecht die Balance des öffentlichen Interesses wahren müssen. Einerseits ist es das Ziel der Gewährung eines individuellen Anspruchs auf Zugang zu den Akten Verwaltungsöffentlichkeit und durch Transparenz auch Kontrollmöglichkeiten zu schaffen, andererseits hat der Staat Aufgaben wahrzunehmen, hinter denen der Informationszugang zurückstehen muß.

---

482 Vergleiche dazu oben Seite 5 ff. und 33 ff.

483 Siehe Seite 33 ff.

484 Umstritten; näher dazu speziell: VG Minden, U. v. 5.3.1993, ZUR 1993, 284; *Fluck/Theuer*, UIG, Einleitung Rn. 143 ff.; *Wegener*, in: *Schomerus/Schrader/Wegener*, UIG, Europarechtliche Grundlagen - UIRL Rn. 22 ff.; *Röger*, UIG, Einleitung Rn. 11 ff.; vorausschauend: *Scherzberg*, Der freie Zugang, UPR 1992, 48, 54 f.; *v. Schwanenflügel*, Die Richtlinie über den freien Zugang, DÖV 1993, 95, 102; *Wegener*, Die unmittelbare Geltung, ZUR 1993, 17 ff.; *Erichsen*, Das Recht auf freien Zugang, NVwZ 1992, 409, 418; a. A. zahlreiche Gerichte: VG Stade, U. v. 21.4.1993, ZUR 1993, 225 f.; OVG Münster, U. v. 27.9.1993, ZUR 1994, 253; grundsätzlich zur unmittelbaren Wirkung von Richtlinien: siehe nur *Oppermann*, Europarecht, Rn. 466; EuGH Rs. 33/70 „spa SACE", Slg. 1970, 1213 ff. und EuGH Rs. 8/81 „Wirkung der Richtlinien", Slg. 1982, 53 ff.; sowie BVerfGE 75, 223 und BVerfG NJW 1988, 2173; zu der Aufnahme der Richtlinie in der Verwaltungspraxis siehe *Meininger*, Die EG-Umweltinformationsrichtlinie, NVwZ 1994, 150 f.

485 BT-Drs. 12/7138 S. 13.

486 Im einzelnen zu § 7 siehe unten 5. Kapitel Seite 125 ff.

Zudem besteht neben dem subjektiven Anspruch des einzelnen nach § 4 Abs. 1 UIG eine weitere Verbindung zwischen der Verwaltung und der interessierenden Öffentlichkeit. Nach § 11 UIG kommt der Bundesregierung auch eine aktive Informationspflicht zu.[487] Sie muß alle vier Jahre einen Bericht über den Umweltzustand im Bundesgebiet veröffentlichen. Im Unterschied zu § 4 wird damit keine subjektiv einklagbare Rechtsposition[488] verliehen, sondern eine Verpflichtung der Bundesregierung ausgesprochen. Zuständig ist dort das Umweltbundesamt.[489]

Gegenstand des Berichtes ist - § 3 Abs. 2 Nr. 1 UIG entsprechend - der Zustand der Umwelt, also aller Umweltmedien einschließlich ihrer Wechselwirkungen und ihrer Wirkungen auf den Menschen.[490] Die aktive Informationspflicht des Staates steht in einem in tatsächlicher Hinsicht sehr engen Verhältnis zu einer passiven Informationspflicht. Wie am Beispiel des europäischen Informationsanspruchs bereits gezeigt,[491] besteht ein ökonomischer Zusammenhang zwischen diesen beiden. Je mehr aktive Informierung stattfindet, desto geringer ist das Interesse der Informationssuchenden an einer Geltendmachung ihres Informationsanspruchs nach § 4 UIG. Deshalb sollte die Bundesregierung hohen Wert auf besondere Qualität und ausreichende Quantität dieses Berichtes legen. Die Qualität des Berichtes zeigt sich an dem Gelingen des Spagats zwischen einer aussagekräftigen Genauigkeit der Daten und der erforderlichen Verständlichkeit ihrer Aufarbeitung und Auswertung.

Neben dem Umweltbericht gilt dies in besonderem Maße für computergestützte Informationssysteme.[492] Durch Verständlichkeit und Übersichtlichkeit der Datenbestände kann mit diesen in einem bislang nicht bekannten Maße eine große Anzahl von Menschen Informationen erhalten.[493]

---

487 Zu sonstigen aktiven Informationspflichten von Behörden vergleiche die umfangreiche Aufstellung bei *Fluck/Theuer*, UIG, § 11 Rn. 38 ff.; zur europäischen Anwendung aktiver Informationspflichten; *v. Schwanenflügel*, Das Öffentlichkeitsprinzip, DVBl. 1991, 93, 96.

488 *Röger*, UIG, § 11 Rn. 1.

489 Nach seiner Zweckbestimmung: § 2 S. 2 Nr. 2 des Gesetzes über die Errichtung eines Umweltbundesamtes vom 22.7.1974, BGBl. I S. 1505; *Schrader* in: *Schomerus/Schrader/Wegener*, UIG, § 11 Rn. 1.

490 *Röger*, UIG, § 11 Rn. 2; *Fluck/Theuer*, UIG, § 11 Rn. 19.

491 Siehe oben Seite 79.

492 In der Form von Bürgerinformationssystemen; zu den anderen Zwecken von Umweltinformationssysteme, wie Politik-, Sachbearbeiterinformation etc., vergleiche *Andr. Engel*, Verwaltungsinformatik und Umweltinformatik, in: Andr. Engel (Hrsg.), Umweltinformationssysteme in der öffentlichen Verwaltung, S. 8; als Beispiel für ein allgemeines Informationssystem siehe oben zu Infocid in Portugal, Seite 73 f.

493 *Schuhmacher*, Das Daten- und Informationssystem des MURL (DIM), in: Andr. Engel (Hrsg.), Umweltinformationssysteme in der öffentlichen Verwaltung, S. 49.

b) Verwaltung und Betroffener

Bei der Betrachtung der Beziehungen zwischen Verwaltung und Betroffenem müssen ebenfalls die Interessen beider Seiten beachtet werden. Dabei spielt die oben angestellte Differenzierung von persönlicher und wirtschaftlicher Betroffenheit eine Rolle. Ein wirtschaftlich betroffenes Industrieunternehmen muß in hohem Maße Kontakt mit der Verwaltung pflegen. Das Unternehmen ist mit der Verwaltung durch ein enges Geflecht von Informationsrechten, Auskunftspflichten, Genehmigungsansprüchen, Auflagen, etc. verbunden. Im Wege von Planfeststellungsverfahren, formellen Verfahren und der Erteilung von Verwaltungsakten im einfachen Verfahren nimmt der Staat seine Aufgabe Ordnungs- und Sicherheitspolitik zu betreiben wahr, um damit Gefahren für die Öffentlichkeit zu vermeiden. Über den klassischen Gefahrenbegriff[494] des Sicherheitsrechts hinaus wirkt sich das Vorsorgeprinzip des Umweltrechts[495] in besonderem Maße aus. Es bewirkt die stark präventive Orientierung des Umweltrechts, welche fordert, daß Vermeidung und Entstehungsverhinderung von Gefahren und Schäden im Vordergrund stehen müssen.[496] Durch diese Beziehungen fallen bei der Behörde große Mengen an Informationen an; viele von diesen haben umweltrechtliche Relevanz.[497]

Eine weniger enge Verknüpfung besteht zwischen Verwaltung und dem persönlich Betroffenen. Anders als im Verhältnis zu den wirtschaftlich betroffenen Unternehmen besteht hier grundsätzlich kein enges Beziehungsgeflecht zur Verwaltung, in welchem Umweltinformationen anfallen könnten. Ausnahmen sind insofern die aufgrund Gesundheitsuntersuchungen im Zusammenhang mit Umweltbelastungen anfallenden Daten.[498] Ansonsten hat der Schutz der Persönlichkeitsrechte von Privatpersonen eine geringe praktische Relevanz.

In beiden Fällen stehen dem Anspruch der Behörde auf Kenntnis dieser Daten die Schutzrechte des Betroffenen entgegen. Diese sind durch § 8 UIG gewährleistet, welcher im Wege des Gegenschlusses dem Betroffenen einen Anspruch darauf

---

494 *Martens*, in: *Drews/Wacke/Vogel/Martens*, Gefahrenabwehr, S. 220.

495 Siehe *Kloepfer*, Umweltrecht, § 3 Rn. 5 ff.; *Breuer*, Umweltschutzrecht, in: *Schmidt-Aßmann*, BesVerwR, Rn. 7-9.

496 *Kloepfer*, Umweltrecht, § 3 Rn. 6.

497 So fallen bei einer Genehmigung eines Atomkraftwerkes hunderte von Metern Akten an. Vergleiche hierzu *Henle*, Die Masse im Massenverfahren, BayVBl. 1981, 1, 3 f.

498 Zum Informationsbegriff vergleiche oben Seite 96 ff.; siehe Beispiel aus *Schrader*, in: *Schomerus/Schrader/Wegener*, UIG, § 8 Rn. 6; ob hingegen, wie *Schrader* meint, Einwendungen gegen ein Genehmigungsverfahren, und damit die Namen der Einwender, als Umweltinformationen im Sinne des § 3 Abs. 2 Nr. 3 UIG angesehen werden können, erscheint zweifelhaft. Dafür spricht, daß sie nach § 10 BImSchG Teil des Genehmigungsverfahrens sind und dadurch ihre Berücksichtigung Teil der Entscheidung ist; siehe *Jarass*, BImSchG, § 10 Rn. 53.

gibt, das Unterlassen der Preisgabe der übermittelten Informationen durch die Behörde an Dritte auch gerichtlich durchzusetzen.[499]

c) Informationssuchender und Betroffener

Dem § 8 UIG kommt zu der dargestellten Abwehrfunktion gegen die Verwaltung noch eine weitere Bedeutung zu, deren Schwerpunkt im Interessenkonflikt zwischen dem Informationssuchenden und dem Betroffenen zu suchen ist. Grundsätzlich bestehen zwischen diesen beiden Gruppen keine Rechtsbeziehungen. Bewußt unterließ es der Gesetzgeber dem Informationssuchenden einen Informationsanspruch (auch) direkt gegen den Dritten einzuräumen.[500] Auch eine Verpflichtung des Unternehmens, von sich aus eine aktive Informierung der Bürger vorzunehmen, wie sie z. B. §§ 10, 11 Arzneimittelgesetz in Form einer Packungsbeilage vorsehen, unterließ der Gesetzgeber. Dennoch stellt einen wesentlichen Teil der Probleme des UIG der Unterschied der Interessen zwischen diesen beiden Gruppen dar. Dem Informationsinteresse steht das Geheimhaltungsinteresse gegenüber. Normzweck des § 8 UIG ist es, diesen Konflikt zu lösen, wobei die entscheidende Verwaltung sich insoweit in der Person des Vermittlers befindet. Es kann von einer mittelbaren Beziehung zwischen Informationssuchenden und Betroffenen gesprochen werden. Diese Betrachtung darf aber nicht dazu führen, die Stärke der Position der Verwaltung zu unterschätzen. Deutlich wird dies anhand § 7 Abs. 4 UIG. Bei freiwilligen Angaben Dritter verlangt das Gesetz zwar die Einwilligung des Betroffenen, jedoch handelt es sich dabei um die Wahrung eines öffentlichen Belanges, der vertrauensvollen Zusammenarbeit der Behörde mit Informationsgebern. In diesem Fall fehlt sogar die Klagebefugnis des § 42 Abs. 2 VwGO für den Dritten.[501]

---

499 Nach der Schutznormtheorie liegt eine Klagebefugnis im Sinne des § 42 Abs. 2 VwGO vor, wenn die schützende Norm - zumindest auch - den Schutz des Interesses des einzelnen Bürgers zu dienen bestimmt ist (BVerwGE 1, 83; siehe nur *Wahl/Schütz*, in: *Schoch/Schmidt-Aßmann/Pietzner*, VwGO, § 42 Abs. 2 Rn. 45; zurückgehend auf *Bühler*, Die subjektiven Rechte, S. 21, 224; *Kopp*, VwGO, § 42 Rn. 48). Bereits aus der Überschrift der Norm ergibt sich, daß dies Normzweck des § 8 UIG ist.

500 Zu beachten und problematisch ist, daß es sich hierbei nicht mehr um ein öffentlichrechtliches, sondern um ein privatrechtliches Rechtsverhältnis handeln würde. Dies ergibt sich aus einer Zusammenschau der zu dieser Abgrenzung vertretenen Theorien (Subordinationstheorie, Interessenstheorie und modifizierte Subjektstheorie), vgl. *Kopp*, VwGO, § 40 Rn. 11 ff. und *Maurer*, Allgemeines Verwaltungsrecht, § 3 Rn. 14 ff.

501 *Schrader*, in: *Schomerus/Schrader/Wegener*, UIG, § 7 Rn. 5.

III. Probleme des Anspruchsinhalts nach dem UGB-KomE

Die Begründung des Kommissionsentwurf zum Umweltgesetzbuch berücksichtigt die Kritik der Literatur, die zu einigen Elementen des Anspruchsinhalts vorgebracht wurde.

Einige Änderungen im Vergleich zum Umweltinformationsgesetz fallen weniger ins Gewicht. So wird der kritisierte „Daten"- Begriff in § 3 Abs. 2 UIG durch die durchgängige Verwendung von „Informationen" ersetzt.

Zum Gegenstand der Informationen stellt der Entwurf ausdrücklich klar, daß die umweltbedingten Einwirkungen auf die Gesundheit des Menschen mit umfaßt sind. Zu beachten ist dabei, wie schon für das UIG, daß die Gesundheitsinformationen des Menschen selbst davon nicht einbezogen werden können.[502] Die Grenze zwischen Informationen über die umweltbedingte Einwirkung auf den Menschen und Informationen über die Gesundheit des Menschen als solche ist streng zu wahren. Insofern ist die Begründung des Entwurfes[503] mißverständlich.

Von Bedeutung ist ferner die Ansicht der Kommission, daß es keine Einschränkungen für den in den Informationen beschriebenen Zeitraum gibt. Erfaßt werden somit vergangene Zustände, Gegenwartsbeschreibungen, sowie Prognosen.[504]

Eine weitere Änderung stellt die Aufnahme von Vorgängen in die Gruppen 2 und 3 des § 217 Abs. 3 UGB-KomE dar. Erfaßt werden damit auch Änderungen zum Vor- oder Nachteil der Umwelt, welche nicht auf menschliches Verhalten zurückzuführen sind. Dem Begriff „Vorgang" kommt damit die Wirkung eines Auffangtatbestandes zu.

In der Begründung geht die Kommission in zweifacher Weise auf den Behördenbegriff in § 217 Abs. 2 UGB-KomE ein. Zum einen schließt sie sich der übereinstimmenden Auslegung in der Literatur an, daß eine Behörde auch dann Umweltbehörde im Sinne der Norm ist, wenn sie Umweltschutz nur als Nebenaufgabe betreibt. Hierfür bestimmendes Kriterium ist die Frage, ob die Behörde zum Umweltschutz selbständige Entscheidungen treffen kann.[505] Zur Auslegung, wann dies wiederum der Fall ist, wird indes weiter auf die in der Literatur erörterten Konkretisierungen zurückgegriffen werden müssen.[506]

---

502 Siehe dazu Seite 98.

503 Kommissionsentwurf zum UGB, S. 832.

504 Siehe S. 832.

505 Kommissionsentwurf zum UGB, S. 831.

506 Siehe Seite 107 ff.

Zu Bedenken veranlaßt das Herausfallen der rechtsverordnungsgebenden Tätigkeit der obersten Bundes- und Landesbehörden in § 217 Abs. 1 UGB-KomE. Da der Kommissionsentwurf insoweit § 3 Abs. 1 Nr. 1 UIG entspricht, ist auch er richtlinienwidrig. Wie bereits ausführlich gezeigt,[507] ist die rechtsverordnungsgebende Tätigkeit keine Maßnahme der Legislative, sondern exekutiver Art. Art. 2b) UIRL läßt zum Herausfallen der unter Transparenz und Kontrollgesichtspunkten sehr bedeutenden rechtsverordnungsgebenden Tätigkeit keinen Spielraum.

507 Siehe Seite 108 ff.

4. Kapitel Verfahren des Umweltinformationsgesetzes

Neben den im dritten Kapitel erörterten Anspruchsvoraussetzungen regelt das Umweltinformationsgesetz in den §§ 4 Abs. 1 S. 2, 5, 6, 9 und 10 UIG Verfahrensfragen der Informationsgewährung. Ihre Darstellung ist im Folgenden knapp gehalten, da ihnen im Verhältnis zu den Schwerpunkten dieser Untersuchung eine geringere Bedeutung zukommt.[508] Das Verfahren nach dem UIG läuft dergestalt ab, daß auf Antrag des Informationssuchenden hin die Behörde aufgrund der materiellen Voraussetzungen den Anspruch gewährt oder verweigert. Im ersten Fall geschieht dies durch die Ausgabe der Informationen an den Bürger. Hinzu kommt die Kostenentscheidung der Behörde.[509]

I. Der Antrag nach § 5 UIG

Das Verfahren beginnt mit der Stellung eines Antrages im Sinne des § 5 Abs. 1 UIG. In diesem muß ausreichend bestimmt angegeben sein, welche Informationen verlangt werden. Mangels anderer Angaben ist dieser Antrag entsprechend § 10 VwVfG formfrei.[510] Im Vergleich zu vielen im Rahmen der Länderdarstellung aufgezeigten nationalen Regelungen anderer Staaten wie z. B. in den USA und in Frankreich[511] stellt dies eine Erleichterung dar, da dort häufig Schriftform des Antrages verlangt wird. Ausreichend bestimmt ist ein Antrag, wenn ein konkreter Lebenssachverhalt angegeben ist[512] und wenn erkennbar ist, daß Informationen über einen bestimmten Umweltzustand im Sinne des § 3 Abs. 2 Nr. 1 UIG oder über umweltschützende bzw. umweltbeeinträchtigende Maßnahmen verlangt wird (Nr. 2 und 3). Hintergrund dieses Bestimmtheitserfordernisses ist der Wille des Europäischen Rates[513] und des Bundesgesetzgebers sogenannten „fishing expeditions“ oder

---

508 Es sei zu den Detailfragen auf die Kommentierungen bei *Fluck/Theuer*, UIG; *Schomerus*, in: *Schomerus/Schrader/Wegener*, UIG; *Röger*, UIG, sowie *Turiaux*, UIG, hingewiesen.

509 Zu ersten Erfahrungen noch mit der Umweltinformationsrichtlinie siehe die (nicht repräsentative) Untersuchung von *Meininger*, Die EG-Umweltinformationsrichtlinie, NVwZ 1994, 150 ff.

510 *Kopp*, VwVfG, § 10 Rn. 8.

511 Art. 2 des Loi no. 78-17, siehe dazu oben Seite 65 ff., und 5 U.S.C. § 522 (a)(6)(A)(iii); dazu *Winter*, Zusammenfassender Bericht, in: Winter (Hrsg.), Öffentlichkeit von Umweltinformationen, S. 71.

512 *Fluck/Theuer*, UIG, § 5 Rn. 18.

513 Art. 3 Abs. 3 a. E. UIRL.

„Ausforschungsanträge“ zu verhindern.[514] Bei diesen stellt der Informationssuchende einen so ungenauen Antrag, daß die Konkretisierung des Gewollten der Behörde zufällt. Dies bedeutet einen unzumutbaren Arbeitsaufwand für die Verwaltungsbehörde.[515] Andererseits steht dem Bestimmtheitserfordernis die allgemeine Beratungspflicht der Behörde gemäß § 25 VwVfG zur Seite. Sachdienliche Auskünfte und Unterstützung bei der Antragstellung obliegen der Verwaltungsbehörde.

Nach § 5 Abs. 2 UIG wird die Behörde verpflichtet, innerhalb von zwei Monaten zu bescheiden. Das Problem der rechtzeitigen Durchführung des „Freedom of Information Act“ in den dort vorgeschriebenen 20 Werktagen[516] besteht somit in der Europäischen Union nicht.

Den §§ 17-19 VwVfG folgend sieht das UIG in § 6 eine Erleichterung für das sogenannte Massenverfahren vor. Gerade im Falle der im Gesetz angesprochenen Unterschriftenlisten sind die Bestimmungen über gemeinsame Anträge und Vertreter, sowie über örtliche Bekanntmachungen sowohl aus Gesichtspunkten der Verwaltungsökonomie als auch der praktischen Durchführbarkeit solcher Verfahren sinnvoll und notwendig.[517]

II. Ausgabeform der Informationen

Hat die Behörde die verlangten Informationen herausgesucht, so stellt sich die Frage, wie der Antragsteller an diese Daten gelangen kann. Nach § 4 Abs. 1 S. 2 UIG kann die Behörde auf Antrag Auskunft erteilen, Akteneinsicht gewähren oder Informationsträger in sonstiger Weise zur Verfügung stellen. „In sonstiger Weise“ umfaßt auch die schriftliche Ausgabe in Form von Kopien der Akten. Das „kann“ eröffnet damit der Behörde ein in ihrem Ermessen stehendes Wahlrecht bezüglich

---

514 Vergleiche hierzu: *Bieber*, Informationsrechte Dritter, DÖV 1991, 857, 863; siehe oben Seite 85.

515 Zu weitgehend in der Zulassung von Rundumanträgen: *Schomerus*, in: *Schomerus/Schrader/Wegener*, UIG, § 5 Rn. 11, der die nicht vorhandene Quantitätsbeschränkung an Informationen mit dem Arbeitsaufwand aufgrund zu unbestimmter Anträge vermischt. Das Heraussuchen auch sehr großer, aber detailliert bestimmter Informationen ist erheblich weniger aufwendig, als die Vornahme eigener Auswertungen aller Daten nach den Kriterien, welche den Informationssuchenden interessieren könnten.

516 5 U.S.C. § 522 (a)(6)(A)(ii).

517 Vgl. dazu *Knack*, VwVfG, § 17 Rn. 2 und *Kopp*, Der Beteiligtenbegriff des Verwaltungsverfahrensrechts, in: Schmitt Glaeser (Hrsg.), Verwaltungsverfahren, S. 180 ff.

des Ausgabemittels. Die Einräumung eines Wahlrechts der Verwaltung ist problematisch.

Nach der Richtlinie des Rates ist die Art und Weise der Veröffentlichung der Informationen in die Hand der Mitgliedstaaten gelegt: Sie „legen die praktischen Regeln fest" (Art. 3 Abs. 1 S. 2 UIRL). Grundsätzlich entspricht dies den Vorgaben des Art. 189 Abs. 3 EGV, nach dem nur der Inhalt durch die Richtlinie festgelegt wird, der Vollzug und die formelle Anpassung an das innerstaatliche Recht diesem überlassen bleiben soll. Diese Kompetenzverteilung stößt jedoch dort auf Probleme, wo auch die inhaltliche Wirkungskraft der Richtlinie durch formelle Kriterien beeinträchtigt ist. Prinzipiell ist Folge einer solchen Kompetenzüberschreitung des Mitgliedstaates nach der Rechtsprechung des EuGH die Unbeachtlichkeit der innerstaatlichen Regelung und die unmittelbare Anwendung der Richtlinie.[518]

Bis zu einer Entscheidung des BVerwG vom 6.12.1996[519] herrschte Streit zu der Frage, ob der Bundesgesetzgeber durch die Einräumung eines Ermessens bezüglich der Ausgabeform eine derartige Kompetenzüberschreitung begangen hat. Gegenstand der Kritik in der Literatur war, daß nicht der Verwaltung die Wahl der Ausgabeformen obliegen dürfe, sondern dem Informationssuchenden. Durch das Ermessen der Behörde könne eine „Filterung" der Informationen neben den §§ 7, 8 UIG ermöglicht werden.[520] Zudem könne nur die Akteneinsicht als Regelfall gewährleisten, daß es dem Bürger gelinge, ein eventuelles Vollzugsdefizit aufzudekken.[521] Desweiteren weist *Scherzberg* darauf hin, daß zudem die Möglichkeit der Verwaltung, lediglich Auskunft zu erteilen, sogar im Vergleich zu den bisherigen deutschen Informationsansprüchen einen Rückschritt darstelle.[522]

Dieser Ansicht schließt sich das BVerwG nicht an, jedoch legt es die pflichtgemäße Ermessensausübung der Behörde so aus, daß dieses zum einen nur bei adäquaten Informationsmitteln eine Wahl ermöglicht. Zum anderen spiele eine wesentliche Rolle bei der Ermessensausübung, welcher Ausgabeweg von dem Informationssu-

---

518 Zur Direktwirkung einer Richtlinie auch im Falle einer ungenügenden Umsetzung in nationales Recht siehe nur *Oppermann*, Europarecht, Rn. 446 ff.

519 ZUR 1997, 87 ff. = DVBl. 1997, 43 ff.; siehe dazu Besprechung von *Röger*, Das Recht des Antragstellers, DVBl. 1997, 885 ff.

520 *Turiaux*, UIG, § 4 Rn. 16.

521 *Scherzberg*, Freedom of Information - deutsch gewendet, DVBl. 1994, 731, 737; *Schröder*, Auskunft und Zugang, NVwZ 1990, 905, 908; *Erichsen*, Zur Umsetzung der Richtlinie, S. 54 f.; *Arzt*, Entwurf eines UIG vorgelegt, ZRP 1993, 18, 19; *Blumenberg*, Die Umwelt-Informations-Richtlinie, NuR 1992, 8, 13; *Wegener*, in: *Schomerus/Schrader/Wegener*, UIG, § 4 Rn. 17 ff.

522 *Scherzberg*, Freedom of Information - deutsch gewendet, DVBl. 1994, 733, 737; zu den anderen Informationsansprüchen vergleiche oben 1. Kapitel Ausgestaltung von Informationsansprüchen.

chenden beantragt worden sei. Das Gericht erkennt damit einerseits das starke Interesse der Behörde an der Verhältnismäßigkeit des Kosten- und Personalaufwandes an.[523] Andererseits weist es darauf hin, daß die Umweltinformationsrichtlinie „für jeden Antragsteller rechtlich möglichst uneingeschränkt und faktisch möglichst ungehindert den Informationszugang gewährleiste. Damit soll ein Beitrag zur Kontrolle der Verwaltung, zur Schärfung des Umweltbewußtseins und damit verbunden zur Effektuierung der von den Mitgliedsstaaten umzusetzenden Umweltpolitik der Europäischen Union gewährleisten werden."[524]

Damit begründet sich auch, weshalb eine grundsätzliche Orientierung an den Ausgabeinteressen des Antragstellers stattzufinden hat. Nicht der Verwaltung, sondern dem Bürger kommt die Aufgabe der Verwaltungskontrolle zu. Von großem Interesse ist dabei, daß diese Abwägung zwischen den Interessen von Behörden und Bürgern mit Art. 7 des Niederländischen Gesetzes über die Öffentlichkeit der Verwaltung übereinstimmt.[525] Auch dort wird die im Ermessen der Behörde liegende Ausgabeform der Informationen durch eine Abwägung dieser Interessen bestimmt.

Grundlegend für das BVerwG war die teilweise auch in der Literatur geteilte Auffassung,[526] daß die UIRL keine deutliche Aussage bezüglich eines mangelnden Wahlrecht der Verwaltung treffe.

Diese Entscheidung hat auch für den Informationssuchenden praktische Konsequenzen. Die Behörde muß versuchen das wahre Interesse des Antragstellers zu ermitteln, da dieses für die Form der Bereitstellung der Informationen erheblich ist. Mag dieses im Regelfall tatsächlich das Akteneinsichtsrecht sein, so sind doch gewichtige Ausnahmen denkbar.[527] Bei weniger Detailtreue erfordernden Begehren kann es z. B. im Interesse des Informationssuchenden liegen, Auskunft zu erhalten. Ferner kann ein bei Akteneinsicht bestehender Konflikt des Auskunftsanspruchs mit dem Betriebs- und Geschäftsgeheimnis eines Unternehmens durch Auskunftserteilung verhindert werden.[528] Auch kann die Behörde bei Standardfragen eher auf vorgefertigte Informationsmaterialien zurückgreifen und diese dem Informationssuchenden mitgeben.[529] Dem Informationssuchenden kann damit geraten

---

523 Siehe dazu auch *Theuer*, Der Zugang zu Umweltinformationen, NVwZ 1996, 326, 332.

524 Zitat aus BVerwG ZUR 1997, 87, 89.

525 Siehe oben Ländervergleich Niederlande Seite 62.

526 *Röger*, UIG, § 4 Rn. 18; *Theuer*, Der Zugang zu Umweltinformationen, NVwZ 1996, 326, 332.

527 So VG München ZUR 1996, 94, 96 und BVerwG ZUR 1997, 87, 89; *Röger*, UIG, § 4 Rn. 22.

528 Vergleiche hierzu unten Seite 172.

529 Beispiel bei *Theuer*, Der Zugang zu Umweltinformationen, NVwZ 1996, 326, 332.

werden, auch Andeutungen zum persönlichen Verwendungszweck der Informationen zu machen.

Problematisch daran könnte sein, daß sich letzteres Material voraussichtlich wenig für die Kontrolle der Verwaltungstätigkeit eignen wird. Jedoch hat auch hier die Voraussetzungslosigkeit des Informationszugangsanspruchs ihre Bedeutung. Sie verhindert auch, daß der Antrag mit dem Ziel der Verwaltungskontrolle gestellt werden muß. Hat der Antragsteller andere Interessen, so kann die Verwaltung diesen entsprechend das Ausgabemedium wählen.

Dem BVerwG ist es mit diesem Urteil gelungen, eine richtlinienkonforme Auslegung zu finden, die den bedenklich weiten Spielraum einer Ermessensausübung durch die Verwaltung beschränkt. Dadurch kommt es einerseits zu angemessenen Ergebnissen und umgeht andererseits die schwierige Problematik der teilweisen Unanwendbarkeit nationalen Rechts und der Direktwirkung einer Richtlinie.[530]

III. Kosten

Ein ähnliches Problem stellt die Kostenregelung des § 10 UIG dar. Nach dieser Norm sollen die voraussichtlichen Kosten gedeckt werden, wobei nach der Begründung des Regierungsentwurfs[531] hierunter sowohl die Kosten für den Sachaufwand als auch für den Personalaufwand fallen. Dies richtet sich nach der Umweltinformationsgebührenordnung.[532] Nach Meinungen in der Literatur[533] wird aufgrund einer erdrosselnden Wirkung der Gebührenhöhe wiederum ein Eingriff in die materielle Kompetenz der Europäischen Gemeinschaft bewirkt. Dies müsse zur Nichtanwendung aufgrund Richtlinienwidrigkeit führen.

Auch hier eröffnet sich über eine richtlinienkonforme Auslegung von § 10 UIG und des entsprechenden Art. 2 UIGGebV eine besondere Auslegung des Ermessens, wann eine Reduzierung der Kosten oder ein Absehen von Kosten erforderlich

---

530 Sehr deutlich lobt *Röger*, Das Recht des Antragstellers, DVBl. 1997, 885 das Urteil und erkennt in ihm eine „Signalwirkung für die Auslegung weiterer umstrittener Tatbestandsmerkmale des UIG".

531 BT-Drs. 12/7138 S. 15.

532 UIGGebV vom 7.12.1994, BGBl. I S. 3732.

533 Vergleiche nur *Schrader*, Kostenerhebungen für den Zugang zu Umweltinformationen, ZUR 1994, 221, 225; siehe hierzu die nicht repräsentative Untersuchung von *Meininger*, Die EG-Umweltinformationsrichtlinie, NVwZ 1994, 150, 151.

ist. Ein solches ergibt sich bereits auch aus dem im deutschen Recht geltenden Äquivalenzprinzip.[534]

Allerdings scheint die angestrebte Kostendeckung, wie sie vom Gesetz vorgesehen ist, nur dann möglich, wenn der Wert des Eigeninteresses des Staates von den tatsächlich anfallenden Kosten abgezogen wird. Provokativ formuliert *Pernice* dazu[535]:

> „Die Übermittlung der Informationen muß als Teil der Öffentlichkeitsarbeit der Verwaltung, als Element der Umweltpolitik verstanden werden und hat nichts mit Dienstleistungen der öffentlichen Hand (Müllabfuhr, Kfz-Zulassung, Bauantrag) zu tun, die nur gegen Gebühr erbracht werden. Kostendeckende Gebühren für die Mitarbeit am effizienten Umweltschutz zu verlangen erscheint geradezu als widersinnig."

Im Fall einer Straßenreinigungsgebühr erkannte das BVerwG an,[536] daß das Vorhandensein eines Allgemeininteresses die volle Gebührenhöhe verhindert. In richtlinienkonformer Auslegung muß dieser Gedanke auch bei der Kostenfeststellung des UIG herangezogen werden.[537]

In einem Fall stößt die Kostenregelung des § 10 UIG in gesteigertem Maße auf Kritik. Größtenteils verneint wird die Frage, ob die Gebühren auch für ablehnende Bescheide verlangt werden dürfen.[538] Dem ist zuzustimmen. Es handelt sich nicht um eine Übermittlung von Informationen im Sinne des Art. 5 der Richtlinie.[539]

---

534 Darauf macht die Bundesregierung in ihrer Begründung ausdrücklich aufmerksam. Die Schwelle, ab der die von der Verwaltung erbrachte Leistung und die geforderte Gebühr in einem Mißverhältnis stehen, bleibt aber unklar. Wann ein Mißverhältnis vorliegt, ist eine Abwägungsfrage. Zum Äquivalenzprinzip siehe BVerwGE 12, 162, 169 ff.; E 26, 305, 308 ff.

535 Zitat aus *Pernice*, Stellungnahme zum Fragenkatalog des Umweltausschusses vom 12.4.1994, Ausschuß Drs. 12/541, S. 2.

536 BVerwG, U. v. 7.4.1989, BayVBl. 1989, 567 ff., in Fortführung der Rechtsprechung des U. v. 25.5.1984, E 69, 242.

537 A. A. *R. Engel*, Akteneinsicht und Recht auf Informationen über umweltbezogene Daten, S. 93: Da der einzelne Zugang von Individualinteressen geleitet sei, könne eine pauschale Berücksichtigung des Allgemeininteressen nicht erfolgen. Dem kann nicht zugestimmt werden, da der Gesetzgeber das UIG unter dem Gesichtspunkt der Verwaltungskontrolle verabschiedet hat. Auf die persönliche Interesse kommt es insofern nicht an.

538 Siehe dazu *Kramer*, UIG, Einleitung, S. 5; ablehnend *Röger*, UIG, § 10 Rn. 16 f.; siehe auch Bericht des Umweltausschusses BT-Drs. 12/7582 S. 11.

539 *Röger*, UIG, § 10 Rn. 16; *Scherzberg*, Freedom of Information - deutsch gewendet, DVBl. 1994, 733, 744; *Führ*, Stellungnahme zum Fragenkatalog des Umweltausschusses vom 14.4.1994, Ausschuß Drs. 12/540 S. 14.

IV. Probleme des Verfahrens nach dem UGB-KomE

Es ist deutlich, daß den Verfahrensfragen bei der Umsetzung der Umweltinformationsrichtlinie ein besonderes Augenmerk gelten muß, da sich über diese eine restriktive Gewährleistung des Informationszugangsanspruchs auf einfachem Wege bewirken läßt. Die zahlreiche Kritik an der Ausgestaltung des UIG ist von der Kommission berücksichtigt worden.

Das Verfahren ist Gegenstand der §§ 218, 219 und 223 UGB-KomE. Bezüglich der Ausgabeform der Informationen orientiert sich der UGB-KomE an der Entscheidung des BVerwG vom 6.12.1996[540]. Gemäß § 218 Abs. 2 S. 2 UGB-KomE soll sich die Ermessensausübung der Behörde nach der Wahl des Antragstellers richten. Die Verwendung einer Soll-Vorschrift läßt ausreichend Spielraum für ernsthafte entgegenstehende Organisationsprobleme und zusätzlich für den Schutz entgegenstehender Interessen, wie dem Betriebs- und Geschäftsgeheimnis eines Unternehmers.[541] Durch die Orientierung am Wunsch des Antragstellers ist auch die Richtlinienkonformität gewahrt.

Bisher nicht im UIG enthalten ist die Mitteilungspflicht einer unzuständigen Behörde an den Antragsteller darüber, welche die für seinen Anspruch maßgebliche Behörde ist. Voraussetzung ist, daß die zuständige Behörde bekannt ist. Zu Klärung der Frage, wann Kenntnis gegeben ist, ist die Beratungspflicht der Behörde mit einzubeziehen. Wie die Begründung feststellt,[542] soll keine Pflicht zur Ermittlung bestehen, jedoch ist dies mit dem Hintergrund des Zweckes dieser Einschränkung zu sehen. Der Geschäftsgang der unzuständigen Behörde soll nicht unzumutbar belastet werden. Allerdings stellt z. B. ein Blick in den Behördenführer für die Verwaltung noch keine unzumutbare Belastung dar.

Die Aussagen des UGB-KomE in § 223 zur Frage, wer die Kosten für die Verwaltungstätigkeit tragen soll, sind derart unbestimmt, daß lediglich zwei Aspekte erkennbar sind. Zum einen wird anerkannt, daß die Gewährung des Informationsanspruchs dem öffentlichen Interesse entspricht und dies bei der Veranschlagung der Gebühren zu berücksichtigen ist. Ansonsten enthält § 223 lediglich in Absatz 2 eine Ermächtigung für eine Rechtsverordnung über die Kosten. In der Begründung führt die Kommission zur Auslegung aus, daß dies auch bedeute, daß Anfragen zu gewerblichen Zwecken mit höheren Gebühren belegt werden können als andere Ansprüche. Die Fragen, ob das Prinzip der Kostendeckung im deutschen Umweltinformationsrecht möglich sein soll und ob für negative Bescheide eine Gebühr

540 ZUR 1997, 87 ff. = DVBl. 1997, 43 ff. = JZ 1998, 243 f.

541 Vergleiche zur Berücksichtigung dieser Gründe bereits bei der Wahl des Informationsmediums Seite 120.

542 Kommissionsentwurf zum UGB, S. 833.

verlangt werden darf, werden nicht beantwortet. Es handelt sich dabei um grundlegende Fragen des Informationsanspruchs, die gerade aufgrund der teilweisen Richtlinienwidrigkeit des § 10 UIG Klärung bedurft hätten. Es kann insofern nicht gesagt werden, daß die Norm ausreichende Vorgaben enthält.[543] § 223 UGB-KomE kann den Anforderungen des Art. 80 Abs. 1 S. 2 GG aufgrund mangelnder Bestimmungen über Inhalt und Ausmaß nicht genügen.

543 So aber Kommissionsentwurf zum UGB, S. 838.

5. Kapitel Grenzen des Anspruchs

Das Umweltinformationsgesetz gewährt mit § 4 Abs. 1 dem Informationssuchenden einen Anspruch und begrenzt diesen wieder durch die §§ 7 und 8 UIG. Dabei unterscheidet das Gesetz zwischen dem Schutz der öffentlichen Belange in § 7 und dem Schutz der privaten Belange in § 8. Indem die Frage nach den materiellen Grenzen des Informationsanspruchs auch eine Frage nach der Reichweite und Bedeutung des Gesetzes ist, sind zahlreiche Einzelaspekte der §§ 7 und 8 UIG umstritten. Der Schutz der privaten Belange, wie ihn § 8 UIG gewährleistet, kann weiter unterschieden werden in den Schutz allgemeiner privater Belange und den Schutz des Betriebs- und Geschäftsgeheimnisses. Letzterer ist besonders hervorzuheben, da dieser Schutz aufgrund der Nähe von Umweltinformationen zu industriellen Interessen von großer Bedeutung ist.

I. Der Schutz der öffentlichen Belange

Wie oben bereits dargestellt,[544] regelt § 7 UIG das Gegenrecht des Staates zum Informationsrecht des Bürgers. Anders als zum Schutz des privaten Interesses tritt die Verwaltung nicht als Mittlerin der Interessen auf, sondern nimmt eigene Interessen wahr.

Bereits die Umweltinformationsrichtlinie sieht in Art. 3 Abs. 2 und Abs. 3 einen umfangreichen Ausnahmekatalog vor, den das UIG in den §§ 7 und 8 systematisiert. Neben dem Schutz der öffentlichen Belange und demjenigen der privaten Belange kann noch eine dritte Gruppe unterschieden werden, welche im UIG als Teil des öffentlichen Interesses in § 7 Abs. 2 aufgenommen wurde. In vielen mitgliedstaatlichen Informationsgesetzen befindet sich eine gesonderte Behandlung des Schutzes der inneren Willensbildung des Staates.[545] Zum Beispiel fällt die interne Willensbildung des Staates in Frankreich bereits nicht unter den Dokumentenbegriff der Öffentlichkeitsgesetze, so daß ein späterer Ausschluß unnötig wird. Diese teilweise Sonderbehandlung der inneren Willensbildung des Staates hat die Umweltinformationsrichtlinie auch aufgenommen, indem sie diese in Art. 3 Abs. 3 UIRL von den übrigen Ablehnungsgründen im zweiten Absatz absondert. Zudem handelt es sich bei ihr um den einzigen Ausnahmetatbestand, für den die Richtlinie

544 Siehe Verhältnis Verwaltung zu Informationssuchendem Seite 110.

545 *Winter*, Akteneinsicht in Frankreich, in: Winter (Hrsg.), Öffentlichkeit von Umweltinformationen, S. 192.

eine Umsetzung als Ermessensvorschrift vorschreibt.[546] Diese Aufteilung hat der Bundesgesetzgeber nicht vorgenommen, vielmehr wurde Art. 3 Abs. 3 der Richtlinie fast wörtlich in § 7 UIG als zweiter Absatz integriert.

Festzustellen ist zunächst, daß der Gesetzgeber sämtliche in der Richtlinie aufgeführten Ausnahmegründe umgesetzt hat. Aus europarechtlichen Gründen war dies insofern nicht erforderlich, als die Richtlinie dem umsetzenden Staat einen weiten Spielraum beließ. In der Richtlinie heißt es lediglich: „Die Mitgliedstaaten können vorsehen, daß ein Antrag abgelehnt wird, wenn er folgendes berührt: ..." Allerdings besteht auch kein freies Wahlrecht der Mitgliedstaaten.[547] Damit die UIRL nicht gegen gemeinschaftsrechtlich verbürgte Grundrechte verstoßen kann, muß z. B. von der Pflicht zur Aufnahme des Schutzes der personenbezogenen Daten (Art. 3 Abs. 2 5. Bindestrich UIRL) ausgegangen werden.[548]

Andererseits ist auffallend, daß der Bundesgesetzgeber der Verwaltung für die Ausschlußgründe kein Ermessen eingeräumt hat.[549] Dieses Vorgehen unterscheidet sich von demjenigen anderer Staaten bei der Umsetzung, bzw. entspricht nicht den dort bereits vorhandenen allgemeinen Aktenzugangsrechten. Beispielsweise setzt Frankreich alle Gründe in das Ermessen der Behörde[550]; die Niederlande[551] belassen den Behörden die Einzelfallentscheidung unter anderem in Fragen der außenpolitischen Beziehungen und der Persönlichkeitsrechte. Der Wortlaut der Richtlinie gibt indes keine Hinweise darauf, daß den Behörden eine Möglichkeit zur Abwägung der Ausnahmetatbestände mit anderen Gründen gegeben werden soll. Vielmehr ist mit dem UIG eine Umsetzung gewählt worden, die insoweit richtlinienkonform ist. Wie *Röger*[552] aufzeigt, heißt es in der Richtlinie eben nicht: „Die Mitgliedstaaten können vorsehen, daß ein Antrag abgelehnt werden kann", sondern „Die Mitgliedstaaten können vorsehen, daß ein Antrag abgelehnt wird".

Das Gesetz nimmt in § 7 Abs. 1 UIG eine Aufteilung in drei Bereiche auf, anhand derer die Reichweite der Ausnahmetatbestände deutlich wird. Zudem wird im dritten Absatz der Spezialfall des Verfahrensmißbrauchs erwähnt. Schutzgegenstände

546 Zur Frage der Ausgestaltung als „Soll"- oder „Kann-"Vorschrift siehe Stellungnahme des Bundesrates, BT-Drs. 12/7138 S. 17.

547 *Scherzberg*, Der freie Zugang, UPR 1992, 48, 53; *Theuer*, Der Zugang zu Umweltinformationen, NVwZ 1996, 326, 329; *Erichsen*, Das Recht auf freien Zugang, NVwZ 1992, 409, 413; *Fluck/Theuer*, UIG, vor § 7 Rn. 3/7.

548 *Fluck/Theuer*, UIG, vor § 7 Rn. 3/7; *Erichsen*, Das Recht auf freien Zugang, NVwZ 1992, 409, 413.

549 Unberücksichtigt bleiben hierbei die Sonderfälle der mißbräuchlichen Antragstellung und der unzureichenden Bestimmtheit des Antrages im Sinne des Art. 3 Abs. 3 UIRL.

550 Art. 6 Loi no. 78-753 vom 17.7.1978.

551 Art. 10 Abs. 1 Gesetz über die Öffentlichkeit der Verwaltung.

552 UIG, § 7 Rn. 3 Fn. 3.

der Fallgruppe 1 sind allgemein höherrangige öffentliche Interessen. Der Schutz des staatlichen Innenbereichs wird durch Gruppe 2 gewahrt. Dem schließt sich der Schutz umweltschützend wirkender Vertrauenstatbestände in Gruppe drei an.[553]

1. Schutz allgemein höherrangiger öffentlicher Interessen

Als allgemein höherrangiges öffentliches Interesse kann man die in § 7 Abs. 1 Nr. 1 aufgeführten Schutzgüter verstehen.

Dem Schutz der internationalen Beziehungen kommt insofern eine besondere Bedeutung zu, als daß hierunter nach einer entsprechenden Erklärung des Rates und der Kommission[554] auch die Protokolle und der Schriftverkehr von Beratungen in den europäischen Institutionen fallen. In der Literatur ist kritisch angemerkt worden,[555] daß unter „internationale Beziehungen" auch diejenigen zu anderen EU-Mitgliedstaaten fallen können. Ungereimtheiten ergeben sich, wenn man berücksichtigt, daß nach Art. 3 Abs. 1 UIRL jeder einen Anspruch geltend machen kann, also auch ein Ausländer. Zwar kann unter Umständen deshalb ein Anspruch an eine deutsche Behörde über dort vorhandene Informationen über die Umwelt eines Nachbarstaates nicht geltend gemacht werden, jedoch ist ein direkter Antrag in dem Nachbarstaat möglich. Sofern keine anderen Geheimhaltungsgründe ersichtlich sind, wird insofern die reine Tatsache, daß es sich um die Umweltinformationen in einem anderen Mitgliedstaat handelt, nicht ausreichen, um von einer Berührung der internationalen Beziehungen sprechen zu können.

Der Schutz der Landesverteidigung schließt den Schutz der Informationen über die internationalen Bündnisse der NATO und u. U. der WEU mit ein.[556] Offenbleiben kann, ob die während eines Auslandseinsatzes der Bundeswehr im Rahmen eines Bündnisbeitrages für die UNO anfallenden Umweltinformationen als Daten zur Landes-„verteidigung"[557] zu zählen sind, da hier der Ausschlußtatbestand der in-

---

553 Bezeichnungen nach *Röger*, UIG, § 7 Rn. 2.

554 Dokument des Rates Nr. 6888/90 restreint ENV 136 vom 5.6.1990.

555 *Röger*, UIG, § 7 Rn. 4 f.

556 *Fluck/Theuer*, UIG, § 6 Rn. 56/59.

557 *Schrader*, in: *Schomerus/Schrader/Wegener*, UIG, § 7 Rn. 8 betont hier den Wortlaut. Mit *Fluck/Theuer*, UIG, § 7 Rn. 46/49, ist m. E. aber die Bedeutung des Verteidigungsbegriffs nicht frei wählbar, sondern anhand des Art. 87a GG zu messen, nach dem auch der Beitrag im Rahmen der Beistandspflicht zu einem kollektiven Sicherheitssystem einbezogen ist. *Schrader* muß sich fragen lassen, welchen Schutzzweck er in seiner eng verstandenen „Landesverteidigung" sehen will. Zum Begriff „Verteidigung" siehe *Frank*, in: AK-GG, Art. hinter 87 Rn. 23.

ternationalen Beziehungen gegeben ist. Eine Freigabe militärisch gewonnener Umweltinformationen ist gewiß geeignet eine Belastung in den Beziehungen zu fremden Staaten darzustellen. Relevante Fälle sind ansonsten hauptsächlich die Flugrouten von Militärflugzeugen, sowie die Ausmaße von Manöverschäden.[558]

Zweck des Schutzes der Vertraulichkeit der Beratungen von Behörden ist die Aufrechterhaltung der Funktionsfähigkeit der Verwaltung. Zu klären ist primär, inwieweit sich dieser Schutz von dem Schutz der internen Behördenvorgänge nach § 7 Abs. 2 UIG unterscheidet.[559] Als solche gelten nicht-abgeschlossene Schriftstücke, nicht-aufbereitete Daten oder verwaltungsinterne Mitteilungen. Eine Verbreitung dieser Daten könnte für den Informationssuchenden keine tatsächliche Bereicherung darstellen, da Vollständigkeit und Verifizierbarkeit essentialia jeglichen Normzwecks eines Informationsanspruchs sein müssen. Eine nicht verifizierbare Information ist wertlos. Andererseits ist die Störung der ordnungsgemäßen Arbeitstätigkeit des Erstellers dieser Informationen erheblich.

Die Vertraulichkeit der Beratungen hingegen ist berührt, wenn die Informationen Aufschluß geben können über die behördliche Willensbildung, wie sie zu bestimmten formellen und materiellen Aspekten der behördlichen Tätigkeit zu erfolgen hat.[560] Voraussetzung ist aber, daß diese aufgrund eines sachlichen Geheimhaltungsgrundes vertraulich sind. Nach Auffassung in der Literatur[561] und der Rechtsprechung[562] ist dieser erst ab einer gewissen Erheblichkeit gegeben. Nicht unter diesen Ausschlußgrund fallen die für Beratung herangezogenen Gutachten. Dies gilt sowohl für Gutachten interner Natur, d. h. Anfertigungen eines Sachverständigen als auch für extern bestellte Gutachten und Gutachten anderer Behörden.[563]

---

558 Beispiele bei *Röger*, UIG, § 7 Rn. 9.

559 *Fluck/Theuer*, UIG, § 7 Rn. 137 f.

560 *Scherzberg*, Freedom of Information - deutsch gewendet, DVBl. 1994, 733, 738, betont hier ein „voluntatives Element".

561 Dies ergebe sich aus dem Zusammenhang mit den staatstragenden Gründen der außenpolitischen Sicherheit und Verteidigung in derselben Gruppe; so *Arzt*, Entwurf eines UIG vorgelegt, ZRP 1993, 18, 20; *Scherzberg*, Freedom of Information - deutsch gewendet, DVBl. 1994, 733, 738; *Wegener*, Umsetzung der EG Richtlinie, IUR 1992, 211, 215; *Röger*, UIG, § 7 Rn. 12; a. A. *Fluck/Theuer*, UIG, § 7 Rn. 7.

562 OVG Schleswig-Holstein, B. v. 10.7.1996, ZUR 1997, 43; noch anders Vorinstanz VG Schleswig, U. v. 30.6.1995, ZUR 1996, 96 ff.

563 *Röger*, UIG, § 7 Rn. 13; OVG Schleswig-Holstein, B. v. 10.7.1996, ZUR 1997, 43 ff.; Besprechung des Beschlusses bei *Vahldiek*, Neue Entwicklungen in der Rechtsprechung, ZUR 1997, 144, 145 f. und *Schrader*, Anmerkungen, ZUR 1996, 98, 99; *Fluck/Theuer*, UIG, § 7 Rn. 66/69.

Der Schutz der öffentlichen Sicherheit nach § 7 Abs. 1 Nr. 1 4. Alt UIG wird bei einer erheblichen Gefahr gewährt. Damit wird der anders auszulegende Begriff der öffentlichen Sicherheit im Sinne der Umweltinformationsrichtlinie auf das entsprechende Maß im deutschen Recht gebracht. Wie in der Begründung des Regierungsentwurfs[564] ausgeführt wird, entstammt die europarechtliche Bedeutung des Begriffs „öffentliche Sicherheit" aus der Auseinandersetzung des EuGH mit der Reichweite der Freizügigkeit der europäischen Arbeitnehmer nach Art. 48 Abs. 3 EGV. Danach setzt die Beschränkung eine tatsächliche und hinreichend schwere Gefährdung voraus, die ein Grundinteresse der Gesellschaft berührt.[565] Am nächsten kommt dieser Qualität des Begriffes der aus dem deutschen Polizeirecht stammende erhebliche Gefahrenbegriff.[566]

Gemeinsam ist diesen vier Ausnahmegründen der Streit in der Literatur um die Grenzen der Auslegbarkeit der Ausnahmegründe. Die Ausnahmegründe internationale Beziehungen, Landesverteidigung und Vertraulichkeit der Beratungen müssen nach dem Wortlaut von Richtlinie und Gesetz „berührt" werden. Wann eine „Berührung" vorliegt, ist umstritten. Die erhebliche Gefahr für die öffentliche Sicherheit kann sowohl durch eine einschränkende als auch eine erweiternde Auslegung des Begriffes Erheblichkeit ihre Bedeutung ändern. Es stellt sich ein allgemeines Rechtsproblem, welches sowohl im deutschen, als auch im europäischen Recht zu verorten ist. Umstritten ist, ob im europäischen Recht ein Regel-Ausnahme-Verhältnis zu einer grundsätzlich restriktiven Auslegung der Ausnahme führen muß.[567] Betrachtet man zunächst, wie ein derartiger Konflikt nach deutschem Recht, d. h. ohne Berücksichtigung der europarechtlichen Bezüge zu lösen wäre, so bedarf es der genaueren Betrachtung, wann eine „Ausnahme" in diesem Sinne vorliegt. Nach *Larenz* ist dies dann gegeben, wenn das Gesetz eine Regel aufstellt und diese in meist eng umgrenzten Fällen durchbricht, da die Einhaltung der Regel in diesen Fällen wenig praktikabel ist oder unangebracht erscheinen muß.[568] Ausweislich der in der Richtlinie angeführten Ziele und der Begründung des Regierungsentwurfs der Bundesregierung[569] stellt § 4 UIG deutlich den Regelfall dar[570];

---

564 BT-Drs. 12/7138 S. 13.

565 EuGH Rs. 36/75, „Rutili/Minister des Inneren", Slg. 1975, 1219, 1231; Rs. 30/77, „Bouchereau", Slg. 1977, 1999, 2013; siehe dazu *Geiger*, EG-Vertrag, Art. 48 Rn. 41 f.

566 Begr. Regierungsentwurf, BT-Drs. 12/7138 S. 13 mit Verweis auf § 2 Nr. 1 c) Niedersächsisches Gesetz über die öffentliche Sicherheit und Ordnung von 17.11.1981 (Nieders. GVBl. S. 347).

567 Hierzu *Reinhardt*, Umweltinformationen als subjektives Recht, Die Verwaltung 30 (1997), 161, 165 f, ohne eigene Stellungnahme; für die in der Literatur überwiegend vertretene Auffassung *Schomerus*, Anspruchsvoraussetzungen, ZUR 1994, 226, 229 f.

568 *Larenz*, Methodenlehre, S. 355 f.

569 BT-Drs. 12/7138 S. 9.

in der grundsätzlich voraussetzungslosen, situationsunabhängigen Gewährung eines Informationsrechts ist der Regelungskern des Umweltinformationsgesetzes zu sehen. Somit hat eine Auslegung so zu erfolgen, daß das Regel-Ausnahme-Verhältnis nicht verkehrt wird. Allerdings bedeutet dies auch nicht, daß eine Auslegung „so eng wie möglich"[571] zu erfolgen hat.

Aus europarechtlicher Sicht wird der Grundsatz der engen Auslegung von Richtlinien aus der Rechtsprechung des EuGH abgeleitet, die hauptsächlich zu den Art. 30 f. und 36 EGV erfolgte. Nach dieser ergeben sich zwei grundlegende Aussagen: Ausnahmen und Vorbehalte sind eng auszulegen[572] und das Schutzniveau bei der Einführung von Ausnahmen ist am mildesten geeigneten Mittel auszurichten.[573] Teilweise wird bezweifelt, daß ersteres einen Grundsatz darstelle.[574] Vielmehr nehme auch hier der EuGH eine konkrete Abwägung der jeweiligen Zwecke vor. Dem Prinzip einer stets neu zu erfolgenden Einzelfallabwägung ist selbstverständlich zuzustimmen, jedoch ist diese begrenzt. Der EuGH muß nicht jedesmal neu entscheiden, ob eine weite oder enge Auslegung der Ausnahmevorschriften erfolgen soll.[575] Die EuGH-Urteile machen ausreichend deutlich, daß von dem Grundsatz „singularia non sunt extenda" nicht abgewichen werden soll, sondern daß ein Regel-Ausnahme-Verhältnis eine „vorsichtige" Beachtung der Grenzen der zielführenden Methode bedingt.

Zusammenfassend ergibt sich, daß eine grundsätzlich enge Auslegung der Ausnahmevorschriften geboten ist. Dies gilt nicht nur für die Summe aller Normen der §§ 7 und 8, sondern auch für jeden einzelnen Grund. Andererseits sind die Beweggründe des Gesetzgebers weiterhin für die einzelne Norm zu ermitteln und die Abwägung der Reichweite anhand des konkreten Interessenkonflikts zu lösen.[576] Ein

---

570 Siehe auch Darstellung bei *Röger*, UIG, § 7 Rn. 1.

571 Zitat aus *Larenz*, Methodenlehre, S. 356, eine Analogie anderer Ausnahmegründe kann man hingegen aufgrund der Richtliniengebundenheit der Umsetzung ausschließen.

572 EuGH Rs. 7/61, „Komm./Italien", Slg. 1961, 693, 718 f.; Rs. 46/76, „Barhuis", Slg. 1977, 5, 15; Rs. 113/80, „Komm./Irland", Slg. 1981, 1625, 1637 f.; siehe *Scherzberg*, Freedom of Information - deutsch gewendet, DVBl. 1994, 733, 738 und *Bleckmann*, Zu den Auslegungsmethoden des Europäischen Gerichtshof, NJW 1982, 1177, 1180.

573 EuGH Rs. 72/83, „Campus Oil", Slg. 1984, 2727, 2754; Rs. 281/76, „Komm./Großbritannien", Slg. 1988, 547, 574; Rs. 216, 84, „Komm./Frankreich", Slg. 1988, 793, 811.

574 *Fluck/Theuer*, UIG, vor § 7 Rn. 12 f.

575 So aber *Fluck/Theuer*, UIG, vor § 7 Rn. 13 nach *Zuleeg*, in: *v. d. Groeben/Thiesing/ Ehlermann*, EU-/EG-Vertrag, Bd. 1, Art. 1 Rn. 39.

576 Insoweit ist *Fluck/Theuer*, UIG, vor § 7 Rn. 11, zuzustimmen, die aber ansonsten den Grundsatz der engen Auslegung ablehnen.

Verweis auf die grundsätzlich eng zu erfolgende Auslegung als eigenständiges Argument wäre verfehlt.

Ebenfalls zur Gruppe der allgemein höherrangigen Interessen gehört der in § 7 Abs. 4 UIG aufgeführte Schutz der freiwilligen Angaben eines Dritten. Zweck der Norm ist die Sicherung der Kooperation zwischen der Behörde und dem Dritten.[577] Dieser Schutz wird dadurch gewährt, daß eine Veröffentlichung der Zustimmung des Dritten bedarf, und wird allein im Interesse der Behörde gewährt, so daß dem § 7 Abs. 4 nicht die Qualität einer drittschützenden Norm zukommt. In der Praxis stellt dieses Erfordernis der Zustimmung die Verwaltung vor große Probleme, da unklar ist, wann die zahlreichen deutschen Auskunftsnormen zwingend vorschreiben und wann lediglich ein Anreiz zur freiwilligen Abgabe von Informationen gemacht wird.

Unstrittig ist, daß Informationen, die aufgrund der zahlreichen aktiven Informationspflichten der „privaten" Dritten zu der Behörde gelangen, unfreiwillige Informationen sind.

Nach Ansicht *Fluck/Theuer* gelten auch solche Informationen als freiwillig, die „vorzeitig" an die Behörde geschickt werden, d. h. bevor die Behörde die Daten mittels der passiven Informationspflicht des betroffenen Dritten von diesem anfordert.[578] Dem ist zunächst zu entgegnen, daß nach diesen Überlegungen eine Behörde nur dann derartige Informationen an einen Informationssuchenden herausgeben darf, wenn sie im Vorfeld immer und ständig von ihren aktiven Informationsrecht Gebrauch macht und beständig dem Dritten Verwaltungsakte zusendet. Es wäre sogar zu überlegen, ob die Behörde unter diesen Umständen nicht zu diesem Vorgehen dem Informationssuchenden gegenüber verpflichtet wäre, da sie ansonsten durch Unterlassen bewußt eine Vereitelung gesetzlich festgelegter Rechte des Bürgers betreiben würde. Berücksichtigt man, daß Zweck des § 7 Abs. 4 UIG der Schutz eines guten Kooperationsverhältnisses zwischen Verwaltung und Dritten ist, so konterkariert diese Ansicht den Zweck. Hilfreich ist der Vergleich mit dem französischen Loi no. 78-753,[579] welches in der Praxis so verstanden wird, daß vorzeitig Übermitteltes nicht ausgeschlossen wird. Dieses kann zur Auslegung herangezogen werden. Zwar ist zutreffend, daß Auslegungen von mitgliedstaatlichen Normen vor der Geltung der Richtlinie ausgeschlossen sind, jedoch gilt dies dann nicht mehr, wenn sich die Umsetzung der Richtlinie in dem betreffenden Staat darin erschöpfte, daß festgestellt wurde, daß das nationale Recht der Richtlinie be-

---

577 *Fluck/Theuer*, UIG, § 7 Rn. 209.

578 *Fluck/Theuer*, UIG, § 7 Rn. 229 ff., zusätzlich soll auch eine spätere Umwidmung nicht mehr möglich sein, Rn. 239/240.

579 Siehe dazu *Winter*, Akteneinsicht in Frankreich, UPR 1989, 81, 85; *v. Schwanenflügel*, Die Richtlinie über den freien Zugang, DÖV 1993, 95, 101.

reits entsprach.[580] Hält der Staat an seiner bisherigen Stellung zu der neuen/alten Norm fest, so kann diese Position als Auslegungsgesichtspunkt auch im Recht der anderen Mitgliedstaaten Berücksichtigung finden. Somit ist ein Heranziehen der französischen Problemlösung zulässig und sinnvoll.[581]

Festzuhalten bleibt somit, daß die Behörde überprüfen muß, ob die bei ihr vorhandenen Informationen freiwillig erfolgten, oder ob sie generell von einer aktiven oder passiven gesetzlichen Informationspflicht erfaßt sind. Weitere Überlegungen muß sie nicht anstellen.

2. Schutz des staatlichen Innenbereiches

Dem Schutz des staatlichen Innenbereiches dienen die in der zweiten Gruppe befindlichen Ausschlußgründe. Danach besteht der Anspruch nicht während der Dauer der Gerichtsverfahren oder eines strafrechtlichen Ermittlungsverfahrens sowie während eines verwaltungsbehördlichen Verfahren. Zu beachten ist, daß Gegenstand des Informationsanspruchs nur die bei Behörden im Sinne des § 3 Abs. 1 UIG vorhandenen Informationen sind und insofern der Ausschluß der zweiten Gruppe die Informationen meint, die bei einer Behörde während eines solchen Verfahrens vorliegen.[582]

In der Literatur werden hauptsächlich zwei Probleme dieser Gruppe diskutiert. Zum einen war zunächst unklar, worauf sich eine in Halbsatz zwei befindliche Eingrenzung dieser Norm bezog. Unter § 7 fallen aus dieser Gruppe nur die Daten, welche aufgrund des Verfahrens zugegangen sind. Diese Einschränkung kann sich sowohl auf alle drei Verfahrensarten beziehen, als auch ausschließlich auf das letztgenannte verwaltungsbehördliche Verfahren. Nach einer Entscheidung des VG Freiburg[583] könne die Vorschrift nur so verstanden werden, daß alle drei verwaltungsbehördlichen Verfahrenstypen erfaßt seien. Dieser Auffassung ist allein schon angesichts der Auffassung der Bundesregierung zuzustimmen. Nach der Begründung des Regierungsentwurfs ist kennzeichnend für *die* Ausschluß*gründe* des § 7 Abs. 1 Nr. 2, „daß *sie* während der Dauer *der genannten Verfahren* jeden Zugang

580 Zur Begründung siehe oben Seite 49 f.

581 Dies berücksichtigt *Fluck/Theuer*, UIG, § 7 Rn. 231 nicht.

582 *Schrader*, in: *Schomerus/Schrader/Wegener*, UIG, § 7 Rn. 12c.

583 U. v. 8.11.1996, NVwZ 1997, 411 ff.; ebenso aus der Literatur *Röger*, UIG, § 7 Rn. 22 f. und 26; *Kramer*, UIG, § 7 Anm. 7; *Fluck/Theuer*, UIG, § 7 Rn. 111; a. A. wohl *Schomerus*, in: *Schomerus/Schrader/Wegener*, UIG, § 7 Rn. 15.

zu Daten ausschließen, die der Behörde erst mit oder nach Beginn des Verfahrens zugehen."[584]

Sehr kontrovers wird die Frage der Richtlinienkonformität der Aufnahme des dritten Verfahrenstyps in die Ausschlußtatbestände diskutiert.[585] Ob unter „Vorverfahren" im Sinne des Art. 3 Abs. 2 S. 1 3. Spiegelstrich UIRL auch das „normale" Verwaltungsverfahren verstanden werden kann, erscheint fragwürdig. Dem entspricht es auch, daß das OVG Schleswig-Holstein einen Vorlagebeschluß an den EuGH gemäß Art. 177 Abs. 2 EGV gerichtet hat,[586] und daß die Europäische Kommission ein Vertragsverletzungsverfahren begonnen hat.[587] Dieser Begriff der Richtlinie erfaßt uneigenständige Verfahren mit Hilfsfunktion. Dagegen ist ein Verwaltungsverfahren ein selbständiges Verfahren. Der Begriff, wie er in der Europarichtlinie verwendet wird, kann nur mit dem Sinngehalt des Vorverfahrens nach §§ 68 ff. VwGO verstanden werden.[588] Mit *Schrader*[589] ist der Zweck in der Aufrechterhaltung der Funktionsfähigkeit der Justiz zu sehen. Dieser Ansicht ist nun meines Erachtens auch der EuGH in seiner Entscheidung vom 17.6.1998 gefolgt. Aufgrund der Vorlage des OVG Schleswig-Holstein befand das Gericht, daß die deutsche Umsetzung nur dann richtlinienkonform ist, wenn sie so ausgelegt wird, daß das Vorverfahren einem gerichtlichen oder quasigerichtlichen Verfahren unmittelbar vorausgeht und Zweck dieses Verfahrens die Beweissicherung und Ermittlungstätigkeit für das anschließende Verfahren ist. Dieser Auslegung entspricht das einfache Verwaltungsverfahren nicht. Hingegen kann hierunter noch das Widerspruchsverfahren der §§ 68 ff. VwGO verstanden werden. Neben der Selbstüberprüfung der Verwaltung dient es auch der Vorbereitung des gerichtlichen Verfahrens.[590] Hierfür spricht auch die Verpflichtung vor einer Anfechtung- oder Verpflichtungsklage das Vorverfahren durchzuführen. Die Funktionen des Widerspruchsverfahrens, den Rechtsschutz des Bürgers zu stärken sowie die Entlastung der Gerichte[591] rechtfertigt die Subsumtion unter ein unmittelbar dem gerichtliche

---

584 Begründung des Regierungsentwurfs BT-Drs. 12/7138 S. 13.

585 *Faber*, Die Bedeutung des Umweltinformationgesetzes, DVBl. 1995, 722, 727; *Röger*, UIG, § 7 Rn. 27 ff.; *Turiaux*, Das neue Umweltinformationsgesetz, NJW 1994, 2319, 2323.

586 B. v. 10.7.1996, ZUR 1997, 43 ff.; angesichts der Gefahr einer unzulässigen Subsumtionsanfrage an den EuGH kritisch zum Wortlaut des Vorlagebeschlusses: *Winter*, Was sind Umweltinformationen, NuR 1997, 335, 336; siehe ferner die Besprechung von *Vahldiek*, Neue Entwicklungen in der Rechtsprechung, ZUR 1997, 144 ff.

587 Stellungnahme der Kommission vom 26.9.1996, Nr. K (96) 2390, endg. S. 12.

588 *Röger*, UIG, § 7 Rn. 15, a. A. *Schrader*, in: *Schomerus/Schrader/Wegener*, UIG, § 7 Rn. 15.

589 *Schrader* in: *Schomerus/Schrader/Wegener*, UIG, § 7 Rn. 15.

590 Vergleiche hierzu Eyermann, VwGO, § 68 Rn. 1 f.

591 BVerwGE 51, 310, 314; 55, 299, 302; 61, 45, 47.

Verfahren vorausgehendes Verfahren zum Zwecke der Vorbereitung des nachfolgenden Verfahrens.[592]

3. Schutz umweltschützend wirkender Vertrauenstatbestände

Nach Art. 3 Abs. 2 7. Spiegelstrich UIRL können die Mitgliedstaaten vorsehen, daß Anträge auf Informationszugang abgelehnt werden, wenn das Bekanntwerden der Informationen die Wahrscheinlichkeit einer Schädigung in dem betreffenden Bereich noch erhöhen würde. Dies ist in Form der dritten Gruppe des § 7 Abs. 1 UIG geschehen. Dort wird deutlich gemacht, daß dies sowohl die Umweltgüter des § 3 Abs. 2 Nr. 1 UIG betrifft als auch die umweltschützenden Maßnahmen im Sinne des Nr. 3. Die Beeinträchtigung muß dabei erheblich oder nachhaltig sein. Die Nachhaltigkeit steht dabei aufgrund der Unvorhersehbarkeit der zukünftigen Entwicklung auf der gleichen Stufe wie die nicht notwendig kurzfristige Erheblichkeit.

Die Gefährdung einer umweltschützenden Maßnahme im Sinne des § 3 Abs. 2 Nr. 3 UIG entspricht der auch im Strafrecht nach § 147 Abs. 2 StPO notwendige Schutz der Aufgabenwahrnehmung der Behörde.

4. Probleme des Schutzes der öffentlichen Belange nach dem UGB-KomE

In § 220 Abs. 1 Nr. 1 bis 5 UGB-KomE werden die Beschränkungen und Ausschlußgründe vorgenommen, welche im öffentlichen Interesse erforderlich sind. Der Unterschied zur im UIG verwendete Normsystematik zeigt sich in Nr. 6 des § 220 Abs. 1 UGB-KomE. Der private Ausschlußgrund des Urheberrechtsschutzes ist in der Norm integriert.

Das „Wohl des Bundes oder eines Landes“ wird nicht mehr der Umweltinformationsrichtlinie entsprechend in seine Einzelaspekte der Landesverteidigung, der internationalen Beziehungen und der den Schwerpunkt bildenden öffentlichen Sicherheit aufgeteilt, sondern unter dem umfassenden Begriff erfaßt. Fraglich ist, ob dieser Begriff als zu ungenau anzusehen ist und ihm insofern die ausreichende Bestimmtheit fehlt. Diese Bedenken greifen jedoch nicht durch, da es im Rahmen einer umfassenden Kodifikation des Umweltrechts auch möglich sein muß, zusammenfassende Beschreibungen zu verwenden, sofern der Inhalt des Begriffes verständlich und ausreichend scharf abgrenzbar bleibt. Insofern ist der Begründung

592 A. A. Vahldiek, ZUR 98, 200, 202, welche das neue Unmittelbarkeitserfordernis als nicht gegeben sieht.

zuzustimmen, wenn sie auf die ansonsten im Zivil-, Straf- und Verwaltungsrecht einheitliche Verwendung des Begriffes verweist.[593]

Übereinstimmend mit Literatur und Rechtsprechung zum UIG ist der Schutz der Vertraulichkeit nach § 220 Abs. 1 Nr. 4 UGB-KomE erst zu gewähren, wenn ein rechtfertigender Grund dies erfordert.[594]

Problematisch ist hingegen die im Kommissionentwurf vertretene Ansicht, daß unter Vorverfahren nach Art. 3 Abs. 2 3. Spiegelstrich UIRL auch formalisierte Verwaltungsverfahren mit Öffentlichkeitsbeteiligung zu verstehen sind.[595] Die Kommission geht damit auf die heftige Kritik an der Verwendung des Begriffes „laufendes Verwaltungsverfahren" im UIG ein. Allerdings kann auch die vorgenommene Auslegung nicht bestehen. Es gibt einerseits keine Anzeichen, weshalb der Europäische Rat Verwaltungsverfahren mit Öffentlichkeitsbeteiligung aus einem Informationszugangsrecht hätte herausnehmen wollen. Nach Auffassung der Kommission zum UGB wird damit eine Umgehung der Normen zur öffentlichen Auslegung verhindert.[596] Dies kann jedoch nicht überzeugen, da einem Zugangsanspruch zu Informationen, welche gleichzeitig öffentlich ausliegen, dadurch entsprochen werden kann, daß auf die öffentliche Auslegung hingewiesen wird. Ein Mehraufwand entsteht soweit nicht. Sofern bestimmte Informationen nicht ausliegen, muß die Behörde solche Daten einsehen lassen, da die Umweltinformationsrichtlinie insofern enge Grenzen setzt.[597] Es ist gerade Zweck der Richtlinie Verwaltungstransparenz als Gegensatz zur Geheimhaltung in den Mitgliedstaaten einzuführen. Dies betrifft auch die formalisierten Verfahren. Wie bereits oben gezeigt,[598] bezieht sich „Vorverfahren" auf Verfahren, welche gerichtlichen oder quasigerichtlichen Verfahren unmittelbar vorausgehen. Die Vorschriften zur öffentlichen Auslegung sind jedoch als solche nicht anzusehen. Der UGB-KomE ist somit in diesem Punkt, wie bereits das UIG, richtlinienwidrig.

II. Der Schutz der allgemeinen privaten Belange

Es ist notwendig, den Informationsanspruch auch unter dem Gesichtspunkt des Schutzes der privaten Belange Dritter einzuschränken. Es können dabei die allge-

---

593 Kommissionsentwurf zum UGB, S. 834.

594 Vergleiche dazu Seite 128.

595 Kommissionsentwurf zum UGB, S. 835.

596 Kommissionsentwurf zum UGB, S. 835.

597 Vergleiche ausführlich dazu *Röger*, UIG, § 7 Rn. 31; a. A. *Scherzberg*, Freedom of Information - deutsch gewendet, DVBl. 1994, 733, 739.

598 Siehe dazu Seite 133 .

meinen privaten Interessen, wie sie stets im Zusammenhang mit Informationsrechten zu beachten sind, von dem Schutz des Unternehmers auf Wahrung seines Betriebs- und Geschäftsgeheimnisses unterschieden werden. Diesem Schutz kommt im Rahmen eines Zugangsrechts auf Umweltinformationen besondere Bedeutung zu, so daß seine Erörterung getrennt im nächsten Abschnitt behandelt wird.

1. Schutz personenbezogener Daten

Gegenstand des § 8 Abs. 1 S. 1 Nr. 1 UIG ist der Datenschutz. Unter Datenschutz versteht man entgegen dem oft kritisierten Wortlaut[599] nicht den Schutz der Daten als Selbstzweck, sondern den Schutz vor Persönlichkeitsverletzungen durch Verarbeitung und Verwendung personenbezogener Angaben.[600] Im Zusammenhang mit der Behandlung der Grenzen des Informationsanspruchs erhält der Datenschutz seine besondere Bedeutung dadurch, daß er häufig als die Kehrseite zum allgemeinen Informationszugang der selben Medaille „Informationsverfassung" gesehen wird.[601]

Seinen Ausgang nahm der Schutz der personenbezogenen Daten in der Erkenntnis des Bundesverfassungsgerichts[602], daß eine elementare Erscheinung menschlicher Persönlichkeit das Bedürfnis des Individuums nach „Privatheit" und ungestörter Intimität ist. Insbesondere hat er das Recht auf einen informatorischen „Innenraum". Später führte das Gericht im Volkszählungsurteil[603] aus, daß unter den modernen Bedingungen der Datenverarbeitung der Schutz des einzelnen gegen unbegrenzte Erhebung, Speicherung, Verwendung und Weitergabe seiner persönlichen Daten eine Voraussetzung der freien Entfaltung der Persönlichkeit nach Art. 2 Abs. 1 i. V. m. Art. 1 Abs. 1 GG sei. In seiner Entmündigungsentscheidung von 1988[604] machte das Gericht deutlich, daß der Aspekt der technischen Datenverarbeitung für den Geltungsbereich der informationellen Selbstbestimmung unerheblich ist.

Aus dieser Entwicklung wird gefolgert, daß der einzelne „grundsätzlich selbst über die Preisgabe und Verwendung seiner persönlichen Daten zu bestimmen"[605] hat.

---

599 Zum Beispiel bei *Bull*, Datenschutz als Informationsrecht, NJW 1979, 1178.

600 So § 1 Abs. 1 BDSG.

601 Siehe *Gallwas*, Der allgemeine Konflikt, NJW 1992, 2785, 2786.

602 E 27, 1, 6.

603 BVerfGE 65, 1, 43.

604 BVerfGE 78, 77, 84; siehe dazu *Gallwas*, Der allgemeine Konflikt, NJW 1992, 2785, 2787.

605 BVerfGE 65, 1, 43; vergleiche *H. Dreier*, in H. Dreier (Hrsg.), Grundgesetz-Kommentar, Art. 2 Abs. 1 Rn. 52.

Dies ist Gegenstand der sogenannten „informationellen Selbstbestimmung“. Indem der einzelne jedoch als kommunizierendes, sozial gebundenes Individuum an der Gesellschaft teilhat, hat auch die Gesellschaft ein Recht auf Information. Dieses Spannungsverhältnis Individuum-Gemeinschaft wird vom BVerfG[606] im Sinne der Gemeinschaftsgebundenheit des einzelnen gelöst, so daß gesetzlich bestimmte Eingriffsmöglichkeiten zulässig und notwendig sind. Allerdings geht das Gericht von einem Regel-Ausnahme-Verhältnis aus, so daß der Eingriff in die informationelle Selbstbestimmung stets einer Rechtfertigung bedarf.[607]

Dieser Konflikt liegt auch dem § 8 Abs. 1 S. 1 Nr. 1 UIG durch den Schutz der personenenbezogenen Daten zugrunde. Das Umweltinformationsgesetz ist durch sein Zurverfügungstellen von Informationen grundsätzlich geeignet die informationelle Selbstbestimmung des einzelnen im Umgang mit persönlichen Daten zu beeinträchtigen. Deshalb mußte die informationelle Selbstbestimmung durch Aufnahme des Art. 8 Abs. 1 S. 1 Nr. 1 UIG geschützt werden.

Allerdings machte das Volkszählungsurteil des Bundesverfassungsgerichts auch deutlich, welche strengen Maßstäbe an eine die Selbstbestimmung im Allgemeininteresse eingrenzende Norm gestellt werden müssen. Diese Schranke muß als Norm in Form eines Gesetzes erfolgen, „ aus der sich die Voraussetzungen und der Umfang der Beschränkungen klar und für den Bürger erkennbar ergeben und die damit den rechtsstaatlichen Gebot der Normenklarheit entspricht (BVerfGE 45, 400, 420 m. w. N.).“[608] Zudem ist die Beachtung des Grundsatzes der Verhältnismäßigkeit unerläßlich.[609] Die Schranke der informationellen Selbstbestimmung stellt § 4 UIG dar, indem er den Informationsanspruch gewährleistet. Die Grenzen zwischen den beiden Ansprüchen bestimmt § 8 Abs. 1 S. 1 Nr. 1 UIG. Umstritten ist, ob diese Norm das hohe Maß an Bestimmtheit bietet, welches das BVerfG verlangt.

Nach Auffassung der Bundesregierung bietet die Bezugnahme auf „schutzwürdige Interessen der Betroffenen“ die ausreichend klare Lösungsanleitung für den Konflikt. Ein genaueres Eingehen auf einzelne Situationen wäre angesichts der Vielgestaltigkeit derselben nicht möglich. Ansonsten wäre eine Einzelfallabwägung ausgeschlossen. Dem wird in der Literatur entgegengesetzt, diese Ansicht sei nicht zutreffend.[610] Notwendig sei, wie es § 5 Abs. 4 des Entwurfes für ein UIG der

---

606 E 65, 1, 44, mit Bezugnahme auf BVerfGE 4, 7, 15; E 8, 274, 329; E 27, 1, 7; E 27, 344, 351 f.; E 33, 303, 334; E 50, 290, 353; E 56, 37, 49.

607 Siehe dazu *Gallwas*, Der allgemeine Konflikt, NJW 1992, 2785, 2786 f.

608 Zitat aus BVerfGE 65, 1, 44.

609 BVerfGE 19, 342, 348.

610 *Röger*, UIG, § 8 Rn. 8 ff.; *Scherzberg*, Freedom of Information - deutsch gewendet, DVBl. 1994, 733, 741; *Erichsen*, Zur Umsetzung der Richtlinie, S. 21; *Arzt*, Entwurf eines UIG

Gruppe Bündnis 90/Die Grünen,[611] sowie andere Entwürfe[612] aufzeigten, eine typisierende Darstellung einzelner Abwägungsgesichtspunkte. Als solche Typisierungen werden vorgeschlagen: Offenbarung von Namen, Beruf, etc. des Verursachers,[613] desgleichen bei befaßten Amtsträgern, Tatsachen über Verfahrensbeteiligungen und andere.[614]

Im Rahmen der Typisierung ist jedoch eine Besonderheit des deutschen im Gegensatz zum europäischen Datenschutzrecht zu beachten. Das BVerfG geht davon aus,[615] daß es keine „belanglosen" Daten gibt, sondern daß durch geeignete Verknüpfungsmöglichkeiten jede Information eine sensible Aussage erzeugen kann, die eine Verletzung darzustellen vermag.[616] Somit ist die Sensibilität von Daten nicht in der Form kategorisierbar, daß intime Bereiche, wie Einkommen, berufliche Stellung, Krankheiten oder ähnliches allein als sensibel angesehen werden. Insofern sieht beispielsweise der Entwurf der Grünen auch nur eine negative Typisierung vor. Diese behandelt bestimmte Bereiche als nicht-sensibel und geht ansonsten von der möglichen Sensibilität aller Daten aus. Doch ist auch diese Methode nicht frei von Widersprüchen, da auch hier wiederum ein Verstoß gegen das verfassungsrechtliche Verbot der Annahme der Existenz von belanglosen Daten möglich erscheint.

Somit besteht im deutschen Recht eine verfassungsgerichtlich erzeugte Zwickmühle zwischen ausreichender Bestimmtheit der Grenzen und ausreichender Offenheit des Datenbegriffs.

---

vorgelegt, ZRP 1993, 18, 21; Rat von Sachverständigen für Umweltfragen: Umweltgutachten 1994, BT-Drs. 12/6995 Tz. 560; *Schrader*, in: *Schomerus/Schrader/Wegener*, UIG, § 8 Rn. 7.

611 BT-Drs. 12/5696.

612 § 4 S. 2 und 3 hamburgischer Entwurf für ein Umweltdatenauskunftsgesetz, BR-Drs. 172/87; § 8 Abs. 2 Entwurf eines Landesumweltinformationsgesetzes Schleswig-Holstein SH LT-Drs. 13/838.

613 So auch Referentenentwurf des BMU vom 13.7.1992 in § 6 Abs. 3.

614 Eine ausführliche Auseinandersetzung findet sich bei *Röger*, UIG, § 8 Rn. 11 ff.

615 E 65, 1, 45; dazu *H. Dreier*, in. H. Dreier (Hrsg.), Grundgesetz-Kommentar, Art. 2 Abs. 1 Rn. 52.

616 Deutlich wird dies besonders an der momentanen Diskussion über die persönlichkeitsverletzende Wirkung sogenannter „Cookies". Es handelt sich um kleine Datenpakete, die von einem fremden Computer während des Aufrufens einer bestimmten Informationsseite im Internet auf dem eigenen Computer abgespeichert werden. Inhalt der Daten ist die Information darüber, daß diese betreffende Informationsseite im Internet aufgesucht wurde. Trotz dieses geringen Informationsgehaltes können „Cookies" aber bei einer (durchaus gewünschten) massenhaften Präsens eine aussagekräftige Beschreibung des „Surf-"Verhaltens des Internetbenutzers darstellen.

Wie *Scherzberg* ausführlich aufzeigt,[617] besteht dagegen im europäischen Recht ein anderes Verständnis der Datenschutzreichweite. Hier sind nach dem „Übereinkommen zum Schutz des Menschen bei der automatischen Verarbeitung personenbezogener Daten"[618] Sonderregeln für den Umgang mit als besonders sensitiv anzusehenden Daten vorgesehen. Es scheint in vielen europäischen Staaten die Überzeugung zu geben,[619] daß je nach möglicher Verletzungsintensität eines Datentyps abgestufte Schutznormen notwendig seien. Es ist davon auszugehen, daß diese Methode der Typisierung nach spezifischer Sensitivität auch der Abwägung der Umweltinformationsrichtlinie zugrunde liegt.

Allerdings kann daraus nicht gefolgert werden, daß der insofern offenere Datenschutzbegriff des BVerfG eingeschränkt werden sollte, bzw. auch nur werden könnte. Neben dem allgemeinen Art. 60 EMRK[620] gilt auch für das spezielle Recht auf informationelle Selbstbestimmung, daß die europäische Grundrechtsgewährung keine Begrenzung der mitgliedstaatlichen Gewährung darstellen sollte. Vielmehr verbleibt es bei den umsetzenden Mitgliedstaaten, die ihren eigenen verfassungsrechtlich gesetzten Vorgaben entsprechende Reichweite des Persönlichkeitsschutzes festzulegen.

Der Verzicht auf eine Typisierung in sogenannten „Negativlisten" birgt eine große Ungenauigkeit in sich, hält sich jedoch noch in den Grenzen des rechtsstaatlichen Bestimmtheitserfordernisses. § 8 Abs. 1 S. 1 Nr. 1 UIG entspricht § 16 Abs. 1 S. 2 BDSG, der ebenfalls keine Typisierung vorsieht. Zwar ist der Anwendungsbereich des UIG enger, jedoch kann meines Erachtens der Ansicht der Regierung noch gefolgt werden, daß die Anzahl der nicht bestimmbaren Fälle noch zu groß sei und somit Einzelfallentscheidungen ohne Vorgabe erforderlich seien.

Ein weiteres Problem des Persönlichkeitsschutzes stellt die Frage dar, ob juristische Personen in einer eigenen Persönlichkeit verletzt sein können. Zwar haben auch juristische Personen einen dem Recht auf informationelle Selbstbestimmung teilweise entsprechenden Schutz, jedoch ist dieser nicht aus der Menschenwürde und dem Schutz der Person nach Art. 2 Abs. 1 i. V. m. Art. 1 Abs. 1 GG herleitbar, sondern stellt einen Teilaspekt des Betriebs- und Geschäftsgeheimnisses oder anderer den Grundrechten des Art. 14 und Art. 12 GG unterfallenden Rechtspositionen

617 *Scherzberg*, Freedom of Information - deutsch gewendet, DVBl. 1994, 733, 740

618 Konvention Nr. 108 des Europarats vom 28.1.1981, siehe bei *Simitis/Dammann/Mallmann/Reh*, Dokumentation zum Bundesdatenschutzgesetz, DOK D 3.3.

619 So *Scherzberg*, Freedom of Information - deutsch gewendet, DVBl. 1994, 733, 740; *Simitis*, Bundesdatenschutzgesetz, § 1 Rn. 126 f, 157.

620 „Nothing in this Convention shall be construed as limiting or derogating from any of the human rights and fundamental freedoms which may be ensured under the laws of any High Contracting Party or under any other agreement to which it is a Party".

dar. Für den Schutzbereich des Persönlichkeitsrechts fehlt es den juristischen Personen jedoch an der Möglichkeit einer Würdeverletzung, welche die „physisch-psychische Existenz" eines Menschen voraussetzt,[621] so daß dieses seinem Wesen nach nicht auf juristische Personen anwendbar ist (Art. 19 Abs. 3 GG).[622]

2. *Schutz des geistigen Eigentums, insbesondere der Urheberrechte*

Einen weiteren Ausschlußgrund des Informationsanspruches sieht § 8 Abs. 1 S. 1 Nr. 2 UIG vor, indem er auch das geistige Eigentum, insbesondere die Urheberrechte unter Schutz stellt. Damit wird die Vorgabe des Art. 3 Abs. 2 4. Spiegelstrich UIRL umgesetzt, der im übrigen davon auszugehen scheint, daß das geistige Eigentum ein Teil des Betriebs- und Geschäftsgeheimnisses darstelle (4. Spiegelstrich: „- Geschäfts- und Betriebsgeheimnisse, einschließlich des geistigen Eigentums").

a) Geistiges Eigentum

Die Bundesregierung wiederum sah zunächst in ihrem Entwurf[623] die Probleme des geistigen Eigentums in dem Begriff der Urheberrechte erschöpfend umfaßt, stimmte dann aber einem Änderungsvorschlag des Bundesrats zur bestehenden Fassung zu.[624] Damit sollte der Informationszugang zum technischen Know-how, welcher sich beispielsweise in der Verfahrensgestaltung oder Anlagenverschaltung widerspiegele, verhindert werden. Diese Begründung ist jedoch unklar, da einerseits das Know-how, soweit es nicht dem Recht der gewerblichen Schutzrechte unterfällt, als ein Teil des Betriebs- und Geschäftsgeheimnisses einzustufen ist[625] und andererseits der Vorteil der Unterscheidung zwischen Urheberrecht und geistigen Eigentum darin liegt, eventuell nicht vom Urheberrechtsschutz abgedeckte Bereiche schützen zu können.

Der Widerspruch löst sich bei genauerer Betrachtung des Anwendungsgebiets „geistiges Eigentum". Es handelt sich um einen im modernen deutschen Privatrecht eher unüblichen Ausdruck, der erst in jüngerer Zeit durch die verstärkte Bedeutung

---

621 *H. Dreier*, in: H. Dreier (Hrsg.), Grundgesetz-Kommentar, Art. 19 Abs. 3 Rn. 23.

622 Siehe auch *Röger*, UIG, § 8 Rn. 5 und *Fluck/Theuer*, UIG, § 8 Rn. 73.

623 BT-Drs. 12/7138 S. 14.

624 BT-Drs. 12/7138 S. 18.

625 Vergleiche dazu Seite 147; *Fluck/Theuer*, UIG, § 8 Rn. 114/119; *Gaul*, Der erfolgreiche Schutz, S. 9 ff.

europäischer Normierungen hervortritt.[626] Die Lehre vom geistigen Eigentum geht auf die naturrechtlichen Gedanken vom Recht an der eigenen Persönlichkeit zurück. Ihr liegt die Erkenntnis eines Rechts (aus der Natur der Sache hervorgeleitetes ius naturalis) an der geistigen Schöpfung selbst und der hiervon zu trennenden Frage des Eigentums an den Werkexemplaren zugrunde.[627] Gleichbedeutend mit dem Begriff des „geistigen Eigentums“ umfaßt dabei das Immaterialgüterrecht einerseits das Urheberrecht und andererseits den gewerblichen Rechtsschutz. Als solches sind Gegenstand des Rechts solche Güter, die „eine unmittelbare Äußerung der Persönlichkeit ihres Urhebers oder Schöpfers darstellen“[628]. Man versteht darunter ein „subjektives Nutzungs- und Verwertungsrecht an einem von seiner originären Leistung her unkörperlichen, wenngleich körperlich fixierten Gut, durch das eine individuelle geistige Leistung des Rechtsinhabers auf kulturellem oder gewerblich-technischen Gebiet geschützt werden soll“[629]. Erfaßt werden außer dem Urheberrecht[630] das Patentrecht[631], das Gebrauchs-[632] und das Geschmacksmusterrecht[633] und das Warenzeichenrecht.[634] Diese geistigen Eigentumsrechte kennzeichnen sich als gewerbliche Schutzrechte aber gerade durch ihre Publizität. Zweck der schützenden Gesetze ist die Eintragung und Bekanntmachung der Positionen. Zum Beispiel entsteht der Markenschutz nach § 4 Nr. 1 MarkenG erst durch

---

626 *Fluck/Theuer*, UIG, § 8 Rn. 112; dagegen sieht Art. 162 der Bayerischen Verfassung das geistige Eigentum als Grundrecht für Urheber, Erfinder und Künstler an. Von der Wiederkehr der Formel „Geistiges Eigentum“ anstelle gewerblicher Rechtsschutz und Urheberrechte spricht ausdrücklich *Wadle*, Geistiges Eigentum - Bausteine zur Rechtsgeschichte, Titel des 1. Kapitel; zur Bedeutungssteigerung nach dem 2. Weltkrieg durch die Reaktivierung des Geflechts internationaler Abkommen und Institutionen siehe *ders.*, ebenda, S. 10; zum geistigen Eigentum als von Art. 14 GG erfaßtes Immaterialgüterrecht siehe *Wieland*, in: H. Dreier (Hrsg.), Grundgesetz-Kommentar, Art. 14 Rn. 51 f.

627 *V. Gamm*, Urheberrechtsgesetz, Einleitung Rn. 3; zum naturrechtlichen Aspekt BGHZ 17, 266, 278.

628 *Larenz*, Allgemeiner Teil, § 13 Abs. 2 Nr. 4.

629 Zitat aus *Röger*, UIG, § 8 Rn. 21.

630 Urheberrechtsgesetz vom 9.9.1965, BGBl. I S. 1273 als Umsetzung der Richtlinie 92/100/EWG vom 19.11.1992 zum Vermietrecht und Verleihrecht, sowie zu bestimmten dem Urheberrecht verwandten Schutzrechten im Bereich des geistigen Eigentums (ABl. Nr. L 246 S. 61) und der Richtlinie 93/98/EWG des Rates vom 29.10.1993 zur Harmonisierung der Schutzdauer des Urheberrechts und bestimmter verwandter Schutzrechte (ABl. Nr. L 290 S. 9) sowie der Richtlinie 96/69/EG des Europäischen Parlaments und des Rates vom 11.3.1996 über den rechtlichen Schutz von Datenbanken (ABl. Nr. L 77 S. 20) (Amtlichen Anmerkungen).

631 Nach dem Patentgesetz vom 16.12.1980, BGBl. I S. 1 (1981).

632 Gebrauchsmustergesetz vom 5.5.1936, RGBl. S. 130.

633 Geschmacksmustergesetz vom 11.1.1876, RGBl. S. 11.

634 Früher Warenzeichengesetz vom 2.1.1968, jetzt Markengesetz vom 25.10.1994, BGBl. I S. 3082, ber. 1995 I S. 156.

die Eintragung in das vom Patentamt geführte Register, in welches gemäß § 62 Abs. 2 und Abs. 3 MarkenG jedermann ein Einsichtsrecht hat. Schutzzweck dieser Gesetze ist demnach nicht die Geheimhaltung, sondern umgekehrt die Gewährung der Möglichkeit mit den Positionen allein frei umgehen zu können und andere von der Nutzung ausschließen zu können.

Bis auf das Urheberrecht entsprechen alle geistigen Eigentumsrechte dieser Zielsetzung,[635] so daß sich obiger Widerspruch im Gesetzgebungsverfahren aufklärt. Es wäre nicht notwendig gewesen, den Schutz des geistigen Eigentums zu gewährleisten; der von der Bundesregierung zunächst vorgeschlagene alleinige Schutz des Urheberrechts hätte ausgereicht. Allerdings ist diese Ansicht nur dann zutreffend, wenn man - wie hier - das Know-how nicht als geistiges Eigentum ansieht, sondern dem Schutz des Betriebs- und Geschäftsgeheimnisses unterfallen läßt. Es ist anzunehmen, daß der in Kraft getretene Wortlaut des § 8 Abs. 1 S. 1 Nr. 2 UIG den Bemühungen der Bundesregierung entspricht, einem solchen Meinungsstreit keine Bedeutung zukommen zu lassen.

b) Urheberrechte

Zunächst sogar allein vorgesehen,[636] wird im Gesetz der Schutz der Urheberrechte besonders herausgestellt. Dies betrifft in erster Linie die Gegenstände des Urheberrechts-[637] und des Kunsturheberrechtsgesetzes.[638] Als Immaterialgüterrecht ist das Urheberrecht weder ein Vermögensrecht noch ein Persönlichkeitsrecht im herkömmlichen Sinne. Es handelt sich um ein Recht eigener Art mit ineinander übergreifenden verwertungs- und urheberpersönlichkeitsrechtlichen Befugnissen. Dementsprechend unterscheidet das Urhebergesetz auch grundsätzlich zwischen diesen beiden Inhaltstypen eines Urheberrechts.

(1) Urheberpersönlichkeitsrecht

Das Urheberpersönlichkeitsrecht stellt gleichzeitig ein Element des allgemeinen Persönlichkeitsrechts im Sinne des Art. 2 Abs. 1 i. V. m. Art. 1 Abs. 1 GG dar.[639]

---

635 Vergleiche zu allem *Röger*, UIG, § 8 Rn. 22 f.

636 Zum Entwurf der Bundesregierung, BT-Drs. 12/7138 S. 14.

637 Gesetz über Urheberrecht und verwandte Schutzrechte vom 9.11.1965, BGBl. I S. 1273.

638 Gesetz betreffend das Urheberrecht an Werken der bildenden Künste und der Photographie vom 9.1.1907, RGBl S. 7, bzgl. der Vorschriften, welche den Schutz von Bildnissen betreffen; ansonsten im Urheberrechtsgesetz aufgegangen.

639 *V. Gamm*, Urheberrechtsgesetz, Einführung Rn. 93 und § 11 Rn. 5, 6; BGHZ 13, 334, 339; *Hertin*, in: *Fromm/Nordemann*, Urheberrecht, Vor § 12 Rn. 6.

Allerdings ist das Schutzrecht insoweit konkretisiert, daß Schutzgegenstand nicht die Persönlichkeit ist, sondern das urheberrechtlich geschützte Werk in seiner Verbindung mit dem Werkschöpfer.[640]

Eine Verletzung dieses ersten Aspekts des Urheberrechtsgesetzes liegt vor, wenn entsprechend § 12 UrhG gegen das Veröffentlichungsrecht oder nach § 13 gegen die Anerkennung der Urheberschaft verstoßen wird oder im Sinne des § 14 das Werk des Urhebers entgegen seinem Willen entstellt wird. Für den Anspruchsgegenstand des Umweltinformationsgesetzes, die Veröffentlichung von Umweltinformationen, ist eine Verletzung des Urheberpersönlichkeitsrechts schwer denkbar, da die Behörde durch die Zugangseröffnung zu Umweltinformationen nicht in der Lage ist, gegen obige Aspekte zu verstoßen. Insbesondere erfaßt der Schutz des Veröffentlichungsrechts nicht die Veröffentlichung als solche, sondern das Recht des Urhebers, die Bestimmung über die Veröffentlichung des Werkes zu treffen.[641] In Frage kommt allein, daß sich die Behörde über die urheberpersönlichkeitsrechtliche Alleinberechtigung des Urhebers hinwegsetzt, ein noch unveröffentlichtes Werk zu veröffentlichen. In diesem Fall kann ein Verbrauch des Veröffentlichungsrechts vorliegen.[642]

(2) Verwertungsrechte

Nach § 15 UrhG hat allein der Urheber das Recht sein Werk zu verwerten, d. h. allein er hat das Vervielfältigungsrecht gemäß § 16, das Verbreitungsrecht gemäß § 17 und das Ausstellungsrecht gemäß § 18.

Zu klären ist zunächst, in welcher Weise Umweltinformationen Gegenstand eines Werkes im Sinne des Urheberrechts sein können. Vergleicht man die Positivliste des § 2 Abs. 1 UrhG mit möglichen Inhalten von Umweltinformationen, so sind die drei Informationsgruppen nach § 2 Abs. 2 Gruppe 1-3 UIG zu unterscheiden. Informationen über den Zustand der Umweltmedien werden nicht als ein Werk eines Urhebers angesehen werden können, es sei denn, in der Darstellung der Daten zeigt sich eine besondere geistige, individuell-schöpferische Leistung. Dagegen können sowohl Inhalt, als auch Darstellung umweltgefährdender und -schützender Maßnahmen nach Gruppe 2 und 3 unter den Werkbegriff des § 2 Abs. 1 UrhG fallen. Es kann sich um „Sprachwerke, wie Schriftwerke, Reden und Computerprogramme" im Sinne des § 2 Abs. 1 Nr. 1 UrhG oder um Werke der Baukunst und der angewandten Künste einschließlich ihrer Entwürfe nach Nr. 4 handeln. Neben den

640 *V. Gamm*, Urheberrechtsgesetz, § 11 Rn. 5.

641 *V. Gamm*, Urheberrechtsgesetz, § 12 Rn. 3.

642 Zu den Grenzen des Verbrauchs *Hertin*, in: *Fromm/Nordemann*, Urheberrecht, § 12 Rn. 2.

Lichtbildwerken und Filmwerken (Nr. 5 und 6) spielt im Rahmen der Umweltinformationen die Darstellung wissenschaftlicher oder technischer Art, wie Zeichnungen, Pläne, Karten, Tabellen und plastische Darstellung, wie Modelle, eine hervorzuhebende Rolle.

Indem das Hauptkriterium für den Werkbegriff indes nicht obige äußere Bestimmbarkeit, sondern nach § 2 Abs. 2 UrhG die Charakterisierung des Werkes als persönliche geistige Schöpfung ist, ist für die Darstellungen wissenschaftlicher und technischer Art die schöpferische Leistung zum Großteil in der Darstellungsform zu sehen.[643] Informationen technischer Art können inhaltlich nicht persönliche geistige Schöpfungen sein.[644] Für den Schutz dieser sind die gewerblichen Schutzrechte, wie z. B. das Patentrecht vorgesehen. In diesem Zusammenhang besonders zu berücksichtigen ist, daß diese Darstellungen meist nach DIN oder hergebrachten Darstellungsmethoden erfolgen.[645]

Nicht erfaßt vom Schutz des Urheberrechtsgesetzes sind die Werke, die von den Behörden angefertigt wurden, § 5 Abs. 2 UrhG. § 8 UIG dient nur dem Schutz privater Interessen, der Schutz des Urheberrechts macht hiervon keine Ausnahme.

Relevantes Recht im Bereich der Verwertungsrechte von Umweltdaten ist vornehmlich das Vervielfältigungsrecht nach § 16 Abs. 1 und Abs. 2 UrhG.

Das Verbreitungsrecht nach § 17, sowie das Recht der öffentlichen Wiedergabe nach § 15 setzen die Veröffentlichung der Informationen voraus, welche sich einheitlich für das Urheberrecht aus § 15 Abs. 2 UrhG ergibt.[646] Danach ist eine Werkbekanntmachung öffentlich, wenn sie für eine Mehrzahl von Personen bestimmt ist, es sei denn, daß der Kreis dieser Personen bestimmt abgrenzbar ist und eine persönliche Verbundenheit besteht. Man könnte argumentieren, daß der Anspruch nach § 4 Abs. 1 UIG aufgrund seiner Voraussetzungslosigkeit und aufgrund des fehlenden Verbots einer unkontrollierten Weitergabe einer Veröffentlichung in diesem Sinne gleichstehen würde. Dafür spräche ferner der Zusammenhang zwischen dem partiellen Aktenzugangsrechts und den Vorschriften der Öffentlichkeitsbeteiligung im (erweiterten) Verfahren. Andererseits ist hier die Trennung von aktiven und passiven Informationsrechten des Bürgers zu beachten. Nach dem Wortlaut des § 4 Abs. 1 hat der Bürger Anspruch auf Zugang zu Informationen. Es handelt sich somit um das Recht des einzelnen, Daten zu erfahren. Nicht hingegen

---

643 BGH GRUR 1979, 464, 465.

644 *Fluck/Theuer*, UIG, § 8 Rn. 136.

645 *Fluck/Theuer*, UIG, § 8 Rn. 137; *Röger*, UIG, § 8 Rn. 24; *Führ*, Stellungnahme zum Fragenkatalog des Umweltausschusses, Ausschuß Drs. 12/540 S. 11.

646 *V. Gamm*, Urheberrechtsgesetz, § 6 Rn. 7; *Nordemann*, in: *Fromm/Nordemann*, Urheberrecht, § 6 Rn. 1.

handelt es sich um eine aktive Informationspflicht der Behörde gegenüber der Öffentlichkeit. Die Öffentlichkeit wird allein über § 11 UIG direkt involviert. Somit liegt keine Verbreitung oder öffentliche Wiedergabe der urheberrechtlich geschützten Informationen vor. Es fehlt an der Zugänglichmachung für mehrere Personen; eine Gleichsetzung ist nicht möglich.

(3) Grenzen des Urheberschutzes

Seine Grenzen findet der Urheberschutz von Umweltinformationen in zwei Vorschriften.

§ 45 UrhG ermöglicht es, im Verfahren vor einem Gericht oder einer Behörde gemäß Absatz 1 Kopien zu machen, machen zu lassen und gemäß Absatz 3 zu verbreiten. Normzweck ist ausweislich der Überschrift des § 45 die Verwendung der Informationen als Beweis- oder sonstiges Hilfsmittel in bestimmten Verfahren. Im Rahmen einer Abwägung zwischen dem wie jedem absoluten Recht sozialgebundene Urheberrecht des einzelnen und dem Interesse der Allgemeinheit an einer funktionsfähigen Rechtspflege und an der Gewährleistung öffentlicher Sicherheit wurde diese Ausnahmevorschrift getroffen.[647] Ein solches Verfahren liegt bei dem mit dem Antrag nach § 4 Abs. 1 UIG befaßten Verfahren nicht vor. In dem Verfahren des § 45 UrhG soll das Verfahren unterstützt werden durch die Kopien. Die Abwägung mit dem Urheberschutz rechtfertigt es nicht, Kopien, welche Verfahrensgegenstand sind, unter den Ausschlußgrund des Urheberschutzes zu ziehen. Fixiert ist diese Auslegung an der Formulierung „ zur Verwendung im Verfahren“. Mit Kopien als Verfahrensgegenständen liegt keine „Verwendung im Verfahren“ mehr vor, da eine solche Verwendung anderen Zielen, hier der Rechtspflege, dienen muß.[648]

Eine weitere Schranke setzt § 53 UrhG dem Urheberschutz. Danach sind Vervielfältigungen zum privaten oder sonstigen Gebrauch zulässig. Nach Ansicht *Fluck/Theuer* ist die Anfertigung von Kopien durch die Behörde im Rahmen des Umweltinformationsanspruchs keine Vervielfältigung zum privaten Gebrauch. In Frage käme die Anfertigung „für einen anderen“ im Sinne des § 53 Abs. 1 S. 2 Hs. 1 durch die Behörde. Keine Rolle spielt dabei das Erfordernis der Unentgeltlichkeit nach § 53 Abs. 1 S. 2 Hs. 2, da dieses nur Wirkung für das Überspielen auf Ton-

647 *V. Gamm*, Urheberrechtsgesetz, § 45 Rn. 6.

648 A. A. *Röger*, UIG, § 8 Rn. 24; ähnlich wie hier *Fluck/Theuer*, UIG, § 8 Rn. 154 ff.

und Bildträger hat. Auf die Frage des Kostendeckungsprinzips der Verwaltungsbehörde nach § 10 UIG kommt es mithin nicht an.[649]

Hingegen ist fraglich, ob die Tätigkeit der Behörde noch als eine Hilfstätigkeit „für einen anderen" gesehen werden kann. Zweck dieser Vorschrift bei ihrer Einführung war es zu verhindern, daß finanziell Benachteiligte nicht an dem Privileg des § 53 teilhaben könnten, da ihnen die Kosten für eine eigene Vervielfältigungsmaschinerie nicht zumutbar waren. Daraus ist zu folgern, daß „der mit der Herstellung des Vervielfältigungsstückes beauftragte Dritte an die Stelle des Vervielfältigungsgeräts des privilegierten Nutzers tritt. Das Verhalten des Dritten muß sich dabei im Rahmen einer konkreten Anweisung zur Herstellung eines bestimmten Vervielfältigungsstücks für den vom Gesetz privilegierten Nutzer halten, um an dessen Privilegierung teilhaben zu können."[650] Über diese mechanische Tätigkeit des reinen Kopierens geht das Verhalten der Behörde im Verfahren nach dem Umweltinformationsgesetz indes hinaus. Die Behörde kann, schon allein angesichts der konträren Positionen des Antragstellers „Informationssuchender" und des Antragsgegners „Behörde" nicht als Hilfsperson des Informationssuchenden angesehen werden. Der Privilegierungstatbestand des § 53 UrhG scheidet somit deshalb ebenfalls aus.

Somit sind weder § 45 UrhG noch § 52 UrhG einschlägig. Das Urheberrecht, zumeist in Form des Vervielfältigungsrechts nach § 17 UrhG, bleibt wirksames Gegenrecht zum Informationsanspruch nach § 4 Abs. 1 UIG.

3. Probleme des Schutzes der allgemeinen privaten Belange nach dem UGB-KomE

Im Kommissionsentwurf wurde auf den Ausnahmegrund des Schutzes des geistigen Eigentums verzichtet. Wie sich aus der Begründung ergibt, ist dies die Konsequenz aus der auch hier vertretenen Ansicht, daß für den Schutz des geistigen Eigentums in einem Informationszugangsrecht kein Anwendungsbereich vorhanden ist.[651]

Der Schutz des Persönlichkeitsrechts wird zusammen mit dem Schutz des Betriebs- und Geschäftsgeheimnisses im dritten Abschnitt des 7. Kapitels des UGB-KomE behandelt. Er entfaltet somit Wirkung für alle Informationsrechte des UGB-

---

649 BGHZ 134, 250, 265; BGH GRUR 1992, 282, 286 - Leitsätze soweit nicht in BGHZ 116, 136 ff.

650 Zitat nach BGHZ 134, 250, 261 zur urheberrechtlichen Zulässigkeit eines Recherchedienstes mit Kopierversand.

651 Kommissionsentwurf zum UGB, S. 836; vergleiche zum UIG oben Seite 140 ff.

KomE.[652] Wie bereits im Umweltinformationsgesetz wird auch im UGB-KomE von der Verwendung von Negativlisten zur Konkretisierung der Abwägung öffentlicher Interessen und dem Persönlichkeitsschutz abgesehen.[653] Der Kommissionsentwurf hält sich im Bereich des Persönlichkeitsschutzes auch sonst im Rahmen des bereits zu § 8 Abs. 1 S. 1 Nr. 1 UIG Behandelten.

III. Der Schutz des Betriebs- und Geschäftsgeheimnisses

In § 8 Abs. 1 S. 2 UIG wird mit der Formulierung „Betriebs- und Geschäftsgeheimnisse dürfen nicht unbefugt zugänglich gemacht werden" ein Ausschlußgrund für den freien Zugang zu Umweltinformationen errichtet, hinter dem sich die größten Probleme eines Umweltinformationszugangsanspruchs verbergen. Wie bei den meisten Ausschlußgründen war der umsetzende Gesetzgeber aus europarechtlicher Sicht nicht verpflichtet, das Gegenrecht in dieser Form aufzunehmen.[654] Ihre besondere Qualität erlangt die Abgrenzung zwischen dem Informationsanspruch und dem Schutz des Betriebs- und Geschäftsgeheimnisses durch die wirtschaftliche Bedeutung der in Frage stehenden Informationen. Betriebs- und Geschäftsgeheimnisse liegen in vermehrten Maße bei Industrieunternehmen vor. Für den wirtschaftlichen Erfolg des Unternehmens ist es von hoher Wichtigkeit, dem Konkurrenten gegenüber im Vorteil zu sein. Eine bessere technische Ausstattung und erhöhte Fähigkeiten einerseits, intelligente Marktstrategien und Organisationsstrukturen andererseits stärken die Position am Markt. Neben der Relevanz dieser notwendigen Geheimhaltung steht die Relevanz des Umweltschutzes. Umweltdaten im Sinne des § 3 Abs. 2 UIG sind oftmals „Umweltverschmutzungsdaten" und häufig wird diese Verschmutzung mittelbar oder unmittelbar auf die Industrie zurückzuführen sein.[655] Der Konflikt und die Notwendigkeit eines Ausgleichs sind somit dem Grunde nach angelegt. Im bestehenden Recht zeigt sich dies durch die Existenz zahlreicher spezieller Normen zum Ausgleich von Offenbarungspflichten und dem Gegenrecht auf Wahrung der Betriebs- und Geschäftsgeheimnisse.[656] Wäh-

652 Siehe dazu oben Seite 46.

653 Vergleiche insbesondere zum europarechtlichen Kern dieses Problems oben Seite 139 ff.

654 Art. 3 Abs. 2 4. Spiegelstrich UIRL: „Die Mitgliedstaaten können vorsehen..."

655 *Kloepfer*, Umweltinformationen durch Unternehmen, NuR 1993, 353, 356; *Schrader*, in: *Schomerus/Schrader/Wegener*, UIG, § 8 Rn. 19.

656 § 10 Abs. 2, 3 BImSchG i. V. m. § 10 Abs. 3 der 9.BImSchV; 27 Abs. 3 BImSchG; § 7 Abs. 4 S. 3 AtomG i. V. m. § 3 Abs. 2 S. 2 und 3 AtVfV; § 17a GenTG i. V. m. § 4 Abs. 3 GenTAnhV; § 37 WHG, Art. 94 BayWG i. V. m. Art. 30 BayVwVfG (und entsprechende Ländergesetze); § 22 Abs. 2, 3 ChemG; §§ 9 Abs. 1 S. 2 UmwHG; § 10 UVPG; § 30 VwVfG.

rend *Breuer*[657] 1986 noch die stiefmütterliche Behandlung des Konflikts zwischen Offenbarungspflichten und dem Schutz des Betriebs- und Geschäftsgeheimnisses beklagte, kann dieser Vorwurf heute angesichts der in der Zwischenzeit veröffentlichten Literatur zu diesem Thema nicht mehr erhoben werden.[658]

Im Folgenden gilt es zunächst, Begriff und Reichweite des „Betriebs- und Geschäftsgeheimnisses" zu bestimmen (1.), um sodann nach der grundrechtliche Herleitung zu fragen (2.) und um im Anschluß den Konflikt mit dem Informationszugangsrecht und die möglichen Alternativen darzustellen (3. und 4.).

1. Inhaltliche Bestimmung des Begriffes

Der Definition des Betriebs- und Geschäftsgeheimnis, wie sie herkömmlich erfolgt und zu konkretisieren ist, sind einige Abgrenzungen vorauszuschicken.

Der Begriff des „Geheimnisses" wird mit zwei unterschiedliche Bedeutungen verwendet. Wie *Druey*[659] aufzeigt, kann der Begriff einerseits eine institutionelle Bedeutung haben, wie bei Verwendung von „Amtsgeheimnis, Postgeheimnis, Briefgeheimnis". Hier wird das Geheimsein beschrieben. Abzugrenzen ist dies andererseits von dem Inhaltliches beschreibenden Geheimnis. Dieses zeigt, daß ein Datum unbekannt und geheimzuhalten ist. Beispielsweise sind bestimmte Fertigungstechniken Betriebsgeheimnisse des Unternehmens. Das Inhaltliches beschreibende Geheimnis ist nur der Gegenstand einer Pflicht. Deutlich wird der Unterschied an der Formulierung: Das institutionelle Geheimnis kann zwar verletzt, aber nicht verraten werden. Das Inhaltliches beschreibende Geheimnis kann nicht verletzt werden, jedoch verraten werden.

---

657 *Breuer*, Schutz von Betriebs- und Geschäftsgeheimnissen, NVwZ 1986, 171.

658 Eine Auswahl der Literatur: Die ausgezeichnete Kommentierung bei *Fluck/Theuer*, UIG, § 8 Rn. 181-389; *Taeger*, Die Offenbarung von Betriebs- und Geschäftsgeheimnissen; *K. Schmidt*, Drittschutz, Akteneinsicht und Geheimnisschutz im Kartellverfahren; *Richler*, Schutz von Betriebs- und Geschäftsgeheimnissen im Umweltrecht; *Berg*, Der Schutz von Betriebs- und Geschäftsgeheimnissen, GewArch 1996, 177 ff.; *Fluck*, Der Schutz von Unternehmensdaten, NVwZ 1994, 1048 ff.; *Eilers/Schröer*, Der Schutz der betrieblichen Informationssphäre, BB 1993, 1025 ff.; *Knemeyer*, Die Wahrung von Betriebs- und Geschäftsgeheimnissen, DB 1993, 721 ff.; *Druey*, Informationen als Gegenstand des Rechts, S. 365 ff.; *Cosack/Tomerius*, Betrieblicher Geheimnisschutz und Interesse des Bürgers, NVwZ 1993, 841 ff.; *Grümmig*, Auskunftsansprüche des Bürgers, VR 1991, 8 ff.; *Hammerl*, Der gläserne Betrieb, ZIP 1994, 1230 ff.; *Kloepfer*, Umweltinformationen durch Unternehmen, NuR 1993, 353 ff. u. a.

659 *Druey*, Informationen als Gegenstand des Rechts, S. 252, 366.

Bereits bei der Darstellung der Verwaltungsöffentlichkeit im Immissionsschutzrecht[660] wurde auf die Unterscheidung von absoluten und relativen Geheimnissen hingewiesen. Die Normierung von absoluten Geheimnissen verhindert bereits die Offenbarungspflicht des Unternehmens gegenüber der Behörde. Problematisch ist an diesen, daß der Behörde somit auch nicht die Möglichkeit eingeräumt ist, eine unzulässige Deklaration als Geheimnis durch das Unternehmen zu überprüfen. Es ist aus diesem Grunde umstritten, ob sich der Staat in dieser Form seiner eigenen Kompetenz entledigen darf.[661] Den Normalfall bilden die relativen Geheimhaltungsgründe.[662] Diese verpflichten das Unternehmen zur Bekanntgabe seiner Daten gegenüber der Behörde. Eine Weitergabe der Informationen durch die Behörde an die Öffentlichkeit ist nicht zulässig. Somit verbleibt dem Staat die Möglichkeit, Überwachungstätigkeiten im Rahmen seiner sicherheitsrechtlichen Aufgaben vorzunehmen, ohne daß das Unternehmen in seinem wirtschaftlichen Interesse gefährdet würde.

Desweiteren kann zwischen „positiven" und „negativen" Geheimnissen unterschieden werden.[663] Geheimnisse können Informationen betreffen, die ein Unternehmen als (Immaterialgüter-) Wert ansieht. Dies ist z. B. der Fall, wenn eine Formel aufgrund jahrelanger, kostenintensiver Forschung entwickelt werden konnte. Die Formel hat deshalb diesen Wert als Geheimnis. Hierzu gehören auch Fälle, in denen sich herausstellt, daß eine viel beforschte Verfahrensart nicht funktionieren kann oder daß es dem Unternehmen aus bestimmten anderen Gründen nicht gelingt, ein Ergebnis zu erzielen.[664] Solche Geheimnisse werden als „positive" bezeichnet.[665]

Hingegen sind „negative" solche, deren Publizität dem Unternehmen aus Image- oder Vertrauensgründen schaden würde, z. B. die Rohrleitungen einer Anlage sind

---

660 Siehe oben Seite 18.

661 Zur 2. Anlage zu § 4 Abs. 2 S. 1 der 11.BImSchV i. V. m. § 27 Abs. 1 und Abs. 4 BImSchG: siehe *Rebentisch*, Probleme des Geheimnisschutzes, NJW 1980, 99, 101; *Breuer*, Schutz von Betriebs- und Geschäftsgeheimnissen, NVwZ 1986, 171, 173 f.; in Frage käme ein Verstoß gegen die grundrechtliche Schutzpflicht des Staates aus Art. 2 Abs. 2 GG, so *Hahn*, Offenbarungspflichten im Umweltschutzrecht, S. 173 ff.; a. A. *Schröder*, Geheimhaltungsschutz im Recht der Umweltchemikalien, S. 16, 28.

662 Hierzu *Berg*, Der Schutz von Betriebs- und Geschäftsgeheimnissen, GewArch 1996, 177, 179, 183.

663 Unterscheidung nach *Druey*, Information als Gegenstand des Rechts, S. 366.

664 *Jaeger*, Trade Secrets Law Handbook, S. 44; in den USA als „negative trade secret" bezeichnet.

665 Diese Bezeichnung stellt keinen Widerspruch zur vorherigen Fußnote dar, da in den USA eine andere Nomenklatur herrscht; dies nicht beachtend *Hauck*, Wirtschaftsgeheimnisse - Informationseigentum, S. 28 Fn. 38.

überaltert. Beide Bereiche sind für das UIG relevant, bzw. es bedarf einer genaueren Untersuchung der Schutzbedürftigkeit.[666]

Zu unterscheiden ist das Betriebsgeheimnis indes von den gewerblichen Schutzrechten. Diese geben als echte Immaterialgüterrechte dem Inhaber die Nutzungs- und Ausschlußfunktion an dem Recht, sind jedoch anzumelden und damit öffentlich.[667]

Eine Legaldefinition des Betriebs- und Geschäftsgeheimnisses existiert nicht.[668] Vielmehr haben sich über die Zeit, insbesondere bei den Beratungen zu Strafvorschriften im UWG um die Jahrhundertwende,[669] nach dem jeweiligen Gesetzeskontext leicht divergierende Definitionen durch Rechtsprechung und Literatur herausgebildet.

In der Literatur[670] wurden vier Elemente zur Bestimmung des Begriffes Betriebs- und Geschäftsgeheimnis herausgebildet:

Es liegen Tatsachen vor,

- die im Zusammenhang mit einem Geschäftsbetrieb stehen,
- die nur einem begrenzten Personenkreis bekannt sind,
- die nach dem Willen des Betriebsinhabers geheimgehalten werden sollen und
- an deren Geheimhaltung der Geheimnisträger ein schutzwürdiges Interesse hat.[671]

---

666 Siehe dazu unten Seite 156.

667 Vergleiche zu diesen und zum Urheberrecht oben Seite 142 ff.

668 Siehe die umfangreiche Darstellung der Geschichte des Begriffes „Betriebs- und Geschäftsgeheimnis" bei *Taeger*, Die Offenbarung von Betriebs- und Geschäftsgeheimnissen, S. 26 ff.

669 Siehe Nachweise bei *Schmid*, Der gesetzliche Schutz der Fabrik- und Geschäftsgeheimnisse, S. 56 ff.

670 Literatur zu diesem Problem: *Rebentisch*, Probleme des Geheimnisschutzes, NJW 1980, 100; *Schröder*, Geheimnisschutz im Recht der Umweltchemikalien, S. 15 f.; *ders.*, Der Schutz von Betriebs- und Geschäftsgeheimnissen, UPR 1985, 394, 396; *Hahn*, Offenbarungspflichten im Umweltschutzrecht, S. 172 ff. u. v. a.

671 Siehe *Taeger* (Die Offenbarung von Betriebs- und Geschäftsgeheimnissen, S. 26 ff.) zum Ursprung; BGH GRUR 1961, 40; LAI, NVwZ 1986, 283 f.; häufig wird bei letzterem Merkmal auch von einem berechtigten wirtschaftlichen Interesse gesprochen, siehe dazu sogleich und *Fluck*, Der Schutz von Unternehmensdaten, NVwZ 1994, 1048, 1053.

a) Im Zusammenhang mit einem Geschäftsbetrieb

Der Zusammenhang mit dem Geschäftsbetrieb ist gegeben, wenn es sich um technisches bzw. geschäftliches Wissen handelt, das dem Durchschnittsfachmann nicht ohne weiteres zur Verfügung steht.[672] Vergleichbar mit dem Schutz der „kleinen Münze" im Urheberrecht, sind damit auch die kleinen „Kniffe" der mit dem Verfahren Beschäftigten erfaßt.[673]

Die Differenzierung zwischen einem Betriebs- und in einem Geschäftsgeheimnis wird allgemein so vorgenommen, daß unter Betriebsgeheimnis der technische Bereich und unter Geschäftsgeheimnis der kaufmännische Bereich des Unternehmens verstanden wird.

Beispiele für Informationen aus dem technischen Bereich sind die Daten über die Produktionsmittel, über das Produktionsverfahren, über die Bestandteile der hergestellten Waren sowie über den Herkunftsort der Rohmaterialien und auch der Zwischenprodukte.[674] Weitere Beispiele führt § 21 GWB[675] auf. Danach können auch gesetzlich nicht geschützte Erfinderleistungen, Fabrikationsverfahren, Konstruktionen, sonstige die Technik bereichernde Leistungen sowie nicht geschützte, den Pflanzenbau bereichernde Leistungen auf dem Gebiet der Pflanzenzüchtungen Betriebsgeheimnisse darstellen.

Einen Teil des Betriebsgeheimnisses stellt das sogenannte „Know-how" dar.[676] Es handelt sich dabei um nachahmbare Entwicklungen auf technischem Gebiet, die dem Unternehmer wirtschaftlich teilweise bedeutsame Vorteile bringen, ohne daß andererseits aber schon die Voraussetzungen für den patentrechtlichen Schutz gegeben sein müssen.[677] Zum Know-how gehört zusätzlich noch das nicht-geheime Erfahrungswissen; dieser Bereich des Know-how ist aber nicht mehr vom Betriebsgeheimnis abgedeckt.[678] Zum Betriebsgeheimnis wird das Know-how durch den Zeitvorsprung im Wissen, welcher dem Unternehmer wirtschaftlichen Vorteil vor seinem Konkurrenten bringt. Geheimes Know-how, also Betriebsgeheimnisse,

---

672 BGH GRUR 1963, 207, 211; GRUR 1966, 576, 581; siehe bei *Fluck/Theuer*, UIG, § 8 Rn. 209.

673 *Fluck/Theuer*, UIG, § 8 Rn. 209.

674 *Baumbach/Hefermehl*, Wettbewerbsrecht, § 17 UWG Rn. 9; *Röger*, UIG, § 8 Rn. 27.

675 Gesetz gegen Wettbewerbsbeschränkungen vom 20.2.1990, BGBl. I S. 235.

676 Nur einen Teil, da das Betriebsgeheimnis auch nicht nachahmbare, sog. innerbetriebliche Tatsachen erfaßt; siehe *Stürner*, Die gewerbliche Geheimsphäre, JZ 1985, 453; zu Bedeutung des geheimen Know-how im Wirtschaftsleben insbesondere unter dem Gesichtspunkt der Wirtschaftsspionage vergleiche *Kragler*, Schutz des geheimen Know-how, S. 12 ff.

677 *Baumbach/Hefermehl*, Wettbewerbsrecht, § 17 UWG Rn. 2; *Gaul*, Der erfolgreiche Schutz, S. 2.

678 *Gaul*, Der erfolgreiche Schutz, S. 4.

sind z. B. Konstruktionszeichnungen, Muster, Modelle, Formeln, technische Angaben über Abmessungen, Beimengungen, Verfahrenskniffe etc.[679]

Durch den Schutz der Geschäftsgeheimnisse wird der kaufmännische Bereich des Unternehmens vor wirtschaftlichen Einbußen bewahrt. Dies kann den kaufmännischen Erfahrungsschatz, das Wissen um eine mögliche Illiquidität des Unternehmens, Verkaufstechniken und Organisationsstrukturen im Unternehmen betreffen.[680]

Wie schon früh gezeigt wurde,[681] ist eine genaue Trennung der beiden Begriffe jedoch einerseits schwer vorzunehmen, da sie nicht trennscharf sind, und andererseits auch nicht erforderlich, da sich keine unterschiedlichen rechtlichen Konsequenzen ergeben.

b) Nur wenigen bekannt

Weitere Voraussetzung für den Schutz als Betriebs- und Geschäftsgeheimnis ist, daß die fraglichen Tatsachen nur einem eng begrenzten Personenkreis bekannt sein dürfen.[682] Hierunter wird die fehlende Offenkundigkeit der Tatsache verstanden. Im Wettbewerbsrecht wird von der Offenkundigkeit einer Tatsache ausgegangen, „wenn sie allgemein bekannt ist oder für jeden Interessierten die Möglichkeit besteht, sich mit lauteren Mitteln ohne größere Schwierigkeiten und Opfer von ihr Sachkenntnis zu verschaffen“[683].

Unstrittig ist das Vorliegen der Offenkundigkeit bei im Umweltbericht oder nach dem Umweltaudit eines Unternehmens veröffentlichten Informationen.[684] Sofern Informationen auf Messen, Ausstellungen oder in Publikationen bekanntgegeben wurden, liegt Öffentlichkeit vor. Ferner sind die Informationen öffentlich, die im Rahmen eines Genehmigungsverfahrens mit Öffentlichkeitsbeteiligung ausliegen

679 Beispiele bei *Gaul*, Der erfolgreiche Schutz, S. 4.

680 Beispiele bei *Gaul*, Der erfolgreiche Schutz, S. 7.

681 *E. Schmidt*, Beitrag in Verhandlungen des 36. DJT I 1930, 120, 121; vergleiche ferner *Fluck*, Der Schutz der Unternehmensdaten, NVwZ 1994, 1048, 1052; *Breuer*, Schutz von Betriebs- und Geschäftsgeheimnissen, NVwZ 1986, 171, 172.

682 Zu den sprachlichen Aspekten des „Geheimnisses“ siehe *Hauck*, Wirtschaftsgeheimnisse - Informationseigentum, S. 24.

683 Zitat aus *Baumbach/Hefermehl*, Wettbewerbsrecht, § 17 UWG Rn. 7; RG GR 1939, 733, 735; zum Patentrecht: *Bruchhausen*, in: *Benkard*, Patentgesetz, Gebrauchsmustergesetz, Einl. Rn. 25.

684 *Schrader*, in: *Schomerus/Schrader/Wegener*, UIG, § 8 Rn. 26.

oder ausgelegen haben.[685] Wie bereits oben gezeigt, kann ebenfalls kein Betriebs- und Geschäftsgeheimnis vorliegen, wenn eine Offenlegung im Rahmen des gewerblichen Rechtsschutzes erfolgt ist. Dies kommt insbesondere für Know-how in Frage, welches trotz der gewerblichen Schutzfähigkeit vom Unternehmen geheim gehalten worden ist und nun z. B. zur patentrechtlichen Anmeldung kommt.

Neben der allgemeinen Bekanntheit der Tatsachen wird auch deren leichte Zugänglichkeit erfaßt. Hierunter zählt auch, daß die Informationen einmal leicht zugänglich waren, da ein Wiedererstarken einer offenkundigen Tatsache zu einem Geheimnis nicht möglich ist.[686] Vergleichbar mit dem Urheberrecht nach § 6 Abs. 1 UrhG liegt mit der Veröffentlichung eine einmalige Handlung vor, die nicht rückgängig gemacht oder wiederholt werden kann. Unterstützung findet dies durch das Erfordernis des subjektiven Geheimhaltungswillen des Unternehmers.[687] Wenn Informationen einmal mit Willen des Unternehmers bekanntgeworden sind, so muß es sich nach dem Grundsatz des venire contra factum proprium als unerheblich darstellen, wenn der Unternehmer die offenkundigen Tatsachen wieder als geheimgehaltene behandelt wissen will.

Zu der Frage, wie groß der Kreis der Eingeweihten sein darf, ist eine generelle Aussage nicht möglich. Richtig ist es, auf den Wissensstand des Durchschnittsfachmanns abzustellen.[688]

Eine Erweiterung ist in dem Sonderfall notwendig, daß Kenntnis eines Spezialisten des Konkurrenzunternehmens besteht. Auch diese muß als ausreichend angesehen werden. Von einem Verbleiben der Information als Internum kann nicht mehr gesprochen werden, wenn dort Kenntnis besteht, wo sie nach dem Schutzzweck des Betriebs- und Geschäftsgeheimnis nicht bestehen darf, nämlich bei der Konkurrenz. Anders beurteilt sich dies, zum einen wenn das Konkurrenzunternehmen ebenfalls von einem Betriebs- und Geschäftsgeheimnis ausgeht und zum anderen für den spezielleren Fall, daß sich verschiedene Konkurrenzunternehmen in diesem Punkt zur gegenseitigen Verschwiegenheit Dritten gegenüber - u. U. konkludent - verpflichtet haben. Derartigen Informationen kommt wieder der Status des Internum zu.[689]

---

685 *Schrader*, in: *Schomerus/Schrader/Wegener*, UIG, § 8 Rn. 26; a. A. OVG Lüneburg, B. v. 9.9.1977, ET 1978, 328, 331.

686 A. A. *Fluck/Theuer*, UIG, § 8 Rn. 226, der Informationen durch reinen Zeitablauf wieder geheim werden lassen will.

687 Vergleiche dazu unten Seite 155.

688 *Fluck/Theuer*, UIG, § 8 Rn. 231.

689 Zu dieser Entscheidung des EUGH, U. v. 29.10.1980, Rs. 209-218/78, „FEDETAB", Slg. 1980, 3125 vergleiche *Fluck/Theuer*, UIG, § 8 Rn. 234/237.

Eine Ausnahme ist ferner dann zu machen, wenn das Geheimnis durch Geheimnisverrat, z. B. im Wege der Industriespionage einem Konkurrenten bekanntgeworden ist. Hier beseitigt der Verrat grundsätzlich noch nicht den Geheimnisschutz. Sofern das Geheimnis in der Sphäre des Industriespionage Betreibenden bleibt, kann im Wege zivil- und strafrechtlicher Verfahren die Offenbarung der Informationen verhindert werden.[690] Es bleibt insofern ein Internum bestehen. Veröffentlicht dagegen der Konkurrent die so erlangten Informationen, liegt kein Betriebs- und Geschäftsgeheimnis mehr vor. Insbesondere wird dies dann der Fall sein, wenn das konkurrierende Unternehmen allein mit Schädigungsabsicht und nicht mit eigener Nutzungsabsicht die Daten ausspioniert.[691]

Ein im Bereich der Umweltinformationen besonders umstrittener Gegenstand ist die Offenkundigkeit von Emissionsdaten. Emissionsdaten können Betriebs- und Geschäftsgeheimnisse sein, wenn sich aus ihnen Rückschlüsse auf andere geheimhaltungsfähige Informationen ziehen lassen.[692] In diesem Falle hat die Frage Relevanz, ob die Emissionsdaten offenkundig sind, oder erst mit einem die Möglichkeiten des durchschnittlichen Fachmanns übersteigenden Aufwand erlangt werden könnten. Teilweise wird ohne weitere Begründung von der Offenkundigkeit dieser Daten ausgegangen.[693] Dies kann nicht überzeugen, vielmehr ist im Einzelfall zu überprüfen, ob die Daten offenkundig sind. Zu beachten ist dabei, daß Emissionen nicht per se Betriebs- und Geschäftsgeheimnisse sind, sondern erst durch den Rückschluß, der von ihnen auf andere Informationen gezogen werden kann. Damit ist für die Offenkundigkeit auch die Auswertbarkeit der Informationen zu berücksichtigen. Wenn diese nur versierten Wissenschaftlern möglich ist, sind auch die Emissionsdaten nicht offenkundig.[694]

---

690 Vergleiche hierzu *Gaul*, Der erfolgreiche Schutz, S. 18 ff.; zu § 17 UWG, *Baumbach/Hefermehl*, Wettbewerbsrecht, §17 UWG; zum Recht am eingerichteten und ausgeübten Gewerbebetrieb, *Palandt*, BGB, § 823 Rn. 19 ff. und i. V. m. Schutzgesetz § 17 UWG Rn. 141; äußerst umfangreich die Darstellung bei *Hauck*, Wirtschaftsgeheimnisse - Informationseigentum, S. 133 ff., 147 ff.

691 *Kragler*, Schutz des geheimen Know-how, S. 30.

692 Siehe dazu unten Seite 158; ebenso *Schrader*, in: *Schomerus/Schrader/Wegener*, UIG, § 8 Rn. 27; LAI, NVwZ 1986, 283, 284.

693 *Roßnagel*, in: Koch/Scheuing (Hrsg.), GK-BImSchG, § 10 Rn. 258; für Emissionen, die außerhalb des Unternehmens meßbar sind: *Schrader*, in: *Schomerus/Schrader/Wegener*, UIG, § 8 Rn. 27, Fn. 85; *Röger*, UIG, § 8 Rn. 29; *Jarass*, BImSchG, § 10 Rn. 28; zudem auch für Emissionen, die allein über dem Schornstein zu messen sind: *Scherzberg*, Freedom of Information - deutsch gewendet, DVBl. 1994, 733, 742,; dagegen *Röger*, UIG, § 8 Rn 30 Fn. 7.

694 *Fluck/Theuer*, UIG, § 8 Rn. 251 ff.; *Schrader*, in: *Schomerus/Schrader/Wegener*, UIG, § 8 Rn. 27, der aber davon ausgeht, daß aufgrund des großen Umweltinteresses in der Gesellschaft die Rückschlußfähigkeit von Informationen im allgemeinen sehr hoch wäre. M. E.

c) Subjektiver Geheimhaltungswille

Nach der früher im Wettbewerbsrecht teilweise vertretenen Willenstheorie[695] war es ausreichend für das Vorliegen eines Betriebs- und Geschäftsgeheimnis im Sinne des § 17 UWG, wenn eine Tatsache nach dem bekundeten Willen des Inhabers geheimzuhalten war. Dagegen wendete sich die Interessenstheorie, die allein ein berechtigtes wirtschaftliches Interesse verlangt. Erforderlich ist aber, daß sowohl ein subjektiver Geheimhaltungswille vorhanden ist, als auch, daß nach objektiven Kriterien die Berechtigung zur Geheimhaltung besteht.

Im Gegensatz zur Handhabung des sanktionierten Geheimnisverrats des § 17 UWG ist die objektive Erkennbarkeit des subjektiven Geheimhaltungswillen des Unternehmers im UIG nicht erforderlich. Ein Betriebs- und Geschäftsgeheimnis liegt auch dann vor, wenn nur der Unternehmer weiß, daß eine relevante Tatsache geheimgehalten werden soll. Dies bedeutet auch, daß es sich bei der Regelvermutung des § 8 Abs. 2 S. 2 UIG, nach der die Behörde bei Kennzeichnung als Betriebs- und Geschäftsgeheimnisse von der Betroffenheit des Unternehmers auszugehen hat, nicht um eine inhaltliche Voraussetzung des Betriebs- und Geschäftsgeheimnisses handelt. Auch ohne Kennzeichnung kann die Tatsache noch ein Betriebs- und Geschäftsgeheimnis sein.[696]

d) Objektiv schutzwürdiges Geheimhaltungsinteresse

(1) Begriffsbestimmung

Vierte Voraussetzung für das Vorliegen eines Betriebs- und Geschäftsgeheimnisses ist das berechtigte Geheimhaltungsinteresse des Unternehmers. Umstritten ist, wie dieser Begriff auszulegen ist. Nach einer Ansicht[697] ist die Berechtigung zur Geheimhaltung anhand einer von den konkreten Umständen abhängende Einzelfallabwägung zu ermitteln, bei der entgegenstehenden Informationsinteressen nach § 4 Abs. 1 UIG bereits Eingang finden. Nach anderer Ansicht ist es für die Frage, ob ein Betriebs- und Geschäftsgeheimnis vorliegt, noch nicht von Bedeutung, welche Interessen entgegenstehen. Vielmehr dient die Frage nach der Berechtigung als

---

ersetzt das allgemeine Interesse nicht die wissenschaftliche Erkennbarkeit; a. A. *Röger*, UIG, § 8 Rn. 29.

695 Siehe dazu *Baumbach/Hefermehl*, Wettbewerbsrecht, §17 UWG Rn. 2.

696 Ebenso *Schrader*, in: *Schomerus/Schrader/Wegener*, UIG, § 8 Rn. 39 f.; *Fluck*, Der Schutz von Unternehmensdaten, NVwZ 1994, 1048, 1056.

697 *Röger*, UIG, § 8 Rn. 35 ff.; *Erichsen*, Zur Umsetzung der Richtlinie, S. 78.

Willkürausschluß, der objektiv festgestellt wird.[698] Diese Ansicht kann sich dabei auf die im Wettbewerbsrecht entwickelte Definition des Betriebs- und Geschäftsgeheimnisses stützen.[699] Das tragende Argument für eine schon im Begriff „Berechtigung" notwendige Abwägung mit den Informationsinteressen ist die im gesamten Umweltinformationsgesetz angelegte Interessensambivalenz.[700] Unklar ist, weshalb dies den Begriff des Betriebs- und Geschäftsgeheimnisses verändern können sollte. Diese Ambivalenz kommt ebenso stark zum Ausdruck, wenn objektiv anerkannt wird, daß der Unternehmer ein Betriebs- und Geschäftsgeheimnis zu wahren hat, und bei der Prüfung der Befugnis eine Abwägung beider Interessen stattfindet. Somit ist festzuhalten, daß über den Begriff des berechtigten Interesses lediglich überprüft wird, ob das Geheimhaltungsinteresse aus objektiver Sicht ohne Abwägung mit den konkreten Umständen gerechtfertigt ist.

(2) Bestehen einer Berechtigung

Wann eine Berechtigung des Unternehmers besteht, Informationen als Betriebs- und Geschäftsgeheimnis zu behandeln, ist nicht allgemein bestimmbar und bedarf der Untersuchung im Einzelfall. Zu fragen ist, ob ein verständiger Unternehmer Informationen dieser Art geheim halten würde.[701] Neben dieser sehr offenen Formulierung sind einige Festlegungen möglich.

Ein objektiver Schutz des Geheimhaltungsinteresses ist nicht gegeben, wenn aufgrund einer gesetzlichen Regelung die Information frei zugänglich sein muß, z. B. durch ein Veröffentlichungsgebot. Dieses Gebot kann landes- oder bundesrechtlich begründet sein und wird häufig auf europarechtlichen Vorschriften beruhen.

Es stellt sich die Frage, ob auch die sog. „negativen" Geheimnisse tauglicher Schutzgegenstand des Betriebs- und Geschäftsgeheimnisses sein können.[702] Darunter versteht man nicht-bekannte Tatsachen, die deshalb nicht veröffentlicht werden, weil sie in diesem Fall aus Image- und Werbegründen einen Nachteil für das

698 Überzeugend *Schrader*, in: *Schomerus/Schrader/Wegener*, UIG, § 8 Rn. 29; *Fluck/Theuer*, UIG, § 8 Rn. 278; *Rebentisch*, Probleme des Geheimnisschutzes, NJW 1980, 99, 100; *Breuer*, Schutz von Betriebs- und Geschäftsgeheimnissen, NVwZ 1986, 172 f.; *Gurlit*, Verwaltungsöffentlichkeit im Umweltrecht, S. 167; *Berg*, Der schutz von Betriebs- und Geschäftsgeheimnissen, GewArch 1996, 177, 182; *Roßnagel*, in: Koch/Scheuing (Hrsg.), GK-BImSchG, § 10 Rn. 260.

699 Die Begründung des Regierungsentwurfs weist ausdrücklich auf § 17 UWG hin. Desweiteren verweist die Begründung zur Ausfüllung des Begriffs „befugt" auf die Grundsätze der spezialgesetzlichen Bereiche, z. B. im Immissionsschutz und Chemikalienschutz.

700 *Röger*, UIG, § 8 Rn. 36; *Erichsen*, Zur Umsetzung der Richtlinie, S. 78.

701 *Schrader*, in: *Schomerus/Schrader/Wegener*, UIG, § 8 Rn. 29.

702 Siehe dazu *Druey*, Informationen als Gegenstand des Rechts, S. 366.

Unternehmen bedeuten würden. Dieser zeigt sich wirtschaftlich in Form von Einbußen, da entsprechend den Auswirkungen der positiven Werbung auch „negative Schlagzeilen" das Käuferverhalten zu beeinflussen vermögen. Während beim positiven Geheimnis der wirtschaftliche Wert in der Kenntnis des Unternehmens aufgrund des Wettbewerbsvorteils gegenüber Konkurrenten liegt, und es insofern ein unvollkommenes Immaterialgut darstellt, befinden sich die Gründe für den Wert des negativen Geheimnisses außerhalb der Sphäre des Unternehmens. Wert haben diese allein durch die Nichtkenntnis des Verbrauchers.

Dahinter verbirgt sich der Streit, ob zur Bestimmung der Schutzwürdigkeit auf die Wettbewerbsrelevanz der Informationen abzustellen ist,[703] oder ob - umfassender - der wirtschaftliche Wert der Daten für das Unternehmen maßgeblich ist.[704] So betrifft negative Werbung nicht das Verhältnis des Unternehmens zu seiner Konkurrenz, sie bestimmt jedoch den Wert des Unternehmens in der Öffentlichkeit. Nach der ersten Auffassung wären negative Umweltbeeinträchtigungen schon per se Betriebs- und Geschäftsgeheimnisse, da sie stets eine Negativwerbung in der Öffentlichkeit darstellen können, ohne daß zu verlangen wäre, daß Rückschlüsse auf tatsächliches Know-how oder Organisationskniffe im Betrieb möglich seien. Mit dieser Argumentation erübrigte sich u. a. die Diskussion zur Problematik der Emissionen als mögliche Betriebs- und Geschäftsgeheimnisse, da Daten über die Menge und Zusammensetzung der Luftverschmutzung stets Negativwerbung für das Unternehmen darstellen werden.

Dem ist nicht zuzustimmen. Richtig ist, daß Umweltbeeinträchtigungen Betriebs- und Geschäftsgeheimnisse darstellen können, jedoch trifft dies nur dann zu, wenn dadurch Aussagen über die Stellung des Unternehmens am Markt getroffen werden können oder Rückschlüsse auf Know-how möglich sind. Dann liegt ein Geschäftsgeheimnis im Sinne des Umweltinformationsgesetzes vor, an dessen Schutz das Unternehmen ein berechtigtes Interesse haben kann. Die Beeinträchtigung an sich kann jedoch kein Schutzgut des Betriebs- und Geschäftsgeheimnisses sein.[705]

Ein derartiges Verständnis der Reichweite des Betriebs- und Geschäftsgeheimnisses ist auch nicht vom Schutzbereich des Eigentumsgrundrechts nach Art. 14 Abs. 1 umfaßt. Die Freiheit von häufig berechtigten Schadensersatzansprüchen und von einer häufig berechtigten negativen Bewertung in der Öffentlichkeit[706] kann die Rechtsordnung nicht gewähren. Es ist insoweit auch nicht ausreichend, auf ein

---

703 *Rebentisch*, Probleme des Geheimnisschutzes, NJW 1980, 99, 100; *Baumbach/Hefermehl*, Wettbewerbsrecht, § 17 UWG Rn. 2, 6.

704 So *Fluck/Theuer*, UIG, § 8 Rn. 284.

705 Ebenso LAI, NVwZ 1986, 283, 284 für den Bereich der Emissionen eines Unternehmens; auch *Roßnagel*, in: Koch/Scheuing (Hrsg.), GK-BImSchG, § 10 Rn. 259.

706 So die Argumente bei *Fluck/Theuer*, UIG, § 8 Rn. 284.

mögliches Zurücktreten des Geheimhaltungsschutzes bei der Abwägung mit entgegenstehenden Interessen zu verweisen, da sich rechtlich Unbeachtliches keiner Abwägung mehr eröffnen kann. Das Unternehmen wird selbstverständlich versuchen, diese Informationen geheim zu halten, jedoch kann die Rechtsordnung es hierbei nicht unterstützen. Ein Geheimnis im Sinne des § 8 Abs. 1 S. 2 UIG liegt dann nicht vor.

Ein Vergleich mit der Anforderung an die Qualität des Betriebs- und Geschäftsgeheimnis in den Vereinigten Staaten zeigt die Eignung des Kriteriums „Wettbewerbsrelevanz". Dort erfordert das Vorliegen eines trade secret „a secret, commercially valuable plan, formular, process or device".[707] „A commercial value" ist gegeben, wenn durch die Offenlegung die Wettbewerbsposition der Person oder des Unternehmers, von dem die Information erlangt wurde, erheblich beeinträchtigt wird („substantial competitive harm").[708] Die Substantiality bestimmt sich nach verschiedenen Gesichtspunkten, wie dem Alter und der Wettbewerbseignung der Daten.

In diesem Sinne ist auch der Streit um die Schutzwürdigkeit der Emissionen eines Industrieunternehmens zu lösen. Würde man allein auf den wirtschaftlichen Wert für das Unternehmen abstellen,[709] so wären die Emissionswerte bereits schon deshalb geheim, weil die Bekanntgabe dieser negativen Geheimnisse einen Imageschaden für das Unternehmen darstellen würde. Wie gezeigt, erstreckt sich der Schutz des Betriebs- und Geschäftsgeheimnisses aber nicht so weit. Abzustellen ist darauf, ob aus den Emissionswerten Rückschlüsse auf Geheimnisse im technischen oder kaufmännischen Bereich getroffen werden können.[710] Es stellt eine technische Frage dar, inwiefern dies tatsächlich möglich ist. Denkbar wäre z. B., daß die prozentuale Mengenangabe von Verbrennungsresten bestimmter Stoffe, die einem geheimen Verfahren sein spezifisches Gepräge geben, als Emissionswerte ermittelbar sind. Erörtert wurde auch die Möglichkeit, aus der Menge auf den Umsatz des Unternehmens in diesem Bereich rückschließen zu können.[711]

---

707 Siehe oben Seite 55 ff.

708 *Gurlit*, Akteneinsicht in den Vereinigten Staaten, in: Winter (Hrsg.), Öffentlichkeit von Umweltinformationen, S. 511, 530.

709 So *Fluck/Theuer*, UIG, § 8 Rn. 284.

710 *Schrader*, in: *Schomerus/Schrader/Wegener*, UIG, § 8 Rn. 27; LAI, NVwZ 1986, 283, 284: „Keinesfalls werden Emissionen dadurch zu Geschäftsgeheimnissen, daß durch ihr Bekanntwerden der Ruf des Unternehmens geschädigt werden kann. Die Immissionsschutzbehörde kann diese Gefahr jedoch bei der Abwägung ihrer Ermessensausübung berücksichtigen."; für das UIG entspricht dies einem zu berücksichtigenden Aspekt bei der Frage nach der Befugnis der Bekanntgabe, siehe Seite 163 und 167.

711 Diese Möglichkeit bestreitet der Unterausschuß Recht des Länderausschusses für Immissionsschutz, LAI, NVwZ 1986, 283, 284.

(3) Objektiver Schutz bei rechtswidrigen Geheimnissen

Davon zu unterscheiden ist die Frage, ob jene Informationen des Unternehmens objektiv schutzwürdige Betriebs- und Geschäftsgeheimnisse sein können, die Auskunft über rechtswidriges Verhalten geben. Emissionen können z. B. gleichzeitig Rückschlüsse auf geheime Tatsachen zulassen und erlaubte Grenzwerte überschreiten.

Vertreten wird im Gewerberecht, daß der Begriff des Betriebs- und Geschäftsgeheimnisses keine juristische Wertung enthält, sondern alle Vorgänge und Umstände umfaßt, die mit den Gegebenheiten des Geschäfts- und Betriebsablaufs in Zusammenhang stehen, unabhängig von ihrer strafrechtlichen und ordnungswidrigkeitsrechtlichen Relevanz.[712] Für den Bereich des Zivilrechts wird dem zunächst entgegengesetzt, daß in diesem Fall bestehende ausdrückliche Schweigeverpflichtungen für Betriebs- und Geschäftsgeheimnisse überflüssig wären.[713] Für das Umweltrecht als öffentliches Recht ist zudem auf einen Rechtsgedanken zurückzugreifen, der auch im Satz 2 des § 46 Abs. 9 GWB zum Ausdruck kommt. Danach besteht die soeben geschilderte Schweigepflicht nicht, wenn besondere öffentliche Interessen entgegenstehen. Noch vor einer Abwägung mit dem konkreten Informationsinteresse der Allgemeinheit ist somit das Betriebs- und Geschäftsgeheimnis auf einen ihm immanenten Ausschlußgrund hin zu überprüfen. Sofern das Geheimnis nicht mehr dem Schutzbereich des Eigentumsgrundrechts zugehört, kann es nicht mehr als Betriebs- und Geschäftsgeheimnis anerkannt werden. Ausgangspunkt ist hierbei die Entscheidung des Gesetzgebers zum Umweltschutz, in Form der konkreten Festlegung von Grenzwerten und anderen sicherheits- und ordnungsbehördlichen Maßnahmen. Die Verfassungsmäßigkeit der die Rechtswidrigkeit herbeiführenden Norm unterstellt, entzieht die Sozialpflichtigkeit des Eigentums nach Art. 14 Abs. 2 GG der geheimen Information den Schutz. Meines Erachtens unterliegen rechtswidrige Daten somit nicht dem Eigentumsschutz. Ausnahmen davon bedürften der Normierung.[714]

Nicht möglich ist es dagegen, auf den generellen Umweltschutzzweck des Umweltinformationsgesetzes abzustellen. Angedeutet ist dies aber teilweise in der Literatur, wenn gefragt wird, ob nicht umweltverschmutzende Tätigkeiten allgemein, als gemeinschädliche Tatsachen, des Eigentumschutzes entbehren und es insofern be-

---

712 Zitat aus *Knorr*, Geheimhaltung und Gewerbeaufsicht, S. 15; ebenso für das UIG *Fluck/Theuer*, UIG, § 8 Rn. 283; deutlich dagegen *Taeger*, Die Offenbarung von Betriebs- und Geschäftsgeheimnissen, S. 78.

713 *Taeger*, Die Offenbarung von Betriebs- und Geschäftsgeheimnissen, S. 79 mit Verweis auf § 46 Abs. 9 GWB.

714 So z. B. obiger § 46 Abs. 9 S. 1 GWB.

reits bei der Definition des Betriebs- und Geschäftsgeheimnisses an einem berechtigten Interesse an der Geheimhaltung mangele.[715]

Die Frage, ob das Informationsinteresse das Geheimhaltungsinteresse überwiegt, ist erst bei der Frage nach der Befugnis einer Geheimhaltung zu stellen.

Ergänzt wird dies durch die Argumentation *Rögers*[716], nach der bei einem Unternehmen, das einerseits Umweltgüter auf Kosten der Allgemeinheit rechtswidrig in Anspruch genommen hat, nicht andererseits von einen berechtigten Interesse an Geheimhaltung ausgegangen werden kann. Eine Berufung darauf müsse sich als widersprüchliches Verhalten darstellen.

Im Ergebnis ist festzuhalten, daß rechtswidrige, d. h. gegen ein gesetzliches Verbot verstoßende Informationen keine Betriebs- und Geschäftsgeheimnisse darstellen können.[717]

2. *Grundrechtliche Herleitung*

Eine ausdrückliche Normierung ist im Grundgesetz nicht enthalten, weshalb ein kurzes Eingehen auf die schützenden Normen erforderlich ist. Nachdem festgestellt ist, wann ein Betriebs- und Geschäftsgeheimnis vorliegt, ist zu klären, welchen Stellenrang der Schutz von Betriebs- und Geschäftsgeheimnissen in der Rechtsordnung einnimmt. Dies ist auch in Hinblick auf diekonkrete Abwägung des Informationsinteresses mit dem Geheimhaltungsinteresse erforderlich. Die sogleich zu zeigende grundrechtliche Fundierung macht die Bedeutung der Interessen der Unternehmer deutlicher und ermöglicht den grundsätzlicheren Blick auf den Konflikt.

---

715 *Röger*, UIG, § 8 Rn. 37 Fn. 26; *Scherzberg*, Freedom of Information - deutsch gewendet, DVBl. 1994, 733, 742.

716 *Röger*, UIG, § 8 Rn. 36.

717 *Röger* (UIG, § 8 Rn. 36) weist auf eine Äußerung des EU Parlaments hin: Angaben über die Emissionen von Stoffen in die öffentliche Umwelt, auch solche aus einzelnen Verschmutzungsquellen, können in keinem Fall von einer Veröffentlichung ausgenommen werden (ABl. Nr. C 120 vom 16.5.1989, S. 231, 333 Änderung Nr. 9). Dies ist aber als für das deutsche Recht deutlich zu weitgehend zu werten. *Röger* bemängelt insofern die vorbehaltlose Einbeziehung auch rechtmäßiger Emissionen.

a) Eigentumsgrundrecht Art. 14 GG

Nach der Begründung des Regierungsentwurfes zum UIG[718] ist der Schutz von Betriebs- und Geschäftsgeheimnissen durch Art. 12 Abs. 1 und 14 GG geboten. Indem das Betriebs- und Geschäftsgeheimnis kein sachenrechtliches Eigentum darstellt, anders als z. B. das Patentrecht als Immaterialgüterrecht, bedarf es der besonderen Begründung, weshalb reine Informationen in den Schutzbereich des Art. 14 GG fallen.

Es sind zwei Ansätze zu unterscheiden. Einerseits ist zu untersuchen, ob der Schutz des Betriebs- und Geschäftsgeheimnisses über die informationelle Selbstbestimmung durch Art. 14 gewährt werden kann. Dabei ist die Rechtsprechung des BVerfG zur informationellen Selbstbestimmung von privaten Personen und von juristischen Personen zu beachten und zu unterscheiden. Die Volkszählungsentscheidung[719] des BVerfG stellt klar, daß Privatpersonen in ihrem Recht auf informationelle Selbstbestimmung verletzt werden können und sich ein derartiger Eingriff an den Maßstäben des Art. 2 Abs. 1 i. V. m. Art. 1 Abs. 1 GG messen lassen muß. Unter informationeller Selbstbestimmung versteht man dabei das Recht des einzelnen über „seine“, d. h. ihn betreffende Daten selbst verfügen zu dürfen und über die Verwendung Bescheid zu wissen.[720] Unerheblich ist dabei, ob die Daten in elektronischer oder in nicht-elektronischer Form gespeichert und verwertet werden.[721] Unmöglich ist es jedoch eine Verletzung der Persönlichkeit juristischer Personen aus Art. 2 Abs. 1 i. V. m. Art. 1 Abs. 1 GG herzuleiten, da diese ihrem Wesen nach eine natürliche Persönlichkeit voraussetzen.[722] Im Flick-Ausschuß-Urteil[723] hat das BVerfG anerkannt, daß eine Verletzung der informationellen Selbstbestimmung juristischer Personen aber in Frage kommt, da sie einen Tei-

718 BT-Drs. 12/7138 S. 14.

719 BVerfGE 65, 1 ff.; siehe ausführlich zum Persönlichkeitsrecht der Privatperson oben Seite 136 ff.

720 BVerfGE 65, 1, 43; *Scholz/Pitschas*, Informationelle Selbstbestimmung und staatliche Informationsordnung, S. 25.

721 Wenngleich im ersten Fall zu beachten ist, daß eine Verletzungshandlung stark erleichtert ist, BVerfGE 78, 77 ff.; *Gallwas*, Der allgemeine Konflikt, NJW 1992, 2785, 2787.

722 Davon geht auch die Bundesregierung in BT-Drs. 12/7138 S. 14 aus; ebenso *Berg*, Der Schutz von Betriebs- und Geschäftsgeheimnissen, GewArch 1996, 177, 178; *Roßnagel*, in Koch/Scheuing (Hrsg.), GK-BImSchG, § 10 Rn. 243; *Schrader*, in: *Schomerus/Schrader/Wegener*, UIG, § 8 Rn. 23; *Breuer*, Schutz von Betriebs- und Geschäftsgeheimnissen, NVwZ 1986, 171, 172; a. A. *Eilers/Schröer*, Der Schutz der betrieblichen Informationssphäre, BB 1993, 1025, 1027; *Cosack/Tomerius*, Betrieblicher Geheimnisschutz und Interesse des Bürgers, NVwZ 1993, 841, 843.

723 BVerfGE 67, 100, 142 f.

laspekt von Spezialgrundrechten, insbesondere des Art. 14 GG, darstellen kann.[724] Danach sind wichtige Teilbereiche der informationellen Selbstbestimmung durch Spezialgrundrechte „über deren kommunikationsrechtliche Schutzwirkung gewährleistet“[725]. Der Anwendungsbereich für diesen Aspekt des Art. 14 GG erscheint jedoch gering. Eine Verletzung der Persönlichkeit des Unternehmens durch den Umgang mit Betriebs- und Geschäftsgeheimnissen erscheint schwer denkbar.[726] Meines Erachtens ist die Situation vergleichbar mit dem Schutz der urheberrechtlichen Persönlichkeitsrechte nach § 12 bis § 14 UrhG. Die informationelle Selbstbestimmung des Unternehmers kann verletzt sein, wenn von dem Veröffentlichungsrecht Gebrauch gemacht wird. Über die Konstruktion des kommunikationsrechtlichen Aspekts des Art. 14 fällt insoweit auch der Schutz des Betriebs- und Geschäftsgeheimnis in den Schutzbereich.

Seinen Schwerpunkt findet die grundrechtliche Verortung der Betriebs- und Geschäftsgeheimnisse andererseits in ihrer Stellung als Vermögenswerte. Ihnen fehlt insoweit der unmittelbare Persönlichkeitsbezug.[727]Als vermögenswerte Güter unterfallen sie aber der Eigentumsgarantie des Art. 14 GG direkt, indem sie zu den wirtschaftlich genutzten und nutzbaren essentialia eines Unternehmens und seiner vermögensmäßigen Wirtschaftssubstanz gehören.[728] Sie stellen insofern selbständige vermögenswerte Güter dar.[729] Diskutiert wird auch, das Betriebs- und Geschäftsgeheimnis unter den Schutz des eingerichteten und ausgeübten Gewerbebetriebes fallen zu lassen.[730]

b) Berufsfreiheit Art. 12 GG

Denkbar sind ferner Fälle, in denen durch Bekanntgabe von Betriebs- und Geschäftsgeheimnissen nicht das „Erworbene“, sondern der „Erwerb“ beeinträchtigt werden könnte. In diesem Fall müßte die Information am Maßstab des Art. 12

---

724 Ausführlich dazu, daß die informationelle Selbstbestimmung mit Art. 2 Abs. 1 i. V. m Art. 1 Abs. 1 GG keine abschließende Regelung erfuhr, *Richler*, Schutz von Betriebs- und Geschäftsgeheimnissen im Umweltrecht, S. 17 ff.

725 *Scholz/Pitschas*, Informationelle Selbstbestimmung und staatliche Informationsordnung, S. 39; *Richler*, Schutz von Betriebs- und Geschäftsgeheimnissen im Umweltrecht, S. 22.

726 *Taeger* (Die Offenbarung von Betriebs- und Geschäftsgeheimnissen, S. 57 f) lehnt diese Möglichkeit ganz ab; ebenso *Fluck/Theuer*, UIG, § 8 Rn. 187 ff.

727 *Richler*, Schutz von Betriebs- und Geschäftsgeheimnissen im Umweltrecht, S. 23.

728 *Schröder*, Geheimhaltungsschutz im Recht der Umweltchemikalien, S. 22; *Scholz*, in: *Maunz/Dürig*, GG, Art. 5 Abs. 3 Rn. 18.

729 *Breuer* (NVwZ 1986, 171, 174) bezeichnet sie als „geronnene Vermögenswerte“.

730 So *Badura*, Der Eigentumsschutz des eingerichteten und ausgeübten Gewerbebetriebs, AöR 98 (1973), 153; *Fluck/Theuer*, UIG, § 8 Rn. 182/184.

Abs. 1 GG gemessen werden.[731] Das Grundgesetz unterscheidet zwischen Berufswahl und Berufsausübung, wobei in letztere eingegriffen werden kann, „soweit vernünftige Erwägungen des Gemeinwohls es als zweckmäßig erscheinen lassen“[732]. Ein Eingriff in die Berufswahl eines Unternehmens durch Offenbarung von Betriebs- und Geschäftsgeheimnissen ist nicht denkbar. Hingegen liege von *Fluck/Theuer* ein Eingriff in die Berufsausübung vor, wenn ein vom Unternehmer entwickeltes, aber noch nicht erprobtes Produktionsverfahren veröffentlicht wird.[733] Dabei ist besonderer Wert auf die Trennung von Unternehmen und der Person des Unternehmers zu legen, da allein auf die natürliche Person abzustellen ist. Insofern kommt es darauf an, ob die Offenbarung des Geheimnisses unmittelbar berufsausübungsbeschränkende Wirkung für den Unternehmer hat,[734] oder nur eine wirtschaftliche Einbuße für das Unternehmen darstellt. Nach *Berg*[735] ist eine berufsausübungsbeschränkende Wirkung durch die Offenbarung von Betriebs- und Geschäftsgeheimnissen nicht möglich, da es am personalen Inhalt fehle. Nicht die Freiheit der individuellen Erwerbs- und Leistungstätigkeit, sondern das Innehaben von vorhandenen Vermögensgütern werde geschützt.[736] Alleine Art. 14 GG sei somit schützende Norm.[737]. Dieser Ansicht ist zuzustimmen.

Zusammenfassend ist festzustellen, daß der Schutz des Betriebs- und Geschäftsgeheimnis grundrechtlich geboten ist. Die geheimzuhaltenen Tatsachen können insbesondere als vermögenswerte Güter unter Art. 14 Abs. 1 GG fallen.

3. Die Befugnis zur Offenbarung der Geheimnisse als Brennpunkt des Konfliktes

Sofern festgestellt wurde, daß Informationen des Unternehmers Betriebs- und Geschäftsgeheimnisse darstellen, ist es nach § 8 Abs. 1 S. 2 UIG erforderlich, diese vor dem Informationsanspruch zu schützen. Das Gesetz geht nicht von einem absoluten Schutz aus, sondern macht eine Abwägung der Interessen erforderlich. Ausgangspunkt hierfür ist die „Befugnis“ zur Weitergabe nach § 8 Abs. 1 S. 2 UIG.

---

731 Grundsätzlich zum Schutzbereich des Art. 12 GG *Wieland*, in H. Dreier (Hrsg.), Grundgesetz-Kommentar, Art. 12 Rn. 42 ff.

732 Drei-Stufen-Theorie infolge des Apotheken-Urteils des BVerfG 7, 377.

733 *Fluck/Theuer*, UIG, § 8 Rn. 185.

734 *Taeger*, Die Offenbarung von Betriebs- und Geschäftsgeheimnissen, S. 59 f.

735 Der Schutz von Betriebs- und Geschäftsgeheimnissen, GewArch 1996, 177, 178.

736 Zur Abgrenzung *Wieland*, in H. Dreier (Hrsg.), Grundgesetz-Kommentar, Art. 14 Rn. 152.

737 So auch *Roßnagel*, in Koch/Scheuing (Hrsg.), GK-BImSchG, § 10 Rn. 243.

Folgt man der (zutreffenden) Auffassung, die das berechtigte Geheimhaltungsinteresse des Unternehmers als ein von entgegenstehenden Interessen unabhängig zu beurteilendes Element des Begriffs „Betriebs- und Geschäftsgeheimnis" versteht, so kann eine konkrete Interessenabwägung nur noch über das Merkmal der „Befugnis" stattfinden. Nach der Definition, die sich zu dem vergleichbaren § 30 VwVfG entwickelt hat, ist die Offenbarung befugt, wenn die Behörde durch Rechtsvorschriften dazu ermächtigt oder verpflichtet ist, wenn der Geheimnisträger zugestimmt hat oder wenn eine Güterabwägung ergibt, daß das Geheimhaltungsinteresse hinter noch wichtigeren Interessen der Allgemeinheit oder einzelner zurückzutreten hat.[738] Bewußt hat die Bundesregierung sich in ihrem Entwurf an dieser Definition orientiert.[739]

a) Zustimmung

Die Möglichkeit einer Zustimmung scheint sich zunächst im Widerspruch zu obiger Definition des Geheimnisses zu befinden, welche den subjektiven Geheimhaltungswillen als wesensprägendes Element enthält.[740] Dieser Wille müßte fehlen, wenn der Unternehmer einer Offenbarung zustimmt. Bei genauerer Betrachtung erweist sich der scheinbare Widerspruch jedoch als unproblematisch. Grundsätzlich gilt, daß die Zustimmung eine nachträgliche Kundgabe darstellt, die erst zur Wirkung kommt, wenn ein Informationsantrag im Sinne des § 5 Abs. 1 UIG gestellt wurde und das Bestehen eines Betriebs- und Geschäftsgeheimnis festgestellt worden ist.[741] Allerdings verliert das durch Zustimmung bekanntgegebene Datum auch hier seine Geheimniseigenschaft generell, da die Zustimmung zur Kenniserlangung nicht nur Wirkung gegenüber dem Interessierten hat, sondern auch gegenüber Dritten. Insofern wird Öffentlichkeit hergestellt.[742] Die Nähe der Zustimmung zum subjektiven Geheimhaltungswillen bedeutet auch, daß keine Regelungslücke für eine analoge Anwendung der Formvorschriften des Bundesdatenschutzgesetzes besteht.[743]

---

738 Amtliche Begründung zu § 30 VwVfG BT-Drs. 7/910 S. 54; LAI, NVwZ 1986, 283, 284.

739 BT-Drs. 12/7138 S. 14.

740 Vergleiche oben Seite 155 f.

741 *Röger*, UIG, § 8 Rn. 39.

742 Zu § 30 VwVfG *Clausen*, in: *Knack*, VwVfG, § 30 Rn. 3.4.1; zum UIG *Fluck/Theuer*, UIG, § 8 Rn. 364/366.

743 So aber *Fluck/Theuer*, UIG, § 8 Rn. 370/372, der aus § 4 Abs. 2 S. 2, Abs. 3 BDSG analog die Schriftform für die Zustimmung fordert. Siehe zur Form auch *Bonk*, in: *Stelkens/Bonk/Sachs*, VwVfG, § 30 Rn. 14; *Knemeyer*, Geheimhaltungsanspruch, NJW 1984, 2241, 2244 f.

b) Gesetzliche Vorgaben

Eine spezialgesetzliche Pflicht zur Offenbarung von Geheimnissen findet sich nicht.[744] Wie *Fluck/Theuer*[745] zeigen, kann jedoch auf die polizeirechtlichen Generalklauseln zurückgegriffen werden,[746] wenn zur Abwehr einer konkreten Gefahr für die öffentliche Sicherheit oder Ordnung eine Veröffentlichung von Betriebs- und Geschäftsgeheimnissen erforderlich ist.

c) Güterabwägung

Den eigentlichen Brennpunkt des Konflikts zwischen Betriebs- und Geschäftsgeheimnis und dem Informationsinteresse stellt die Güterabwägung dar, die nach obiger Definition vorzunehmen ist. Nach dem Vorbild des § 30 VwVfG hätte - unter Beachtung des Verhältnismäßigkeitsprinzips[747] - der Schutz des Betriebs- und Geschäftsgeheimnisses zurückzutreten, wenn überwiegende Interessen der Allgemeinheit oder eines Dritten entgegenstehen.

Es ergeben sich damit zwei Konflikte. Zum einen ist zu klären, welche Interessen auf beiden Seiten zu beachten sind und zum anderen, wie die Gewichtung dieser Interessen in der Abwägung aussehen soll.

(1) Gründe für das Informationsinteresse

Zu beachten ist zunächst, daß das Umweltinformationsgesetz nicht wie die die Betroffenenrechte wahrenden §§ 29, 30 VwVfG auf das Individuum abstellt, sondern ein Jedermannrecht begründet. Für den Zugang zu Umweltinformationen ist es unerheblich, wer die Person des Antragstellers ist und aus welchen persönlichen Gründen er die Informationen erlangen möchte. Dies hat zur Folge, daß die Behörde als Mittlerin zwischen der informationssuchenden Gesellschaft und dem in seinem Geheimnisbereich zu schützenden Unternehmen[748] alle Gründe auf ihre Relevanz zu überprüfen hat und nicht nur jene, welche in der Person des Antragstellers vorliegen. Sie verwendet dabei einen objektiven Maßstab, der nicht auf die subjek-

744 *Schrader*, in: *Schomerus/Schrader/Wegener*, UIG, § 8 Rn. 32.

745 UIG, § 8 Rn. 368/369.

746 Zur Generalklausel vergleiche *Knemeyer*, Polizei- und Ordnungsrecht, S. 82 f. Rn. 108.

747 BVerfG NJW 1970, 555 f.; *Clausen*, in: *Knack*, VwVfG, § 30 Rn. 3.4.3.

748 Indem es sich um das Ausfüllen eines unbestimmten Rechtsbegriffes handelt, ist dieser Vorgang gerichtlich vollständig nachprüfbar. Auch das Gericht hat das objektiv festzustellenden Allgemeininteresse an den Informationen zu ermitteln.

tiven Interessen des Antragstellers abstellt.[749] Die Behörde hat damit zu fragen, ob es irgendwelche Interessen der Allgemeinheit oder einer Person gibt, die dem Betriebs- und Geschäftsgeheimnis vorgehen müssen.

Eine andere Ansicht vertritt *Reinhardt*[750], der dem Geheimhaltungsinteresse des Unternehmers auch das persönliche Informationsinteresse entgegenhalten will. Damit hätten auch Beweggründe in der Person des Antragstellers Relevanz, die keine objektiven Interesse an Informationen sein könnten, wie z. B. die Frage, ob „der Informationssuchende im Vorfeld einer umwelthaftungsrechtlichen Klage potentielle Schädiger sondieren möchte, ob er im Sinne der Richtlinie als wachsamer Bürger den behördlichen Vollzug des objektiven Rechts kontrollieren will oder ob ihn als Konkurrent Gründe des Wettbewerbes zu einer Anfrage veranlassen."[751]

Derartige Gesichtspunkte will das Gesetz aber gerade außer acht lassen. Dies ist die Konsequenz der Qualifikation des Umweltinformationsanspruchs als ein situationsunabhängiges, jedermann zustehendes, allgemeines Informationszugangsrecht. Die andere Ansicht ist noch im alten System der Situationsgebundenheit und der möglichen Verletzung subjektiver Rechtsposition verhaftet. Diese zu wahren, ist aber von einem allgemeinen Informationszugangsrecht nicht intendiert, unabhängig davon, ob es nur partiellen Zugang, z. B. zu Umweltinformationen gewährt, oder umfassend wirkt, wie die Aktenzugangsrechte in anderen Staaten der Europäischen Union und den Vereinigten Staaten.[752]

Die objektiv feststellbaren Interessen können hauptsächlich in zwei Bereiche eingeteilt werden. Dem Zweck des Umweltinformationsgesetz entsprechend, wie er im 2. Kapitel dargestellt wurde, kommen Umweltschutz- und allgemeine Informationsgründen als Ausfluß der Informationsfreiheit in Betracht.

Das umweltrelevante Gefährdungspotential, die Eintrittswahrscheinlichkeit einer eventuellen Umweltschädigung und die Zurechenbarkeit eines aufgetretenen Gefährdungsverdachts sind Beispiele für ein erhöhtes Informationsinteresse aus

---

749 Diese werden allein bei der Wahl der Ausgabeform durch die Behörde beachtet, da dort dem Interesse des Antragstellers weitestgehend entgegengekommen werden soll, siehe oben Seite 120 ff.; BVerwG, U. v. 6.12.1996, ZUR 1997, 87 ff. = DVBl. 1997, 43 ff.

750 *Reinhardt*, Umweltinformationen als subjektives Recht, Die Verwaltung 30 (1997), 161, 179; ebenso *Berg*, Der Schutz von Betriebs- und Geschäftsgeheimnissen, GewArch 1996 177, 183.

751 Zitat aus *Reinhardt*, Umweltinformationen als subjektives Recht, Die Verwaltung 30 (1997), 161, 179.

752 Siehe zu diesen im Rechtsvergleich Seite 48 ff.

Gründen des Umweltschutzes.[753] Die Interessen können dabei materieller wie immaterieller Art sein.

Hinzu kommen Interessen aus nicht umweltschutzbezogenen Gründen. Die Beschränkung des Gesetzes auf Umweltinformationen bedeutet nicht, daß auch die Gründe zu deren Erlangung umweltmotiviert sein müssen. Ein wesentlicher Aspekt des Umweltinformationsgesetzes ist auch sein Charakter als Informationsfreiheit gewährendes Regelwerk. Somit kann auch den Umweltdaten, die eine hohe politische Brisanz haben, aufgrund ihrer besonderen demokratischen Bedeutung eine stärkere Gewichtung in der Abwägung zukommen.

(2) Gründe für Geheimhaltungsinteresse

Die Intensität einer notwendigen Geheimhaltung richtet sich bei den wirschaftlich zu messenden Betriebs- und Geschäftsgeheimnissen nach dessen Vermögenswert, nach dem hierfür erbrachten Investitionssaufwand, dem Amortisationsstand dieser Investitionen und der gesamten Markt- und Wettbewerbslage des Unternehmens.[754] Hierbei handelt es sich um die persönlichen Interessen materieller und immaterieller Art des Unternehmens.[755]

Grundsätzlichen Einfluß hat in der Abwägung das Interesse der Allgemeinheit an einer funktionsfähigen Wirtschaft. Zu beachten ist aber auch die marktwidrige, monopolisierende Natur des Betriebs- und Geschäftsgeheimnisses. Nach *Druey*[756] führte diese zu einer Reduzierung des Schutzumfangs des Geheimnisses in den Vereinigten Staaten.

(3) Grundzüge der Abwägung

Nach der für § 30 VwVfG entwickelten Definition ist die Geheimhaltung dann unbefugt, wenn eine Güterabwägung ergibt, daß das Geheimhaltungsinteresse hinter noch wichtigeren Interessen der Allgemeinheit oder einzelner zurückzutreten

---

753 *Breuer*, Schutz von Betriebs- und Geschäftsgeheimnissen, NVwZ 1986, 171, 178; *Knemeyer*, Die Wahrung von Betriebs- und Geschäftsgeheimnissen, DB 1993, 721, 722; *Scherzberg*, Freedom of Information - deutsch gewendet, DVBl. 1994, 733, 743; *Fluck/Theuer*, UIG, § 8 Rn. 376; noch für den Bereich des Nachbarschutz nach § 27 Abs. 3 BImSchG LAI, NVwZ 1986, 283 f.; *Berg*, Der Schutz von Betriebs- und Geschäftsgeheimnissen, GewArch 1996, 177, 182.

754 *Fluck/Theuer*, UIG, § 8 Rn. 376; *Knemeyer*, Die Wahrung von Betriebs- und Geschäftsgeheimnissen, DB 1993, 721, 722.

755 *Knemeyer*, Die Wahrung von Betriebs- und Geschäftsgeheimnissen, DB 1993, 721, 722.

756 *Druey*, Informationen als Gegenstand des Rechts, S. 365.

hat.[757] Diese Formel ist auch für das Umweltinformationsgesetz geeignet. Einerseits vermeidet sie Extremlösungen, die entweder zu einer mit Art. 14 GG kollidierenden Mißachtung des Betriebs- und Geschäftsgeheimnisses führen, oder die der Intention von Richtlinie und Gesetz widersprechen, indem sie den umweltschützenden und demokratischen Aspekt zu gering schätzen.[758] Der Abwägungsspielraum zwischen diesen beiden Extremen bleibt jedoch groß. Zur näheren Bestimmung wird einerseits vertreten, in der Charakterisierung des Zugangsrechts als Grundsatz und der Aufnahme des Betriebs- und Geschäftsgeheimnisses als Ausnahme in § 8 UIG zeige sich eine Prioritätsentscheidung des Gesetzgebers für das Zugangsrecht. Daraus folge eine grundsätzlich restriktive Auslegung der Ausnahmen.[759] Dagegen ist jedoch einzuwenden, daß hier die strukturelle Änderung der Beziehung zwischen Behörde und informationssuchenden Bürger vermischt wird mit der indirekten Beziehung zwischen Bürger und Unternehmer, in der die Verwaltung lediglich als Mittlerin auftritt.[760] Dem Umweltinformationsgesetz geht es primär um die Offenheit der Verwaltung als Gegensatz zum Geheimhaltungsprinzip und nicht um eine Neubestimmung des Wertes von Betriebs- und Geschäftsgeheimnissen. Hier greift der Einwand,[761] daß die Ausnahmen der Absicherung grundrechtlich gesicherter Rechtspositionen dienen.

In entgegengesetzte Richtung zielt die Argumentation, das Umweltinformationsgesetz eröffne eine deutlich verbesserte Informationslage des Bürgers, mit der jedoch die deshalb erforderliche Erhöhung des Schutzes von Betriebs- und Geschäftsgeheimnissen nicht Hand in Hand gegangen sei.[762] Insofern müsse bei einer Abwägung der Schutz der Geheimnisse deutlicher im Vordergrund stehen. Diese Ansicht berücksichtigt indes nicht, daß die Erhöhung der Anzahl der Konfliktfälle zwischen den Interessen im Sinn des Gesetzes liegt, dies jedoch keinen Einfluß auf die Einzelfallentscheidung hat. Eine Erhöhung des Schutzniveaus kann damit folglich nicht begründet werden.

Im Ergebnis ist festzuhalten, daß der Maßstab, der zu § 30 VwVfG entwickelt wurde, auch für das Umweltinformationsgesetz Anwendung finden kann. Weder eine Verschärfung, noch eine Lockerung des Schutzniveaus ist erforderlich.

---

757 Amtliche Begründung zu § 30 BVwVfG BT-Drs. 7/910 S. 54; LAI, NVwZ 1986, 283, 284; siehe oben Seite 14 f.

758 *Knemeyer*, Die Wahrung von Betriebs- und Geschäftsgeheimnissen, DB 1993, 721, 724 ff.; *Fluck/Theuer*, UIG, § 8 Rn. 374.

759 *Schrader*, in: *Schomerus/Schrader/Wegener*, UIG, § 8 Rn. 34.

760 Zu den Beziehungen der Beteiligten vergleiche oben Seite 110 ff.

761 *Fluck/Theuer*, UIG, § 8 Rn. 374; allerdings bedeutet dies eine Umkehrung der Beweis- und Darlegungslast, siehe soeben *Fluck/Theuer*, Fn. 263 und *Knemeyer*, Die Wahrung von Betriebs- und Geschäftsgeheimnissen, DB 1993, 721, 723.

762 *Eilers/Schröer*, Der Schutz der betrieblichen Informationssphäre, BB 1993, 1025, 1026.

(4) Verwendung von Negativ- oder Positivlisten

Ein noch im Vorfeld der eigentlichen Abwägung zu berücksichtigendes Verfahren ist die antizipierte Lösung des Konfliktes durch den Gesetzgeber in Form von Negativ- oder Positivlisten. Wie bereits bei der Wahrung der Persönlichkeitsrechte nach § 8 Abs. 1 Nr. 1 UIG hat der Gesetzgeber auch für das Betriebs- und Geschäftsgeheimnis auf diese Möglichkeit verzichtet. Vielmehr verweist er „für die Frage, wann eine Offenbarung „befugt“ erfolgen kann ... auf die Grundsätze zum Schutz von Betriebs- und Geschäftsgeheimnissen, die für spezialgesetzliche Bereiche entwickelt wurden - z. B. im Immissionsschutz- und Chemikalienrecht...“[763] In der Literatur, insbesondere von *Röger*[764], werden starke verfassungsrechtliche Bedenken gegen den Verzicht auf Negativlisten geltend gemacht. Er stellt mangelnde Normenklarheit fest und folgert daraus einen Verstoß gegen das Bestimmtheitsgebot des Rechtsstaatsprinzips.[765] Beispielhafte Gesetze für die Verwendung von Negativkatalogen sind § 22 Abs. 3 ChemG und § 17a GenTG.

Dagegen muß zunächst eingewandt werden, daß sich aus der Existenz dieser Normen noch nicht die verfassungsrechtliche Notwendigkeit von Negativlisten in vergleichbaren Konfliktsituationen ableiten läßt. Dagegen spricht bereits, daß in anderen Normen, wie z. B. §§ 8, 9 UmweltHG[766], auf diese verzichtet wurde und von einem allgemeinen Prinzip insofern nicht gesprochen werden kann.

Hinzu kommt, daß umgekehrt bereits bei § 22 Abs. 3 ChemG, vormals § 12 Abs. 4 ChemG, Unsicherheit bezüglich der Frage herrschte, ob diese Norm verfassungsgemäß sei, da die Negativliste eine Beschränkung der Eigentumsrechte des Chemieunternehmens darzustellen vermöge. Nicht nur im Chemikaliengesetz besteht durch Negativlisten, die eine Einzelprüfung präjudizieren, die Gefahr, daß auch schützenswerte Positionen mitbetroffen werden, da es an einer Einzelfallabwägung fehlen muß. Es ist zu fürchten, daß die Norm verfassungswidrig ist, wenn durch zu großzügige Aufnahme von nicht schutzfähigen Informationsbereichen die Eigentumsgarantie verletzt werden kann.[767] Mit einer nach den einzelnen Ausschluß-

---

763 Zitat aus BT-Drs. 12/7138 S. 14.

764 UIG, § 8 Rn. 33; siehe auch *Fluck/Theuer*, UIG, § 8 Rn. 360.

765 „Wesentlichkeitstheorie“ des BVerfG (E 61, 260, 275; E 49, 89, 126).

766 Umwelthaftungsgesetz v. 10.12.1990, BGBl. I S. 2634.

767 *Schröder*, Protokoll der Öffentlichen Anhörung zu den Gesetzesentwürfen der Bundesregierung und der Gruppe BÜNDNIS 90/DIE GRÜNEN vom 18.4.1994; *ders.*, Der Schutz von Betriebs- und Geschäftsgeheimnissen, UPR 1985, 394, 398 f.; *ders.*, Geheimnisschutz im Recht der Umweltchemikalien, S. 18, 27, 40; *Richler*, Schutz von Betriebs- und Geschäftsgeheimnissen im Umweltrecht, S. 152.

gründen trennenden Untersuchung kam die Literatur[768] im Chemikalienrecht zur Ansicht, Verfassungskonformität läge vor. Besonderes Gewicht wurde auf die europarechtlichen Vorgaben dieses umgesetzten Gesetzes[769] gelegt, da bereits diese Negativkataloge vorsahen. Derartige Vorgaben fehlen indes bei der Bestimmung der Reichweite des Betriebs- und Geschäftsgeheimnisses in der UIRL, vielmehr wird sogar die Berücksichtigung desselben als ganzes ins Ermessen des umsetzenden Mitgliedstaates gelegt, so daß die Rechtfertigung durch Art. 189 Abs. 3 EGV hier entfallen muß.

Hingegen kann man die in § 22 ChemG und § 17a GenTG aufgezählten Informationen als eine Richtlinie für die Frage der Befugnis der Geheimhaltung von Betriebs- und Geschäftsgeheimnissen verwenden. Ohne sie als eine Regelvermutung zu qualifizieren, können sie doch einen Anhalt für eine interessensgerechte Konfliktlösung geben.[770] Zu einem Verzicht auf eine Einzelfallprüfung führen sie in keinem Fall.

Die gleichen Probleme ergeben sich noch verstärkt bei der Verwendung von Positivlisten, d. h. bei der Verwendung eines Kataloges durch den Gesetzgeber, in dem die Eigenschaft als vorrangiges Betriebs- und Geschäftsgeheimnis festgeschrieben wird. Die Gefahr eines unsachgemäßen Ergebnisses im Einzelfall ist hier so stark, daß nach *Breuer*[771] der Gesetzgeber durchweg auf die Verwendung von Positivkatalogen verzichtet hat.

Festzuhalten bleibt, daß der Gesetzgeber nicht verpflichtet war, Negativ- oder Positivlisten zu verwenden.

4. Vermeidung einseitiger Entscheidungen durch alternative Konfliktlösungen

Man muß von dem Vorstellungsbild abrücken, daß es zur Lösung des Konflikts nur die beiden Möglichkeiten gibt, die Informationen zu verweigern oder zu gewähren. In beiden Fällen wird in hohem Maße Unzufriedenheit auf Seiten einer der interessierten Gruppen herrschen. Sofern sich deshalb Möglichkeiten einer ausgleichen-

---

768 *Schröder*, Der Schutz von Betriebs- und Geschäftsgeheimnissen, UPR 1985, 396, 398 f.; *Rehbinder/Kayser/Klein*, Chemikaliengesetz, § 12 Rn. 93.

769 Richtlinie des Rates der EG zur 6. Änderung der Richtlinie 67/548/EWG zur Angleichung der Rechts- und Verwaltungsvorschriften für die Einstufung, Verpackung und Kennzeichnung gefährlicher Stoffe (79/831/EWG) vom 18.9.1979, ABl. Nr. L 259/1979, S. 10.

770 *Knemeyer*, Die Wahrung von Betriebs- und Geschäftsgeheimnissen, DB 1993, 721, 726; wohl auch Begründung Regierungsentwurf BT-Drs. 12/7138 S. 14; im Umwelthaftungsrecht ähnlich *Salje*, UmweltHG, § 8 Rn. 22; a. A. *Fluck/Theuer*, UIG, § 8 Rn. 299.

771 NVwZ 1986, 171, 173 (Stand 1986).

den Konfliktlösung finden lassen, sind diese unbedingt vorzugswürdig. Dieses Vorgehen gebietet auch das im verwaltungsrechtlichen Handeln stets zu beachtende Verhältnismäßigkeitsprinzip.[772] Mit *Berg*[773] ist zu fragen, ob die Preisgabe des Betriebs- und Geschäftsgeheimnisses geeignet, erforderlich und verhältnismäßig ist. Bereits die Erforderlichkeit muß aber fraglich erscheinen, wenn eine Konfliktlösung auf andere, mildere Weise die beiderseitigen Interessen zumindest entsprechend befriedigen kann.

Bereits oben wurde gezeigt, daß auf jeden Fall nur das exakt zutreffende Geheimnis und keine weiteren Geheimnisse offenbart werden dürfen, sofern dies nach einer Abwägung nötig erscheint.

Es sind mehrere Möglichkeiten denkbar, wie Lösungen gefunden werden können, denen als Kompromiß gegebenenfalls Vorrang gewährt werden muß. Welche dies sind, und ob sie rechtlich möglich sind und faktisch sinnvoll erscheinen, gilt es zu untersuchen.

a) Auszugsweise Übermittlung

Noch im Vorfeld der Alternativlösungen ist die Konflikteindämmung durch auszugsweise Übermittlung anzusiedeln. Art. 3 Abs. 2 S. 2 der Umweltinformationsrichtlinie schreibt vor, daß diese vorzunehmen sei, wenn es möglich sei, nichtgeheime von geheimen Informationen zu trennen.[774] Eine vergleichbare Vorschrift findet sich im UIG nicht, jedoch ist dem Wortlaut auch keine gegenteilige Aussage zu entnehmen, in dem Sinne, daß bei Vorhandensein von Betriebs- und Geschäftsgeheimnissen stets der gesamte Themenkomplex unzugänglich sein müsse. Nach Sinn und Zweck ist davon auszugehen, daß der Gesetzgeber die Übernahme der Formulierung aus der Richtlinie aufgrund ihrer Selbstverständlichkeit für überflüssig hielt. Desgleichen muß die Behörde einen anderen Ausgabeweg für Informationen wählen, wenn diese bei einer Akteneinsicht Betriebs- und Geschäftsgeheimnisse verraten würden. Dies gilt es auch bei der bis zur Entscheidung des BVerwG[775] 1996 umstrittenen Frage des ins Ermessen der Behörde gestellten Wahlrechts über die Ausgabeform zu berücksichtigen. Die Übergänge zur Anfertigung von Zusammenfassungen sind dabei fließend.

---

772 Dazu *H. Dreier*, in: H. Dreier (Hrsg.), Grundgesetz-Kommentar, Vorb. Rn. 91 ff.

773 Der Schutz von Betriebs- und Geschäftsgeheimnissen, GewArch 1996, 177, 183.

774 *Erichsen*, Das Recht auf freien Zugang, NVwZ 1992, 409, 412; *Knemeyer*, Die Wahrung von Betriebs- und Geschäftsgeheimnissen, DB 1993, 721, 725.

775 BVerwG, U. v. 6.12.1996, ZUR 1997, 87 ff. = DVBl. 1997, 43 ff. = JZ 1998, 243 ff.; siehe dazu oben Seite 118 f.

b) Zusammenfassungen

Desweiteren ist zu klären, ob anstelle des Akteneinsichtsrechts oder der Anfertigung von Kopien lediglich Zusammenfassungen der begehrten Informationen erteilt werden können. Unter Umständen kann auf diese Weise ein Kompromiß zwischen den beiden konfligierenden Interessen erreicht werden. Daß zwischen der Ausgabeform der Informationen und der Abwägung ein Zusammenhang besteht, hat auch das BVerwG anerkannt, wenn es ausführt, daß „die im Hinblick auf die Ausschluß- oder Beschränkungstatbestände (Art. 3 Abs. 2 und Abs. 3 der Umweltinformationsrichtlinie und §§ 7, 8 UIG) flexibel handeln (soll), d. h. einen bestimmten Informationszugang wählen können (soll), der sowohl dem Informationsrecht des Antragstellers als auch den Ausschluß- und Beschränkungsgründen Rechnung trägt."[776] Die Lösung orientiert sich an den Inhaltsdarstellungen nach § 10 Abs. 3 der 9.BImSchV und entsprechend § 4 Abs. 3 Hs. 2 GenTAnhV i. V. m. § 17a Abs. 3 GenTG. Ähnlichkeit besteht zudem zu den Kurzbeschreibungen, die nach § 4 Abs. 3 S. 1 der 9.BImSchV und § 3 Abs. 4 S. 1 AtVfV anzufertigen sind.

Nach § 10 Abs. 2 S. 2 BImSchG i. V. m. § 10 Abs. 3 S. 1 der 9.BImSchV[777] muß die Inhaltsdarstellung so ausführlich sein, daß es Dritten möglich ist zu beurteilen, ob sie von den Auswirkungen der Anlage betroffen sind.

Damit werden für die Übernahme in das Umweltinformationsgesetz zwei Probleme deutlich. Zum einen mangelt es im Umweltinformationsgesetz an einer vergleichbaren Bestimmung, so daß zu klären ist, wie eine vergleichbare Lösung zu gewinnen ist. Zum anderen kann der Maßstab für die Inhaltsdarstellung anlagenbezogenen Informationen nicht Beispiel für das UIG sein, da die Feststellung der Betroffenheit das ungeeignete Kriterium sein muß.

Bei der Beantwortung dieser Fragen ist zunächst der Unterschied zwischen dem Auslegungsverfahren des Immissionsschutzrechts und dem Imformationszugangsrecht des UIG zu beachten. Das UIG ist offener bei der Frage, auf welchem Wege der Interessierte Informationen erlangen kann. Gezeigt wurde, daß nach pflichtgemäßen, das Interesse des Antragstellers beachtenden Ermessen der Behörde der Zugang gewährt wird. Wie auch die Entscheidung des BVerwG[778] andeutet, kann dem Informationsinteresse nach § 4 UIG auf verschiedene Weise Genüge getan

---

776 Zitat aus BVerwG, U. v. 6.12.1996, ZUR 1997, 87, 88 = JZ 1998, 243 ff.; siehe auch Besprechung *Röger*, Das Recht des Antragstellers, DVBl. 1997, 885 ff.

777 Und dem insoweit übereinstimmenden Gentechnikverfahren nach § 4 Abs. 3 Hs. 2 GenTAnhV i. V. m. § 17a Abs. 3 GenTG; vergleiche zum BImSchG *Roßnagel*, in: Koch/Scheuing (Hrsg.), GK-BImSchG, § 10 Rn. 250 f.

778 U. v. 6.12.1996, ZUR 1997, 87, 88 = JZ 1998, 243, 244.

werden, so durch Akteneinsicht, Erteilung von Kopien oder in sonstiger Weise.[779] Maßstab für die Ausgabeform ist u. a. das Interesse des Einsichtbegehrenden. Hingegen war es für das Immissionsschutzrecht und die vergleichbaren Gesetze erforderlich, neben dem einzigen Ausgabeweg der Auslegung eventuelle andere Möglichkeiten zu beschreiben, wie z. B. die Inhaltsangabe bei Betriebs- und Geschäftsgeheimnissen.

Dies spricht dafür, daß man aus der Offenheit der Ausgabeform nach § 4 UIG schließt, daß die Normierung der Ausgabe von Zusammenfassungen nicht erforderlich war. Für den Fall, daß die beantragten Daten, Betriebs- und Geschäftsgeheimnisse darstellen, muß in die Ermessensausübung der Behörde einfließen, daß unter dem Gesichtspunkt der Verhältnismäßigkeit eine Ausgabe einer Zusammenfassung als einzige geeignete Form verbleiben kann. In diesem Fall liegt dies auch im objektiv festgestellten Interesse des Informationssuchenden.

Zu beachten ist dabei jedoch, daß die Behörde keine Informationseinholungspflicht hat, so daß sie auch eine Anfertigung von Zusammenfassungen durch das betroffene Unternehmen nicht verlangen kann.[780] Etwas anderes ergibt sich auch nicht aus § 8 Abs. 2 S. 3 UIG, nach dem der Unternehmer die Geheimniseigenschaft der Behörde darzulegen hat. Dies bedeutet keine Verpflichtung zum Erstellen einer Inhaltsangabe.

Dies hat Folgen für den Inhalt der Zusammenfassung. Es entspricht nicht dem Zweck des Umweltinformationsgesetzes, daß die Behörde „neue Informationen" schaffen soll. Das UIG gewährt einen Anspruch auf Informations-„zugang", jedoch nicht auf aktive Informierung durch die Behörde. Eine Zusammenfassung kann somit nur aus einer Zusammenstellung bereits vorhandener Daten bestehen, welche jedoch bei Beachtung der Lücken, die durch Auslassung der Betriebs- und Geschäftsgeheimnisse entstehen, den Gesamtzusammenhang und damit den eigentlichen Informationsgehalt nicht zerstören. Dabei kann die Behörde jedoch keine neuen Bewertungen anstellen. Damit kommt die Zusammenfassung einer mündlichen oder schriftlichen Auskunft im Sinne des § 4 Abs. 1 UIG sehr nahe.

Daneben ist der Maßstab für die Inhaltsbeschreibung fraglich. Während bei den situationsgebundenen Informationsrechten mit den Informationen der konkrete Zweck verfolgt wird, die Betroffenheit feststellen zu können, verfolgt ein allgemeiner Informationszugangsanspruch kein direktes Ziel. Es ist zu verweisen auf die

---

779 Siehe zum Vergleich Art. 7 Nr. 1 c) Niederländisches Gesetz über die Öffentlichkeit der Verwaltung.

780 Anders noch § 8 Abs. 3 S. 3 des Referentenentwurfs zum UIG; vergleiche hierzu *Eilers/Schröer*, Der Schutz der betrieblichen Informationssphäre, BB 1993, 1025, 1028.

Zwecke, die das Informationsgesetz für die Öffentlichkeit verfolgt. Daraus ist zu folgern, daß die Informationen so umfangreich wie möglich bekanntzugeben sind.

Die Grenzen zwischen der Anfertigung von Inhaltsangaben und der ausschnittsweisen Bekanntmachung sind fließend. Sofern bei einer ausschnittsweisen Bekanntmachung der Sinn der Informationen, z. B. in einem Gutachten, vollständig verloren geht, kann die Inhaltsangabe eine geeignete Überbrückung über geheimzuhaltende Daten darstellen.

c) Ungenaue Angaben

Soweit sich Betriebs- und Geschäftsgeheimnisse durch Zahlenwerte eröffnen, kann erwogen werden, die Genauigkeit der Werte soweit herabzusetzen, daß ein aussagekräftiger Rückschluß von den Daten auf das Betriebs- und Geschäftsgeheimnis, welches sie beschreiben, nicht mehr möglich ist. Vorteil dieses Vorgehens wäre, daß dem allgemeinen Informationsinteresse möglicherweise noch genügt werden könnte, eine Offenbarung von Geheimnissen jedoch umgangen wäre. Allerdings wird sich die Behörde in den allerwenigsten Fällen in der Lage sehen, die Schwelle der Aussagekraft zu bestimmen. Zudem ist wiederum zu beachten, daß das UIG lediglich einen Informationszugangsanspruch gewährt, nicht jedoch einen Informierungsanspruch. In Frage käme nur, nach einem freiwilligen Anerbieten des Unternehmers, diese Informationen zu vergröbern, auf die neuen Daten zurückzugreifen. Der Anspruch aus § 4 Abs. 1 UIG verpflichtet hierzu nicht.

d) Anwaltslösung

In der Literatur wird zur Lösung des Interessenkonflikts zwischen Informations- und Geheimhaltungsinteressen für den Fall, daß der Konflikt Gegenstand eines Gerichtsverfahrens[781] ist, die sogenannte „Anwaltslösung“ diskutiert. Diese Methode entstammt dem amerikanischen Recht,[782] hat jedoch noch keinen Eingang in das deutsche Recht gefunden. Ihre Grundidee ist, daß die geheimen Unterlagen nicht der klagenden Partei selbst zugänglich gemacht werden, sondern nur den

---

781 Z. B. im Kartellverfahrensrecht, vergleiche hierzu *Wieckmann*, Akteneinsicht und Wahrung von Geschäftsgeheimnissen, WuW 1983, 13, 24.

782 Zur Anwaltslösung im Schweizer Recht auch im Verwaltungsverfahren, siehe *Dubach*, Das Recht auf Akteneinsicht, S. 183. *Dubach* erörtert dabei ausführlich die Gefahr der kostenbedingten Rechtsungleichheit, S. 140 f. Allerdings betrifft dieses Verfahren hauptsächlich die Einsicht in Krankengutachten, bei denen für den Einsichtnehmenden eine negative psychische Folge zu erwarten wäre. Hier kommt eine Interessensverletzung Dritter nicht in Betracht, beachte bei *Dubach* Konstellation auf S. 138 Fn. 382.

Rechtsvertretern dieser Partei. Diese Anwälte sind unter Sanktionsandrohung dazu verpflichtet, diese Daten ihren Mandanten gegenüber geheim zu halten, ansonsten aber anhand der Kenntnis der Geheimnisse die Interessen der Mandanten weitestgehend zu wahren.

Für den hier diskutierten Konflikt ist dieser Methode jedoch kein Nutzwert zu entnehmen. Zum einen ist es gerade nicht Zweck des Umweltinformationsrechts als situationsunabhängiges allgemeines Informationsrecht Betroffenenrechte wahrzunehmen, wie dies im Gerichtsverfahren bezweckt wird.[783]

Zum anderen würde dies, übertragen auf das außergerichtlich stattfindende Umweltinformationsbegehren, für die Stellung des Anwaltes bedeuten, daß dieser in einer öffentlich-rechtlichen Rechtsbeziehung zu den zugangsgewährenden Behörde stehen müßte. Erst dann wäre ein „Geheimnisverrat" an den Mandanten sanktionierbar. Mag sich für den Anwalt als Organ der Rechtspflege eine solche Beziehung im gerichtlichen Verfahren noch begründen lassen,[784] so ist dies im Verhältnis zur Exekutive ausgeschlossen. Für den Interessenkonflikt des UIG ist die Methode der Anwaltslösung ungeachtet ihres sonstigen Nutzens nicht verwendbar.

IV. Probleme des Betriebs- und Geschäftsgeheimnisses nach dem UGB-KomE

Den Schutz des Betriebs- und Geschäftsgeheimnisses behandelt der Kommissionsentwurf zum UGB in § 225 als zweiten Gegenstand des dritten Abschnitts. Anders als § 8 Abs. 1 S. 2 UIG definiert der Entwurf, was unter Betriebs- und Geschäftsgeheimnis zu verstehen ist, hält sich dabei jedoch an die in der Literatur und Rechtsprechung zum UIG und zum Wirtschaftsrecht entwickelten Merkmale und Abwägungskriterien.

Problematisch ist die Ansicht der Kommission in der Begründung[785], das Bestehen eines Betriebs- und Geschäftsgeheimnisses sei von dem konkreten Abwägungsvorgang der Behörde abhängig. Nicht das Bestehen des Geheimnisses, sondern seine Schutzbedürftigkeit ist durch die Abwägung zu ermitteln. In diesem Sinne war die im UIG gewählte Formulierung geeigneter, daß Betriebs- und Geschäftsgeheimnisse nicht *unbefugt* zugänglich gemacht werden dürfen. Die Richtigkeit dieser Kritik

---

783 Siehe zu diesen oben Seite 26.

784 Sehr zweifelhaft, da ein Verstoß gegen den Anspruch auf rechtliches Gehör anzunehmen ist; *Meissner*, in: *Schoch/Schmidt-Aßmann/Pietzner*, VwGO, § 55 Rn. 17; *Wieckmann*, Akteneinsicht und Wahrung von Geschäftsgeheimnissen, WuW 1983, 13, 24; *Kavekordes*, Zur Rechtsstellung des Beigeladenen im Kartellrecht, WuW 1987, 365, 374.

785 Kommissionsentwurf zum UGB, S. 842 f.

zeigt sich an den unerklärlichen Konsequenzen der Ansicht der Kommission. Zum einen könnten damit die gleichen Daten in dem einen Fall Betriebs- und Geschäftsgeheimnisse darstellen und in einem anderen Fall nicht. Es liegt in einem solchen Falle kein Problem der Existenz eines Geheimnisses vor, sondern eine Frage der zulässigen Offenbarung des Geheimnisses. Ferner fragt es sich, wie ein Unternehmer Daten als Betriebs- und Geschäftsgeheimnisse kennzeichnen soll nach § 225 Abs. 2 S. 1 UIG, wenn er noch keine Kenntnis von den entgegenstehenden Interessen haben kann, die in dem Abwägungsprozeß zu berücksichtigen wären. Zwar ist dies nur ein theoretisches Beispiel, jedoch zeigt es die logische Schwäche des Entwurfs. Man wird weiterhin das Bestehen eines Betriebs- und Geschäftsgeheimnisses an den oben ausführlich herausgearbeiteten vier Merkmalen[786] erkennen und dann im konkreten Einzelfall in einer Abwägung zu fragen haben, ob eine Offenbarung befugt ist.

Wie bereits zum Schutz des Persönlichkeitsrechts hat sich die Kommission auch gegen eine antizipierte Abwägungsentscheidung durch Negativlisten ausgesprochen.[787]

Indem der UGB-KomE den Schutz des Betriebs- und Geschäftsgeheimnisses im dritten Abschnitt mit Wirkung für das gesamte Umweltgesetzbuch behandelt, ist es erforderlich auch den Sonderfall des Informationszugangs im Verfahren zu regeln. In § 225 Abs. 2 S. 2 UGB-KomE normiert die Kommission die Pflicht des Unternehmers, eine zusammenfassende Darstellung der geheimhaltungsbedürftigen Angaben anzufertigen.[788] Dies führt dazu, daß zu einem Großteil der Betriebs- und Geschäftsgeheimnisse in den Daten der Behörde Zusammenfassungen existieren werden. Sie werden bei einem situationsunabhängigen Zugangsbegehren verwendet werden müssen.

Sofern keine Zusammenfassungen existieren, sollen diese nach § 225 Abs. 3 von dem Unternehmer angefertigt und vorgelegt werden, wenn im Falle eines allgemeinen Informationszugangs die Behörde dies verlangt. Somit normiert der UGB-KomE eine Möglichkeit, den Konflikt zwischen Informationsinteresse und Schutz des Betriebs- und Geschäftsgeheimnisses zu lösen, welche bereits in der Darstellung zum UIG als eine - wenngleich sehr eingeschränkte - Möglichkeit erörtert wurde.[789] Die Zusammenfassung stellt das beste Mittel dar, einerseits die Verwaltungstransparenz und -kontrolle als den leitenden Gedanken des Informationsanspruch soweit wie möglich zu entsprechen, andererseits aber die schützenswerten Geheimnisse des Unternehmers zu wahren.

786 Vergleiche dazu Seite 148 ff.

787 Kommissionsentwurf zum UGB, S. 843.

788 Oder zu begründen, weshalb dies nicht möglich ist. Kommissionsentwurf zum UGB, S. 843.

789 Siehe dazu ausführlich Seite 172.

Im Zusammenhang damit steht die Frage, nach welchem Maßstab die Zusammenfassung zu erfolgen hat. Während sich dies für verfahrensabhängige Informationsrechte aus dem Normzweck ergibt, mögliche Auswirkungen des Vorhabens abschätzen zu können,[790] ist eine vergleichbarer Maßstab für situationsunabhängige Zugangsrechte nicht gegeben. Es kann insofern nur auf die allgemeinen Zwecke der Transparenz und Kontrolle verwiesen werden, welche allerdings nur bewirken, daß „so weit wie möglich" zu informieren ist.[791]

790 Kommissionsentwurf zum UGB, S. 843.

791 Siehe dazu bereits oben Seite 174.

Zusammenfassung

Gegenstand dieser Untersuchung ist das Recht der Umweltinformation, insbesondere das Umweltinformationsgesetz. Als Umsetzung der Umweltinformationsrichtlinie des Europäischen Rates verwirklicht dieses Gesetz für das deutsche Recht ein neues Konzept im Umgang mit Umweltdaten.

Zusätzlich beachtet diese Untersuchung den Kommissionsentwurf zu einem Umweltgesetzbuch. Dieser Vorschlag für eine umfassende Kodifikation des gesamten Umweltrechts behandelt im siebten Kapitel des Allgemeinen Teils das Recht der Umweltinformationen. Gebunden an die Umweltinformationsrichtlinie setzt sich die Begründung zum Entwurf ausführlich mit dem Umweltinformationsgesetz auseinander.

Entgegen dem in der deutschen Verwaltungstradition verankerten Geheimhaltungsprinzip von nicht öffentlich zugänglichen Informationen wird mit dem Umweltinformationsgesetz in Deutschland erstmals ein allgemeines Aktenzugangsrecht eingeführt.

Ein allgemeines Aktenzugangsrecht besteht, wenn keine besonderen Gründe und Interessensnachweise für die Einsicht in Daten verlangt werden. Es handelt sich insofern um ein „situationsunabhängiges" Akteneinsichtsrecht. Das deutsche Recht kannte bislang nur Akteneinsichtsrechte, die entweder eine Verfahrensbeteiligung oder (unter Umständen kumulativ) eine besondere Betroffenheit des Einsichtnehmenden voraussetzten. Beispielhaft seien das Einsichtsrecht des einfachen Verwaltungsverfahrens nach §§ 29, 30 VwVfG sowie das Einsichtsrecht in persönliche Daten nach § 19 BDSG genannt.

Ein Vergleich der deutschen Informationszugangsrechte mit den Möglichkeiten des Bürgers in den USA, in den Mitgliedstaaten der Europäischen Union und innerhalb der Europäischen Institutionen, an Daten zu gelangen, zeigt, daß die Bundesrepublik insoweit als letzter Verteidiger eines überholten Verwaltungsverständnisses verbleibt.

Der Anspruch auf Zugang zu Umweltinformationen erhält seine besondere verfassungsrechtliche Bedeutung durch seinen demokratischen Gehalt. Zwar können die Überlegungen in der Literatur, einen allgemeinen Informationszugangsanspruch aus dem demokratischen Gehalt des Art. 5 Abs. 1 GG oder aus dem Demokratieprinzip selbst abzuleiten, nicht überzeugen. Jedoch liegt den Kommunikationsgrundrechten und auch dem allgemeinen Aktenzugangsrecht der Gedanke zugrunde, daß Demokratie als ein wesentliches Element die Möglichkeit der freien politischen Meinungs- und Willensbildung erfordert. Demokratische Teilnahme kann nur auf einer ausreichenden informationellen Basis erfolgen.

Über die Bedeutung des demokratischen Gehalts der Informationsfreiheit hinaus bietet der Rechtsvergleich mit den Informationszugangsrechten anderer Staaten zahlreiche Aufschlüsse zur Bewältigung von Problemen im Umgang mit den passiven Informationspflichten des Staates. So nimmt in den USA das Spannungsverhältnis zwischen dem Freiheitsrecht auf Information und dem Betriebs- und Geschäftsgeheimnis des Unternehmers eine besonders beachtete Stellung ein. In Schweden findet sich das älteste und im Vergleich weitestgehende Informationszugangsrecht. Die ansonsten eher dem deutschen Verwaltungssystem entsprechenden Normierungen in Frankreich und den Niederlanden zeigen zahlreiche Möglichkeiten der Problemlösung auf, wie sie z. B. auch vom BVerwG[792] in einer Entscheidung aufgenommen wurden. Von besonderem Interesse ist ferner das im Gesetzgebungsverfahren befindliche Vorhaben in Großbritannien, ein Freedom of Information Act zu schaffen. Der Wechsel des sehr strikten Geheimhaltungsprinzips in Großbritannien zu einem demokratisch fundierten Aktenzugangsrecht kann der öffentlichen Diskussion auch in Deutschland neue Impulse verleihen.

Im einzelnen verfolgt das Umweltinformationsgesetz verschiedene Zwecke. Eine Verbesserung des Umweltschutzes wird auf drei verschiedene Arten verwirklicht. Zum einen soll die Möglichkeit der Informationserlangung die Akzeptanz von Umweltschutzmaßnahmen innerhalb der Bevölkerung erhöhen. Information dient insoweit der Versachlichung der öffentlichen Diskussion und schafft Vertrauen in die Erforderlichkeit und Rechtmäßigkeit von Maßnahmen gleichermaßen. Fördernd wirkt Umweltinformation zudem auf das Umweltbewußtsein des Bürgers. Insbesondere die aktive Informationspflicht des Staates nach § 11 UIG findet hier ihren Schwerpunkt.

Die Verwaltungskontrolle, die durch passive Informationspflichten der Behörden ermöglicht wird, soll nach dem Willen des Europäischen Rates primär bei der Beseitigung von Vollzugsdefiziten unterstützen. Da den Institutionen der Europäischen Union keine wirksamen Kontrollmechanismen zur Überwachung des mitgliedstaatlichen Vollzugs der Richtlinien und Verordnungen zur Verfügung stehen, bedient sich die Union des Europäischen Bürgers zur Durchsetzung des Gemeinschaftsrechts. Die Umweltinformationsrichtlinie führt damit eine Methode auf dem Gebiet des Umweltrechts ein, die sich auch ansonsten wie ein roter Faden durch das Europäische Recht zieht.

Aus deutscher Sicht ist das Umweltinformationsgesetz ein wichtiger Baustein in der Modernisierung des Verwaltungsrechts. Durch das Ausnutzen des Eigeninter-

---

792 Urteil vom 6.12.1996, JZ 1998, 243 ff. = DÖV 1997, 734 f. = ZUR 1997, 87 ff.

esses des Bürgers werden Ziele erreicht, deren Verwirklichung mit Hilfe von Ge- und Verboten als den traditionellen Mitteln nicht möglich ist. Die Nähe zu dem Gemeinschaftssystem des Umwelt-Auditing ist deutlich.

Der Vergleich der Informationsrechte in Europa und mit den USA zeigt zudem, daß es einen starken Trend zur wirtschaftlichen Nutzung von Informationen der öffentlichen Hand gibt. Gerade Umweltinformationen können hierbei als „Rohstoffe auf dem Informationsmarkt“ gesehen werden. Dieser Modernisierung der Wirtschaftsmärkte kommen Richtlinie und Gesetz entgegen.

Mit diesen Zielvorgaben im Hintergrund kann der Inhalt des Anspruches auf Umweltinformationen nach § 4 Abs. 1 UIG erörtert werden. Der Begriff der Umweltinformationen im Sinne des Gesetzes ist umfassend zu verstehen. Erfaßt werden entsprechend § 6 Abs. 1 Nr. 1 des Stasiunterlagengesetzes alle Formen von Informationsträgern, soweit sie den Zustand der Umweltbereiche, umweltbeeinträchtigende oder umweltschützende Maßnahmen beschreiben. Keine Information über Maßnahmen des Umweltschutzes ist die Angabe über die personelle Besetzung der Umweltbehörden.

Geltend machen können den Anspruch alle natürlichen und juristischen Personen des Privatrechts, nicht jedoch juristische Personen des öffentlichen Rechts, da diese auf die Informationseinholung im Wege der Amtshilfe beschränkt sind.

Der Anspruch richtet sich gegen diejenige Behörde, bei der Informationen vorhanden sind und die nicht ganz unwesentlich mit Umweltaufgaben befaßt ist. Die Behörde ist mit diesen Aufgaben befaßt, wenn ein Handlungsauftrag in Form einer Rechtsvorschrift oder eine Anordnung vorgesetzter Stellen die Behörde hierzu verpflichtet. Als richtlinienwidrig erweist sich die Aufnahme der obersten Verwaltungsbehörde im Falle ihrer rechtsverordnungsgebenden Tätigkeit in den Ausschlußgrund des § 3 Abs. 1 S. 1 Nr. 1 2. Alt. UIG.

Die Behörde entspricht dem Zugangsbegehren durch Gewährung von Akteneinsicht, Auskunft oder mit Hilfe sonstiger Informationsträger. Der Streit über die Richtlinienwidrigkeit des § 4 Abs. 1 S. 2 UIG, der die Wahl des geeigneten Ausgabeweges in das Ermessen der Behörde stellt, ist seit einer Entscheidung des BVerwG[793] niedergelegt. Danach kann diese Norm richtliniengemäß ausgelegt werden, indem sich die Behörde bei der Ermessensausübung grundsätzlich an dem wahren Interesse des Antragstellers zu orientieren hat. Desgleichen muß eine richtliniengemäße Auslegung der Kostenvorschrift § 10 UIG dazu führen, daß bei der Berechnung der Höhe der Kosten das öffentliche Interesse an der Einsichtnahme mit berücksichtigt wird.

793 Urteil vom 6.12.1996, JZ 1998, 243 ff. = DÖV 1997, 734 f. = ZUR 1997, 87 ff.

Seine Grenzen findet der Anspruch auf Umweltinformationen dort, wo er andere schutzwürdigere Belange öffentlicher oder privater Art berührt. Der Schutz der öffentlichen Belange ist nach dem Grundsatz des „singularia non sunt extenda" restriktiv auszulegen. Hingegen ist dieser Satz nicht bei entgegenstehenden privaten Belangen anwendbar. In diesem Fall treffen gleichberechtigte Interessen des einzelnen gegen den Staat aufeinander, ein Vorrang ist nicht zu begründen.

Neben anderen Ausnahmegründen erstreckt § 7 Abs. 1 Nr. 2 UIG den Schutz der öffentlichen Belange auch auf die in Vorverfahren bearbeiteten Informationen. Diese wortwörtliche Übernahme aus der Richtlinie erweist sich jedoch im deutschen Recht als richtlinienwidrig, da ihr im europäischen Kontext der Sinn eines „gerichtlichen" Vorverfahrens zukommt, während die deutsche Umsetzung von einem „behördlichen" Vorverfahren ausgeht.[794]

Der Schutz personenbezogener Daten als allgemeiner privater Belang ist vor allem in Hinblick auf die infolge des Volkszählungsurteils des Bundesverfassungsgerichts[795] ausgearbeitete informationelle Selbstbestimmung und auf das allgemeine Persönlichkeitsrecht zu gewähren. Angesichts dessen, daß sich das deutsche Recht in einer verfassungsgerichtlich erzeugten Zwickmühle zwischen ausreichender Bestimmtheit der Grenzen und ausreichender Offenheit des Datenbegriffs befindet, ist die weite Formulierung in § 8 Abs. 1 S. 1 Nr. 1 UIG noch ausreichend.

Die Aufnahme des Schutzes des geistigen Eigentums im Gesetz in § 8 Abs. 1 S. 1 Nr. 2 1. Alt. UIG erweist sich als unnötig, da die davon erfaßten Immaterialgüterrechte keine geheimzuhaltenden Informationen enthalten können. Einzig der explizit genannte Urheberschutz ist insofern von Bedeutung.

Von größter Bedeutung unter den Ausnahmetatbeständen ist der Schutz des Betriebs- und Geschäftsgeheimnisses in § 8 Abs. 1 S. 2 UIG. Für den wirtschaftlichen Erfolg eines Unternehmers ist es von großer Wichtigkeit, dem Konkurrenten gegenüber über Wissensvorteile zu verfügen. Das Betriebs- und Geschäftsgeheimnis wird durch Art. 14 GG geschützt.

Nicht erfaßt werden vom Begriff des Betriebs- und Geschäftsgeheimnisses Daten, welche über rechtswidrige Handlungen Aufschluß gewähren können, sowie Informationen, welche sich nicht als Wettbewerbsvorteil gegenüber dem Konkurrenten darstellen, sondern lediglich im Falle der Kenntnis der Öffentlichkeit einen Imageschaden darstellen würden.

Brennpunkt des Konfliktes zwischen dem Informationsinteresse des Einsichtbegehrenden und dem wirtschaftlichen Interesse des Unternehmers auf Schutz seiner

---

794 EuGH ZUR 1998, 198 ff.; siehe dazu Seite 133.

795 BVerfGE 65, 1, 43 ff.

Betriebs- und Geschäftsgeheimnisse ist die Befugnis zur Offenbarung der Geheimnisse durch die Behörde nach § 8 Abs. 1 S. 2 UIG.

Zur Bestimmung des Begriffs kann die zu § 30 VwVfG entwickelte Abgrenzung herangezogen werden. Weder bietet das Umweltinformationsgesetz Anlaß zu einer weitergehenden noch zu einer restriktiveren Geheimnisoffenbarung.

Noch vor einer Entscheidung ergibt sich jedoch aus dem Verhältnismäßigkeitsgrundsatz die Verpflichtung der Behörde, alternative Konfliktlösungen zu suchen. Als solche kommen eine auszugsweise Übermittlung, eine Zusammenfassung durch die Behörde sowie eine Weitergabe von ungenauen Angaben in Frage.

Kolibri 360 GmbH
Ferdinand-Jühlke-Straße 7
99095 Erfurt, Deutschland
produktsicherheit@kolibri360.de